TREINAMENTO DE FORÇA

Sobre os Autores

THOMAS R. BAECHLE, EdD, CSCS, NSCA-CPT, é diretor executivo da Comissão de Certificação da NSCA, a instância responsável pelos certificados da National Strength and Conditioning Association (NSCA), bem como presidente da National Organization for Competency Assurance (NOCA), uma organização internacional que estabelece padrões de qualidade para credenciar organizações. É co-fundador, ex-presidente e ex-diretor de educação da NSCA, e em 1985 foi escolhido como Profissional do Ano em Força e Condicionamento Físico.

Durante 20 anos, o Dr. Baechle competiu com sucesso nos levantamentos olímpicos e levantamentos básicos, estabelecendo vários recordes da região do Meio Oeste, e por mais de 20 anos foi técnico de equipes universitárias de levantamento de peso, dando aulas em vários lugares. Atualmente é chefe do departamento de ciência do exercício na Universidade Creighton, onde recebeu várias homenagens, incluindo um Prêmio de Excelência Pedagógica. O Dr. Baechle tem certificados de técnico de levantamento de peso Nível I (United States Weightlifting Federation), especialista em força e condicionamento físico e personal trainer (NSCA) e especialista em exercício e tecnólogo em teste de exercício (American College of Sports Medicine, ACSM). É membro da NSCA, ACSM e da American Alliance for Health, Physical Education, Recreation and Dance (AAHPERD), tendo atuado no quadro de diretores da American Heart Association (filiação estadual), AAHPERD (estado e distrito), NSCA e NOCA.

BARNEY R. GROVES, PhD, CSCS, começou a competir nos levantamentos básicos com 55 anos de idade, e desde então já venceu campeonatos estaduais e regionais. Em 1994 foi o segundo colocado em uma competição nacional para atletas com mais de 50 anos. Com mais de 25 anos de experiência de ensino no treinamento de força, o Dr. Groves é professor de educação física na Virginia Commonwealth University, onde também atuou como técnico de força e condicionamento físico e instrutor de treinamento de força.

O Dr. Groves obteve seu título de doutorado em educação física na Florida State University. Membro da ACSM e da NSCA, tem certificados como especialista em força e condicionamento da NSCA e de instrutor de saúde/condicionamento da ACSM. É ainda ex-presidente da Virginia Association of Health, Physical Education, Recreation and Dance e recebeu desta organização um prêmio de reconhecimento por relevantes serviços prestados à profissão.

Thomas R. Baechle
Creighton University
Omaha, Nebraska

Barney R. Groves
Virginia Commonwealth University
Richmond, Virginia

TREINAMENTO DE FORÇA

Passos para o sucesso

2ª edição

Tradução:
CECY MADURO
ACÁCIA MARIA M. HAGEN

Consultoria, supervisão e revisão técnica desta edição:

RONEI SILVEIRA PINTO
Mestre em Ciências do Movimento Humano pela
Universidade Federal do Rio Grande do Sul (UFRGS).
Professor da disciplina de Musculação da Escola de Educação Física da UFRGS.

PORTO ALEGRE 2000

Obra originalmente publicada sob o título de:
Weight training: steps to success

© Human Kinetics Publishers, Inc., 1998

ISBN 0-88011-718-4

Capa:
Mário Röhnelt

Preparação de original:
Rosana Carlessi

Leitura final:
Fabiana Schwarstzhaupt

Supervisão editorial:
Letícia Bispo de Lima

Editoração eletrônica:
AGE – Assessoria Gráfica e Editorial Ltda.

B139t   Baechle, Thomas R.
            Treinamento de força: passos para o sucesso / Thomas R. Baechle e Barney R. Groves; trad. Cecy Maduro e Acácia Maria M. Hagen. – 2.ed. – Porto Alegre : ARTMED Editora, 2000.

            1. Treinamento desportivo – Pesos. I. Groves, Barney R. II. Título

CDU 796.4

Catalogação na publicação: Mônica Ballejo Canto – CRB 10/1023

ISBN 85-7307-682-8

Reservados todos os direitos de publicação em língua portuguesa à
ARTMED EDITORA LTDA.
Av. Jerônimo de Ornelas, 670 – Fone (51) 330-3444 Fax (51) 330-2378
90040-340 Porto Alegre, RS, Brasil

SÃO PAULO
Rua Francisco Leitão, 146 – Pinheiros
Fone (11) 883-6160
05414-020 São Paulo, SP, Brasil

IMPRESSO NO BRASIL
PRINTED IN BRAZIL

PREFÁCIO

Pesquisas recentes feitas pela indústria de produtos esportivos reconheceram que o treinamento de força, com cerca de 40 milhões de praticantes, é a atividade de treinamento físico individual mais popular nos Estados Unidos. A razão para essa popularidade é muito simples. Os resultados são rápidos e contribuem de forma notável para aumentar a força, o tônus muscular, as proporções do corpo, a aparência e a saúde. Infelizmente, não há muitos livros sobre o assunto que possam ser usados com segurança por pessoas sem experiência. A terminologia é freqüentemente confusa, as explicações não são claras e espera-se que os leitores sejam capazes de assimilar muita informação de uma só vez. A abordagem seguida neste livro não supõe que uma explicação ou ilustração seja suficiente para alguém se tornar habilidoso e bem informado sobre o treinamento de força. Ao contrário, procedimentos e exercícios cuidadosamente desenvolvidos acompanham cada passo e proporcionam amplas oportunidades de prática e de auto-avaliação.

Este livro concentra-se em duas áreas básicas. Uma ajuda-o a aprender exercícios de treinamento de força que são usados em um programa de treinamento bem equilibrado, e a outra proporciona o conhecimento necessário para desenvolver programas de treinamento de força. O texto começa descrevendo a maneira pela qual seu corpo responderá ao treinamento, o equipamento que você usará e as informações sobre treinamento e dieta que serão essenciais para o seu sucesso. A partir dessa base, são apresentadas as técnicas de levantamento e os exercícios básicos; as técnicas mais complexas seguem-se a esta introdução. As cargas de treinamento recomendadas são leves, enquanto você está aprendendo os exercícios, e progridem para cargas mais pesadas – cargas que vão trazer resultados animadores! Dessa forma, a organização de exercícios e cargas também oferece a melhor oportunidade de aprendê-los rapidamente e sem medo de lesões.

Uma vez que você tenha adquirido confiança no treinamento, está pronto para aprender a planejar o seu próprio programa de treinamento. As explicações passo a passo e as atividades de auto-avaliação apresentadas nos Passos 11 e 12 tornam este texto o mais fácil de seguir e de compreender, entre todos os que abordam o treinamento de força.

Você descobrirá que o uso dos procedimentos práticos, exercícios e atividades de auto-avaliação é também muito especial, e representa uma abordagem efetiva e há muito aguardada para explicar o significado e as técnicas do treinamento de força. Esta nova edição também inclui referências bibliográficas atualizadas, alguns exercícios diferentes (Apêndice A) e variações nas atividades anteriores de prática e aprendizado, tornando-as mais fluidas e fáceis de seguir. Os novos exercícios requerem um nível mais alto de capacidade, tornando este texto mais que um "livro para iniciantes".

Desde a publicação da primeira edição de *Treinamento de força* foi produzido um vídeo que ilustra claramente todos os exercícios incluídos nos Passos 3 a 8 e também aborda questões de segurança. Este é um recurso inestimável se você está tentando aprender sozinho os exercícios ou ajudando outras pessoas a aprender.

Gostaríamos de agradecer às muitas pessoas que direta ou indiretamente influenciaram no desenvolvimento e na realização deste livro. De especial destaque é Dan Wathen, L/AT., C, cuja contribuição ao longo dos anos acrescentou muito ao nosso conhecimento sobre treinamento de força e a nossas vidas pessoais. Além disso, agradecemos a Rich Coppins pela ajuda com as ilustrações e a Armetta Wright e Linda Tranisi pelo apoio na digitação. Mais importante do que tudo têm sido as nossas famílias, que nos deram a motivação e o apoio necessários para terminar este texto. Gostaríamos também de reconhecer o talento artístico de Keith Blomberg, o artista gráfico, e o apoio e a orientação proporcionados por Judy Patterson Wright, nossa editora.

Sumário

Os passos do caminho para o sucesso 9
O renascimento do treinamento de força 11
Considerações fisiológicas 13
Questões relativas à nutrição e ao peso corporal 21
Orientação quanto aos equipamentos 28
Treinamento para o sucesso 38

Passo 1 Fundamentos do levantamento: dominando o básico 41
Passo 2 Procedimentos práticos: conhecendo o processo 51
Passo 3 Exercícios para o peito: selecione um para o seu programa 61
Passo 4 Exercícios para as costas: selecione um para o seu programa 72
Passo 5 Exercícios para os ombros: selecione um para o seu programa ... 81
Passo 6 Exercícios para os braços: selecione dois para o seu programa ... 91
Passo 7 Exercícios para as pernas: selecione um para o seu programa 105
Passo 8 Exercícios abdominais: selecione um para o seu programa 112
Passo 9 O programa básico: registrando seus treinos 118
Passo 10 Considerações sobre planejamento de programas:
manipulação das variáveis de treinamento 123
Passo 11 Maximização dos resultados do treinamento:
ajustando as intensidades 144
Passo 12 Seu programa personalizado: agrupando tudo 153

Avaliando o seu progresso 164
Apêndice A: exercícios alternativos 165
Apêndice B: músculos do corpo 184
Apêndice C: planilha de treinamento 185
Apêndice D: tabela de conversão quilogramas/libras 187
Glossário 188
Referências bibliográficas 191

Os PASSOS DO CAMINHO PARA O SUCESSO

Prepare-se para seguir um caminho – um caminho que o levará a tornar-se mais forte, mais apto ou preparado e com mais conhecimentos sobre o treinamento de força. Você não pode saltar para o ponto de "final": você vai até lá avançando um passo de cada vez.

Cada um dos 12 passos que você vai seguir é uma transição fácil a partir do que o antecede. Os primeiros passos proporcionam uma base – uma base sólida de técnicas e conceitos fundamentais. À medida que você progride, aprende a executar um programa básico de treinamento de modo seguro e sem perda de tempo. Você também aprende quando e como fazer as mudanças necessárias na intensidade do programa. Chegando mais perto do final, a caminhada fica mais fácil, e você descobre que desenvolveu uma sensação de confiança em suas técnicas de treinamento de força e conhecimentos sobre como planejar seu próprio programa. Talvez o mais importante, você sente prazer ao ver como seu corpo e seu nível de condicionamento físico estão progredindo.

Para compreender como construir seu treinamento ao longo dos passos, familiarize-se com os conceitos e orientações apresentados nas próximas seções. Elas dão informações que o ajudarão a compreender e avaliar a enorme popularidade do treinamento de força atualmente, um conhecimento de como o seu corpo reage e se adapta ao treinamento e a importância de uma nutrição adequada. As dúvidas que você possa ter sobre aparelhos e pesos livres também são esclarecidas. Por último, e talvez o mais importante, seja a discussão relativa aos fundamentos do treinamento bem-sucedido. Estes "fundamentos" lhe proporcionam a compreensão dos conceitos-chave que farão cada minuto gasto no treino valer a pena.

Aborde cada um dos passos (Capítulos) que se seguem a esta primeira seção da seguinte forma:

1. Leia as explicações do que é tratado naquele passo, porque o passo é importante, o modo de executar o ponto central do passo, que pode ser uma técnica básica, um conceito, uma abordagem ou uma combinação deles.

2. Siga as ilustrações dos Pontos Fundamentais para o Sucesso mostrando exatamente como posicionar seu corpo para executar cada exercício corretamente. Há três partes gerais em cada exercício. Uma é a fase de preparação, na qual as técnicas de entrar em posição são executadas. As outras duas são fases de execução, normalmente envolvendo o desempenho de movimentos para cima e para baixo de um exercício. Observe que sempre que uma fase do movimento incluir uma flecha sólida (ver a Figura 1.6c), você deve expirar (durante o momento de maior dificuldade do exercício). Ao contrário, sempre que aparecer uma flecha sem preenchimento (ver a Figura 1.7a), você deve inspirar (durante a fase mais fácil do exercício). Para cada exercício de grande grupo muscular no programa básico, você pode escolher entre três opções: um exercício com pesos livres e dois com aparelhos.

3. Veja na seção "Obstáculos para o sucesso" as descrições dos erros comuns que podem ocorrer e as recomendações para corrigi-los.

4. Os procedimentos práticos e exercícios ajudam-no a aperfeiçoar suas técnicas através da repetição e da prática. Leia as instruções e os Objetivos para cada exercício e questionário.

Proceda de acordo com as instruções e registre seus resultados. Compare o seu desempenho com o Objetivo para o exercício ou a auto-avaliação. Você precisa atingir o Objetivo para cada exercício ou questionário antes de passar para o próximo, porque os exercícios progridem de fácil para difícil. O item "Para ter sucesso", que vem após o Objetivo, dá informações adicionais sobre como atingir cada objetivo. Esta seqüência é especificamente planejada para ajudá-lo a obter um sucesso contínuo.

5. Assim que você selecionar todos os exercícios no programa básico, você estará pronto para preencher sua primeira planilha de treino, fazer as mudanças necessárias e seguir o programa básico por um mínimo de seis semanas. Este é o tempo para avaliar suas técnicas pela lista dos "Pontos Fundamentais para o Sucesso".

6. Os Passos 10 e 11 preparam-no para planejar o seu próprio programa no Passo 12. Há muitas instruções úteis, exemplos e oportunidades de auto-avaliação (com as respostas) que vão prepará-lo para o desafio. São dadas fórmulas, por exemplo, para ajudá-lo na difícil tarefa de determinar as cargas iniciais de treinamento e fazer os ajustes necessários nelas.

7. Use as informações nos apêndices tanto para adicionar como para substituir exercícios no programa básico (ver o Apêndice A), para localizar músculos específicos (ver o Apêndice B) e para registrar seus progressos no treinamento (ver o Apêndice C).

Boa sorte na sua jornada passo a passo para o desenvolvimento de um corpo forte, saudável e atraente – uma jornada que aumentará sua autoconfiança, será divertida e cheia de sucesso!

O RENASCIMENTO DO TREINAMENTO DE FORÇA

As demonstrações de força têm despertado o interesse e a imaginação das pessoas desde os períodos mais remotos, mas as virtudes das atividades destinadas a desenvolver a força física não têm sido sempre compreendidas ou valorizadas. Durante muitos anos, acreditou-se que o treinamento de força trazia pouco ou nenhum benefício e, de fato, reduziria a flexibilidade e prejudicaria a coordenação neuromuscular. Uma preocupação especial era a de que o treinamento com pesos resultaria em enormes aumentos na massa muscular. Esta era uma preocupação fundamental entre as mulheres, muitas das quais tinham sido levadas a acreditar que ter uma aparência de força, ou ser forte, não era feminino. Esses mitos impediram muitas pessoas de se beneficiarem do treinamento de força. Finalmente, em 1930, dois terapeutas físicos, DeLorme e Wadkins, relataram resultados positivos usando o treinamento de força para a reabilitação de lesões nos braços e nas pernas de soldados. Isto deu início a um movimento de "repensar" os conceitos que impulsionou a evolução do treinamento com pesos como o conhecemos atualmente.

Definições e mitos

O termo *treinamento de força*, também denominado de *treinamento com pesos,* refere-se ao uso de halteres, pesos, aparelhos e outros equipamentos (coletes com pesos, bastões, elásticos e outros) com o propósito de melhorar o condicionamento físico, a aparência e/ou o desempenho esportivo. A popularidade crescente do treinamento de força estimulou os pesquisadores a estudarem seus efeitos, resultando na descoberta de que muitos dos mitos associados ao treinamento de força (a redução da velocidade e o "travamento" muscular, por exemplo) eram infundados. À medida que as preocupações com a *hipertrofia* muscular (aumento do tamanho do músculo) e as perdas em velocidade, flexibilidade e coordenação perdiam a importância, tornavam-se mais evidentes os benefícios do aumento na *força* (capacidade de exercer a força máxima em um único esforço), na *resistência muscular* (capacidade do músculo contrair-se durante um período grande de tempo sem fadiga excessiva) e no condicionamento físico.

Junto com o final dos mitos e um uso mais difundido do treinamento de força entre os atletas e o público em geral, veio o crescimento das empresas fabricantes de equipamentos utilizados no treinamento. Suas estratégias de marketing e de desenho criaram uma imagem diferente do treinamento de força. Aparelhos sofisticados e atrativos e halteres e pesos cromados substituíram os halteres e pesos enferrujados normalmente encontrados em ambientes esteticamente não muito agradáveis. Essas mudanças fizeram do treinamento de força uma atividade não apenas aceitável, mas até mesmo bem vista entre respeitáveis homens de negócio.

O treinamento de força na atualidade

O ímpeto para a atual popularidade do treinamento de força veio também das pessoas interessadas no levantamento de peso competitivo e no fisioculturismo. Os levantadores olímpicos executam "levantamentos rápidos" (arranque e arremesso), enquanto os adeptos dos levantamentos básicos executam levantamentos mais lentos (agachamento, supino e levantamento terra). Talvez mais popular, especialmente entre as mulheres, seja o fisioculturismo competitivo, no qual os competidores são avaliados por vários fatores, como tamanho dos músculos, simetria (equilíbrio muscular), impressão geral (aparência, movimentos característicos, etc.) e poses.

As mais de 40 milhões de pessoas que praticam regularmente o treinamento de força agora o encaram como um método efetivo para aperfeiçoar seu estado de saúde, alterar as proporções e esculpir seus corpos e melhorar o desempenho nos esportes e nas atividades cotidianas que requerem o uso da força. Até mesmo o número de indivíduos envolvidos nos aspectos competitivos do treinamento de força, especialmente levantamentos básicos e fisioculturismo, está crescendo. No outro extremo do espectro, o treinamento de força também está se popularizando entre as pessoas mais idosas, incluindo-se os indivíduos com osteoporose e pacientes nos programas de reabilitação cardíaca.

Existe pouca dúvida de que o treinamento de força conseguiu aceitação geral como método eficiente de melhorar a saúde, o desempenho e a aparência de milhões de pessoas. A mitologia que envolvia o treinamento de força da Idade das Trevas deu lugar a uma crescente evidência científica encorajando seu uso e a uma compreensão esclarecida quanto aos seus benefícios. Uma defensora de longo tempo e "peça-chave" na criação de interesse e apoio ao treinamento de força tem sido a Associação Nacional de Força e Condicionamento (ANFC). É uma entidade educativa sem fins lucrativos de mais de 13 mil membros de mais de 65 países, destacando-se internacionalmente como um centro de troca de informações precisas e atualizadas sobre treinamento de força. Sua publicação, *Essentials of strength training and conditioning,* mantém-se como o texto mais completo sobre treinamento de força em todo o mundo. Para informações sobre a ANFC ou sua publicação, ligue para 00-XX[operadora]1-719-632-6722 (fax 00-XX[operadora]1-719-632-6367; e-mail nsca@usa.net) ou escreva para 530 Communications Circle, Suite 204, Colorado Springs, CO 80905, Estados Unidos.

CONSIDERAÇÕES FISIOLÓGICAS

Quando o treinamento de força é feito com regularidade e acompanhado de escolhas alimentares adequadas, vários sistemas do corpo são modificados de maneira positiva. Os músculos tornam-se mais fortes, mais tonificados e menos fatigados nas sessões seguintes de treinamento. O sistema neuromuscular (nervo-músculo) aprende a trabalhar em harmonia, ou seja, o cérebro aprende a recrutar seletivamente músculos específicos, e tipos específicos de fibras musculares dentro deles, para levantar as diversas cargas usadas em seus exercícios de treinamento de força. O sistema neuromuscular também melhora em sua capacidade de controlar a velocidade do movimento e dirigi-lo ao longo dos padrões adequados de movimento exigidos nos diferentes exercícios. A próxima seção irá ajudá-lo a compreender melhor como o seu corpo responde fisiologicamente ao treinamento de força e a aprender mais sobre suas necessidades nutricionais, questões de ganho/perda de peso, importância do repouso e aspectos de segurança e de equipamento.

A estrutura do músculo

Considerando-se a estrutura e a função, o tecido muscular é classificado em três tipos: *liso*, *esquelético* e *cardíaco* (ver a Figura 1). Em uma atividade como o treinamento de força, o desenvolvimento dos músculos esqueléticos é de importância fundamental. Como é mostrado na Figura 2, os músculos esqueléticos, algumas vezes chamados de músculos *estriados*, são presos aos ossos por tendões. Os músculos esqueléticos respondem à estimulação voluntária do cérebro.

Apesar de os músculos esqueléticos (dos quais existem cerca de 400) serem dispostos em grupos, eles funcionam separadamente ou em combinação com outros. Quais e quantos músculos esqueléticos são mobilizados em uma sessão de treinamento depende de quais exercícios são selecionados e das técnicas usadas para sua execução (por exemplo, amplitude da pegada ou posição, ângulo e distância em que a barra é empurrada ou puxada – tudo tem um efeito sobre os músculos que são recrutados e em que medida). Ilustrações e explicações sobre os grupos musculares que são trabalhados durante a execução de muitos exercícios diferentes encontram-se ao longo deste texto. A Figura 3, por exemplo, mostra o tendão do músculo bíceps braquial e sua conexão com o osso.

Figura 1 Três tipos de tecido muscular.

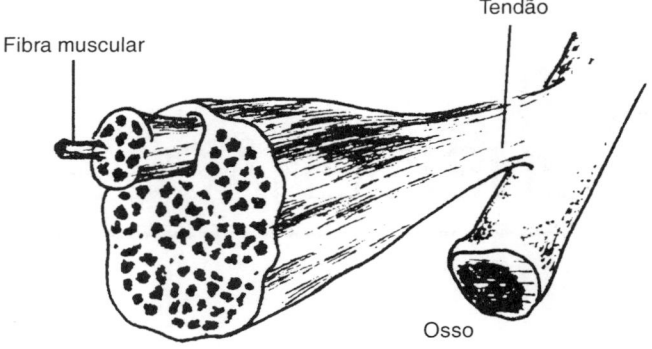

Figura 2 Tendões prendem os músculos esqueléticos aos ossos.

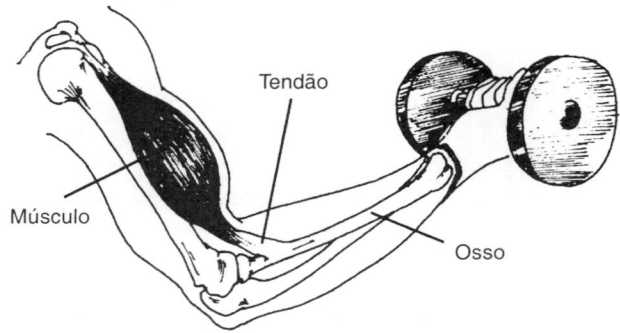

Figura 3 O músculo bíceps braquial converge para um tendão e prende-se ao osso rádio no antebraço.

Tipos de ação muscular

Os três tipos diferentes de ação muscular que podem ocorrer durante o treinamento de força são a *isométrica*, a *concêntrica* e a *excêntrica*.

Isométrica

O termo *isométrica*, ou estática, refere-se às situações nas quais se desenvolve tensão em um músculo, mas não ocorre encurtamento ou alongamento visíveis. Algumas vezes, durante a execução de uma repetição, atinge-se um ponto de maior dificuldade, e há uma pausa momentânea no movimento. A ação do(s) músculo(s) neste ponto seria descrita como estática. Talvez um exemplo mais claro seja o de uma pessoa tentando empurrar uma barra afastando-a de seu peito (como no supino), quando a carga é grande demais, para permitir qualquer movimento para cima.

Concêntrica

A ação muscular *concêntrica* ocorre quando se desenvolve tensão em um músculo e o mesmo encurta. Por exemplo quando o bíceps move o haltere em direção ao ombro na rosca bíceps como mostra a Figura 4a, a ação do músculo é descrita como concêntrica. Outro exemplo é quando os músculos abdominais encurtam-se para fletir o tronco para a frente no exercício abdominal. O trabalho que os músculos executam durante a atividade concêntrica é descrita também como "trabalho positivo".

Excêntrica

O termo *excêntrica* é usado para descrever a ação muscular na qual há tensão no músculo, mas ele se alonga ao invés de se contrair. Usando a rosca bíceps novamente como exemplo, quando o haltere inicia a fase descendente da Figura 4b, a ação excêntrica do bíceps braquial controla a descida do haltere. Ainda há tensão no bíceps; a diferença (comparando-se à concêntrica) é que as fibras musculares lentamente se alongam para controlar a velocidade de descida do haltere. Usando-se o exemplo do exercício abdominal anteriormente descrito, a descida controlada do tronco até o chão é realizada pela atividade excêntrica dos músculos abdominais. Refere-se a isto como "trabalho negativo", porque está sendo feito na direção oposta à da concêntrica (positiva). É a ação excêntrica (alongamento), contrapondo-se à concêntrica (contração), a responsável primária pela dor muscular associada ao treinamento de força.

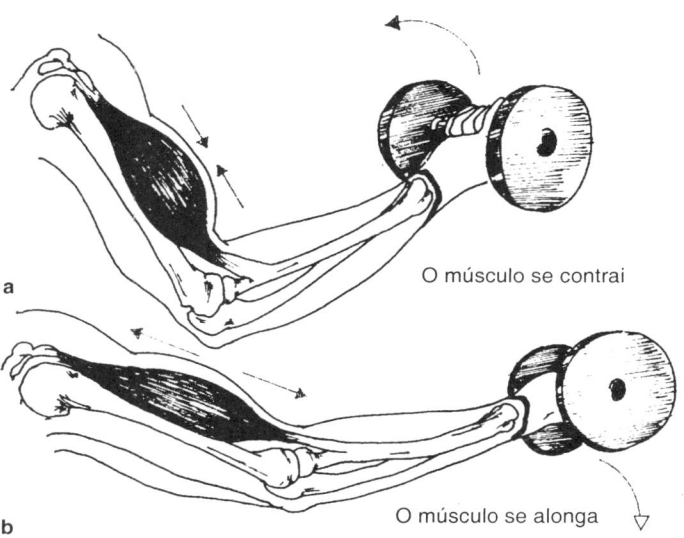

Figura 4 Rosca bíceps concêntrica (a) e rosca bíceps excêntrica (b).

Fatores que afetam os ganhos de força

A força que se pode desenvolver com o treinamento de força é influenciada por alterações neuromusculares (referidas daqui em diante como "neurais") que ocorrem durante o processo de aprendizado dos exercícios, aumento da massa muscular e tipo de composição das fibras.

Definição de força muscular

O termo *força muscular* refere-se à capacidade de desenvolver força máxima durante um esforço isolado. Pode ser medida pela determinação do esforço máximo de uma repetição, denominado "1 RM", em um ou mais exercícios. Por exemplo, se você colocou em uma barra uma carga de 45 kg e conseguiu fazer (usando um esforço máximo) apenas uma repetição, o seu 1 RM equivale a 45 kg. A força muscular é específica para cada músculo ou área muscular (este conceito específico será discutido posteriormente).

Alterações neurais

Duas razões têm sido aceitas para explicar o aumento de força muscular que ocorre em resposta ao treinamento de força. Uma está associada às alterações neurais, e a outra envolve aumentos na massa muscular. No primeiro caso, o termo "neural" refere-se ao sistema nervoso trabalhando com o sistema muscular para aumentar a força muscular. Ao fazer isto, os nervos que são ligados às fibras musculares específicas são "ensinados" a "transmitir". Assim, ocorre um aperfeiçoamento na técnica de levantamento, que permite o uso de mais carga com mais eficiência (com menos esforço).

Além disso, através da repetição, o corpo torna-se capaz de recrutar mais fibras, e de recrutar seletivamente as fibras mais eficientes para "realizar o trabalho". Assim, existe um fator de aprendizado que contribui para as alterações na força muscular, algumas das quais podem ser drásticas. E sabe-se que este fator de aprendizado neural é responsável pelos aumentos da força muscular observados durante as primeiras semanas do treinamento de força.

Alterações na massa muscular

Apesar de o fator de aprendizado neural continuar atuando, os ganhos continuados na força muscular são em sua maior parte associados aos aumentos na massa muscular. À medida que a área de seção transversa do músculo torna-se maior (porque as fibras individuais tornam-se mais espessas e fortes), aumenta também a capacidade do músculo de desenvolver força. Dessa forma, o fator neural responde pelos ganhos iniciais de força muscular, enquanto os aumentos da massa muscular são responsáveis pelas mudanças que ocorrem mais tarde.

Aumentos da força muscular: o que esperar

Dependendo dos hábitos de treinamento e do nível de força muscular no teste inicial, do grupo muscular que está sendo avaliado, da intensidade do programa de treinamento (cargas, repetições, séries, períodos de descanso), da duração do programa de treinamento (semanas, meses, anos) e do potencial genético, os aumentos relatados de força muscular variam geralmente dos 8 aos 50%. Os aumentos maiores observam-se entre as pessoas sem treinamento prévio com exercícios de força e em programas envolvendo exercícios para grandes grupos musculares, cargas mais pesadas, séries múltiplas e mais sessões de treinamento. Características individuais, tais como os comprimentos dos músculos e os ângulos nos quais os tendões se inserem nos ossos, proporcionam vantagens e desvantagens mecânicas. São fatores que também aumentam ou limitam seu potencial de força muscular. Os efeitos do uso de esteróides na força e na massa muscular serão discutidos posteriormente.

Diferenças entre os sexos

Não deveria ser surpreendente ouvir que os homens são tipicamente mais fortes do que as mulheres. Isto, no entanto, não tem nada a ver com a *qualidade* do tecido muscular ou sua capacidade de produzir força, pois são idênticos em ambos os sexos. A *quantidade* de tecido muscular no homem médio (40%) e na mulher (23%) é a maior responsável pela superioridade da força masculina. É esta diferença que também ajuda a explicar por que as mulheres são tipicamente 43 a 63% mais fracas em relação à força na parte superior do corpo e 25 a 30% na parte inferior do corpo.

Concluir disso, no entanto, que as mulheres não têm o mesmo potencial de ganho de força muscular que os homens é totalmente incorreto. Uma mulher pode desenvolver força muscular relativamente ao seu próprio potencial, mas não atingirá os mesmos níveis absolutos de força alcançados pelos homens. Além disso, as pesquisas sobre o treinamento de força demonstraram inúmeras vezes que as mulheres podem ter aumentos significativos na força e no tônus muscular sem medo de desenvolver um indesejado volume muscular. Podem também diminuir ao mesmo tempo a gordura corporal, resultando em uma aparência mais saudável e mais atraente.

Quando esperar alterações na força muscular

Os aumentos na força muscular que ocorrem em resposta ao treinamento de força não são observáveis em geral até a terceira ou quarta semana de treinamento. A primeira semana é normalmente caracterizada por perdas de força, talvez devido aos microtraumas (rupturas) no tecido muscular. A fadiga também pode ser um fator que contribui para isso. As diminuições no desempenho de força são especialmente notáveis durante os últimos treinos da primeira semana, portanto não se surpreenda se você se sentir mais fraco ao final desta semana. Nas semanas seguintes, você ficará impressionado e animado com os ganhos de força muscular, que podem aumentar de 4 a 6% por semana.

Por que os músculos aumentam em tamanho

Ainda não é conhecida exatamente a causa do aumento do tamanho muscular. Os fatores freqüentemente discutidos, entretanto, são a hipertrofia, a hiperplasia e o potencial genético.

Hipertrofia

O desenvolvimento da massa muscular é mais freqüentemente atribuído ao aumento no tamanho das fibras existentes, as mesmas presentes no momento do nascimento. As miofibrilas muito finas de proteína (actina e miosina) dentro da fibra aumentam em tamanho, criando uma fibra maior. O efeito coletivo dos aumentos dentro de muitas fibras individuais é responsável pelas alterações observadas no tamanho total do músculo. Esse aumento é denominado hipertrofia (Figura 5).

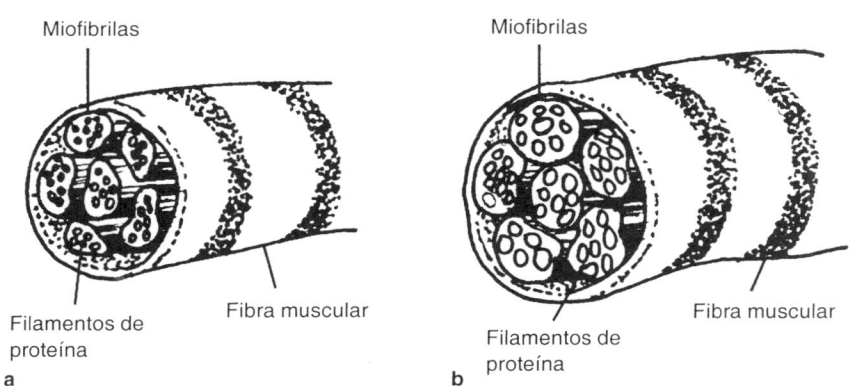

Figura 5 Hipertrofia muscular: o músculo antes do treinamento (a) e o músculo após o treinamento (b). Observe as mudanças nos diâmetros dos filamentos de proteína que constituem as miofibrilas.

Hiperplasia

Mesmo que a hipertrofia seja a explicação mais comumente aceita da causa do aumento muscular, existem pesquisas sugerindo que as fibras se dividem no sentido longitudinal, formando fibras separadas. Acredita-se que essa divisão contribua para aumentar o tamanho do músculo. Esta teoria de divisão longitudinal das fibras é denominada hiperplasia.

Tipo de fibra muscular e potencial genético

Se a hipertrofia é aceita como o processo pelo qual as fibras aumentam em tamanho, então deve-se também aceitar a idéia de que há limitações genéticas em relação à magnitude do aumento de tamanho do músculo, já que isso depende do espessamento das fibras já existentes. Assim como se sabe que algumas pessoas nascem com inserções músculo tendinosas favoráveis ao desenvolvimento de força, o mesmo acontece em relação ao número de fibras musculares. Algumas pessoas nascem com um número de fibras musculares maior do que outras, e assim seu potencial genético para o aumento do tamanho dos músculos é maior. Independente de sua herança genética, seu desafio é planejar um programa efetivo de treinamento e treinar com afinco para que todo seu potencial possa se desenvolver.

O tecido muscular esquelético já mencionado pode ser dividido em dois tipos básicos, com capacidades e características distintas. A fibra muscular de *contração rápida* tem a capacidade de produzir uma grande quantidade de força, mas se fadiga rapidamente. Seu tamanho também aumenta de forma mais rápida, em geral. As fibras de contração rápida, devido à sua alta capacidade de força, são recrutadas durante os exercícios de força e nas modalidades atléticas que requerem níveis elevados de força muscular explosiva (arremesso de peso, lançamento de disco, lançamento de dardo ou futebol americano, por exemplo). A fibra muscular de *contração lenta* não é capaz de desenvolver tanta força nem de desenvolver força rapidamente, mas é mais resistente – ou seja, pode continuar contraída por períodos mais longos de tempo antes da ocorrência de fadiga. As fibras de contração lenta são recrutadas para os eventos aeróbicos (corrida de fundo, natação ou ciclismo, por exemplo) que requerem menos força muscular e mais resistência.

Nem todas as pessoas têm a mesma proporção entre as fibras de contração rápida e lenta. Os indivíduos com um número maior de fibras de contração rápida têm um maior potencial genético para serem fortes e, conseqüentemente, obterem sucesso em esportes "dependentes de força" ou em atividades como o treinamento de força. Ao contrário, os indivíduos com um maior percentual de fibras de contração lenta têm um maior potencial genético para obterem sucesso nos eventos que requerem níveis mais baixos de força muscular e níveis mais altos de resistência, tais como natação de fundo e maratona.

Desenvolvimento da resistência muscular localizada

Resistência muscular localizada refere-se à capacidade do músculo de trabalhar repetidamente com cargas moderadas por um período longo de tempo. A melhora na sua resistência muscular é demonstrada por uma capacidade de aumentar o período de tempo antes que ocorra a fadiga muscular, ou seja, executar mais repetições. Assim, é diferente da força muscular máxima, a medida de um esforço muscular único e total. Assim como a força, a resistência muscular é específica ao músculo ou músculos envolvidos. Como resultado da execução regular de um alto número de repetições da rosca de bíceps, por exemplo, os músculos da parte anterior do braço (flexores do cotovelo) terão sua resistência aumentada, mas este treinamento não irá melhorar a resistência dos músculos da perna.

O treinamento de força aparentemente provoca o aumento da resistência muscular localizada de duas maneiras: aumentando as qualidades anaeróbicas no músculo e reduzindo o número de fibras musculares envolvidas durante os períodos iniciais de uma atividade, deixando assim algumas de reserva para uma possível continuação da atividade. A redução do número de fibras envolvidas está relacionada aos aumentos na força muscular que permitem que uma tarefa seja realizada com um menor percentual de esforço. Se você tem que executar uma rosca de bíceps de 12 kg, por exemplo, e tem uma força muscular de 24 kg no seu bíceps, este exercício irá requerer 50% de sua força. Se, no entanto, a força de seu bíceps aumentou para 48 kg, a tarefa irá exigir apenas 25% de sua força. Assim, um menor percentual de esforço será requerido para fazer uma rosca de bíceps de 12 kg.

Desenvolvimento do condicionamento cardiovascular

Os efeitos do treinamento de força no condicionamento cardiovascular, tipicamente expresso como alterações no consumo de oxigênio (a capacidade de transportar e utilizar oxigênio pelos músculos), têm sido estudados por numerosos pesquisadores. É seguro afirmar que os programas de treinamento de força envolvendo cargas mais pesadas, menos repetições e períodos de descanso mais longos entre as séries têm um efeito mínimo sobre o condicionamento cardiovascular. Quando os programas de treinamento de força, no entanto, incluem cargas de leves a moderadas (40 a 60% de 1 RM), um número maior de repetições (12 a 20+) e intervalos de descanso extremamente curtos entre as séries (30 a 60 segundos) podem ser esperados aumentos moderados (5%) no consumo de oxigênio. A magnitude destes aumentos também é influenciada pela intensidade e duração do treinamento (semanas, meses, anos), bem como pelos níveis de condicionamento físico e de força muscular no início de um programa de treinamento. Seria um erro não considerar esses elementos ao avaliar o mérito de melhoras observadas no condicionamento cardiovascular atribuídas aos programas de treinamento de força.

A maneira mais efetiva de desenvolver o condicionamento cardiovascular é praticar atividades de treinamento aeróbico, tais como caminhada, corrida, natação, ciclismo ou esqui *cross-country*. Essas atividades envolvem movimentos contínuos e ritmados que podem ser mantidos durante períodos de tempo mais longos do que as atividades anaeróbicas como o treinamento de força. Orientações que irão ajudá-lo a desenvolver um programa de exercícios aeróbicos podem ser encontradas nos textos de Baechle e Earle (1995), Corbin e Lindsey (1997), Hoeger (1995) e Westcott e Baechle (1998) listados ao final deste texto, na seção de referências bibliográficas. Um programa bem planejado de condicionamento físico incluirá tanto atividades de treinamento de força como aeróbicas.

Melhora na coordenação muscular e na flexibilidade

Algumas pessoas ainda acreditam que o treinamento de força irá de algum modo afetar negativamente a coordenação muscular e reduzir a flexibilidade. A sensação de peso nos braços e nas pernas e um certo amortecimento (perda do tato) que aparecem imediatamente após uma série de repetições são apenas temporários e não irão reduzir os níveis de coordenação. É mais provável que as sessões de treinamento de força tenham o efeito oposto. Segurar e mover barras do chão até acima da cabeça (desenvolvimento), equilibrar a barra nas suas costas (agachamento dorsal) e segurar halteres de forma equilibrada (crucifixo), tudo isso contribui para a melhora da coordenação muscular.

Os exercícios de treinamento de força, executados com a técnica correta e de um modo controlado, podem aumentar a força muscular em toda a amplitude de movimento das articulações. Os exercícios executados deste modo irão aumentar a flexibilidade, além de servir como um estímulo para o desenvolvimento da força, podendo reduzir os riscos de lesão. Não existe nenhuma evidência comprovada em apoio à afirmação de que os exercícios de treinamento de força corretamente executados prejudiquem a flexibilidade ou a coordenação motora!

Dor muscular tardia

Você não deve se surpreender ou desanimar ao descobrir que a primeira ou a segunda semanas de treinamento de força são acompanhadas de dor muscular. É normal sentir-se como se 300 dos seus aproximadamente 400 músculos tivessem sido mais massacrados do que exercitados. Dor muscular, em variados graus, é sentida por praticamente todos que treinam força. Não há nenhuma explicação definitiva do porquê sentimos dor muscular tardia, mas se sabe que as fases excêntricas (ou "negativas") dos exercícios a produzem. Por exemplo, as fases descendentes (excêntricas) da rosca bíceps e do supino resultam em dor muscular, mas as fases ascendentes (concêntricas) não. Normalmente, o desconforto da dor muscular diminui depois de três dias, especialmente se você alonga antes e depois do treino. Surpreendentemente, a mesma coisa que estimula a dor (isto é, o exercício) ajuda a aliviá-la. Exercício leve combinado com atividades de alongamento é o ideal para acelerar a recuperação da dor muscular.

Evitar excesso de treino

O excesso de treino é uma situação na qual ocorre uma estabilização ou queda no desempenho durante um período de tempo. Isto acontece quando o seu corpo não tem tempo de se recuperar adequadamente de um treino até o próximo. Freqüentemente, o estado de excesso de treino é resultado de não se dar a devida atenção à necessidade de descanso entre os treinos, trabalhar de forma agressiva (especialmente sem recuperação depois de doenças), fazendo treinos demais por semana, ou não seguir as orientações de programa apresentadas neste texto.

Sinais de alerta

Os sinais de alerta físicos do excesso de treino são:
1. dor muscular importante e rigidez no dia seguinte a um treino;
2. aumento gradual da dor muscular de um treino para o seguinte;
3. perda de peso (especialmente se não está sendo feito nenhum esforço para isso);
4. incapacidade de completar um treino que, baseado em sua forma física atual, seja razoável;
5. perda de apetite.

Estratégias de prevenção

Se você apresentar dois ou mais dos sintomas acima, deve reduzir a intensidade, a freqüência e/ou a duração do treinamento até que estes sinais de alerta desapareçam. É melhor prevenir o excesso de treino do que se recuperar dele.

Para ajudar a prevenir o excesso de treino:
- aumente a intensidade do treino gradualmente;
- alterne semanas de treinamento mais agressivo com menos agressivo, permitindo uma recuperação suficiente entre os treinos (discutido no Passo 11);
- durma o suficiente;
- alimente-se adequadamente;
- de acordo com as necessidades, faça ajustes na intensidade do treinamento.

QUESTÕES RELATIVAS À NUTRIÇÃO E AO PESO CORPORAL

A nutrição é basicamente o estudo de como os carboidratos, as proteínas, as gorduras, as vitaminas, os minerais e a água fornecem a energia, as substâncias e os nutrientes requeridos para a manutenção das funções corporais durante o repouso e o exercício. Quando um programa completo de nutrição é combinado com sessões regulares de treinamento, o sucesso é uma conseqüência natural. As orientações gerais para uma dieta saudável – 55% de carboidratos, 30% de gordura e 15% de proteínas – são adequadas para quem treina força, embora você possa aumentar ligeiramente a quantidade de carboidratos e diminuir a quantidade de gordura. Tente escolher os carboidratos complexos em vez dos simples, e gorduras insaturadas em vez de saturadas. Uma dieta que inclua uma quantidade adequada de líquido (seis a oito copos) e seja selecionada de acordo com estas orientações nutricionais irá proporcionar a energia e os nutrientes necessários para promover mudanças positivas em sua força muscular, resistência e aparência física.

Necessidades nutricionais

A discussão a seguir é uma revisão dos fatores nutricionais e dietéticos que irão afetar a maneira pela qual seu corpo responde aos seus hábitos de dieta e de treinamento. Para mais informações sobre o assunto, recomendamos o livro *Nancy Clark's Sports Nutrition Guidebook*, segunda edição (1997).

Carboidratos

Os carboidratos são a fonte primária de energia do corpo. Eles fornecem 4 quilocalorias por grama e são classificados em complexos e simples. Para os que treinam intensivamente, é importante uma ingesta aumentada de carboidratos complexos. As fontes preferidas de carboidratos incluem cereais, pães, farinhas, grãos, frutas, massas e vegetais (carboidratos complexos). Outras fontes são xaropes, geléias, bolos e mel (carboidratos simples).

Gorduras

As gorduras são uma forma concentrada de energia (9 quilocalorias por grama) – mais do que o dobro dos carboidratos e proteínas. As gorduras relacionam-se à manutenção de uma pele saudável, ao isolamento contra o frio e ao calor e à proteção dos órgãos vitais e são a forma principal de armazenamento de energia. As gorduras podem ser encontradas tanto em fontes vegetais quanto animais e são normalmente classificadas como saturadas ou insaturadas. As gorduras insaturadas (mono e poli), tais como as encontradas nos óleos de oliva, canola e milho, são preferidas porque estão associadas com um menor risco de doença cardiovascular. Fontes comuns de gordura saturada são carnes como a de gado, carneiro, galinha e porco. Outras fontes são os laticínios como o creme de leite, o leite, o queijo e a manteiga e as gemas dos ovos.

Proteínas

As proteínas são os elementos construtores de todas as células do corpo. São responsáveis pela reparação, pela reconstrução e pela substituição das células bem como pelos processos reguladores corporais envolvidos no combate às infecções. Se o suprimento de carboidratos e gorduras é insuficiente e as funções reparadoras, reconstrutoras e reguladoras do metabolismo estão sendo suficientemente desempenhadas, a proteína é usada como fonte de energia. As proteínas fornecem 4 quilocalorias por grama. As unidades básicas das proteínas são os aminoácidos, que são classificados como essenciais e não-essenciais. Dos 20 aminoácidos, oito (ou nove, dependendo do autor consultado) são chamados de aminoácidos essenciais e devem ser obtidos através da dieta. Os outros 12 (ou 11) podem ser produzidos pelo corpo; são os aminoácidos não-essenciais. Os alimentos que contêm todos os aminoácidos essenciais são chamados de proteínas completas. Carne, peixe, galinha, ovos, leite e queijo são fontes de proteínas completas. Fontes de proteínas indicadas que têm baixa proporção de gordura são os laticínios, as carnes magras e o peixe. Fontes incompletas de proteínas incluem pães, cereais, nozes, ervilhas secas e feijões.

Vitaminas

As vitaminas são nutrientes essenciais necessários para muitos processos fisiológicos. Dividem-se em dois tipos: hidrossolúveis e lipossolúveis. Independente do tipo, as vitaminas não contêm energia ou calorias, e uma suplementação extra de vitaminas não irá fornecer mais energia.

Minerais

Os minerais funcionam no corpo como construtores, ativadores, reguladores, transmissores e controladores dos processos metabólicos. Assim como as vitaminas, os minerais não fornecem calorias.

Água

Mesmo que não forneça energia para a atividade, a água fornece o meio para os resultados da atividade. A água constitui cerca de 72% do peso do músculo e representa 40 ou 60% do peso total do corpo. Através da regulação da sede e da produção de urina, o corpo é capaz de manter um delicado equilíbrio de água.

O guia da pirâmide alimentar

O Guia da Pirâmide Alimentar, desenvolvido pelo USDA (United States Department of Agriculture) e pelo Departament of Health and Human Services, pode ajudá-lo a escolher os melhores alimentos para uma dieta saudável (ver a Figura 6). Recomenda-se que você coma uma variedade de alimentos para obter os nutrientes necessários e que aumente a quantidade de pães, frutas e vegetais na dieta, ao mesmo tempo que reduz a quantidade de gorduras e açúcares.

O dilema da dieta e a perda de peso

A composição corporal leva em conta a quantidade de peso da gordura e de peso sem gordura (músculos, ossos, órgãos) que formam o seu corpo. Isto é diferente de avaliar a constitui-

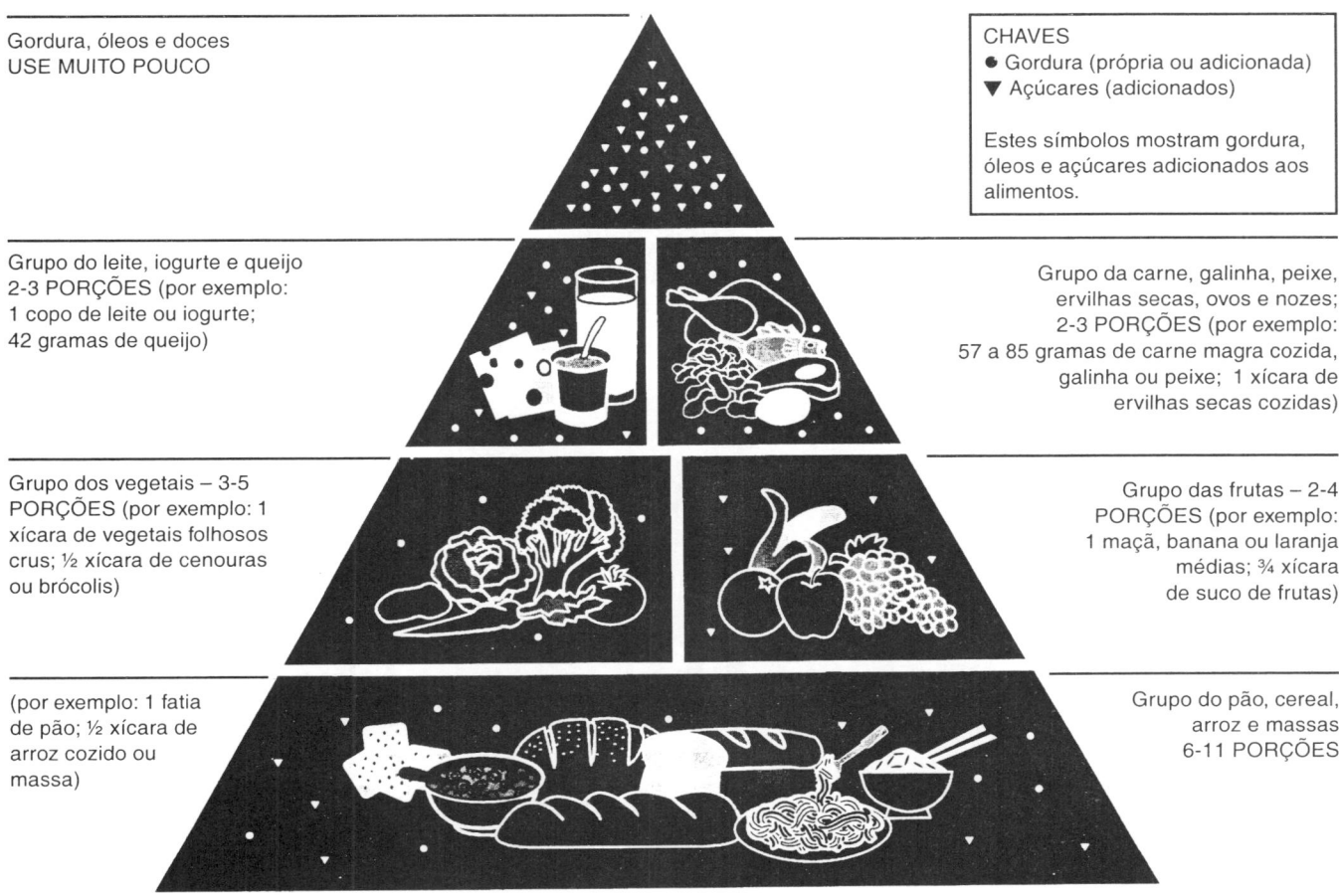

Fonte: United States Departments of Agriculture and Health and Human Services.

Figura 6 Guia da pirâmide alimentar.

ção física apenas a partir do que a balança registra como peso, como é visto na Figura 7. Assim, a composição corporal é um modo mais acurado de descrever o nível de saúde e condicionamento físico. Dois fatores que têm um efeito profundo na composição corporal são a dieta e o exercício.

Infelizmente, aproximadamente 65 milhões de americanos estão fazendo algum tipo de dieta em qualquer momento. Milhões mais estão começando dietas a cada dia. Alguns estão perdendo peso, mas muitos estão recuperando o peso perdido. Todos esperam, de algum modo, encontrar a solução. A verdade é que as dietas planejadas para provocar uma perda de peso rápida normalmente não funcionam para ajudar as pessoas a permanecerem saudáveis e com boa aparência: de fato, muitas dessas dietas são até mesmo prejudiciais.

Flutuações da taxa metabólica

Há boas razões pelas quais as dietas normalmente não funcionam, e razões ainda melhores pelas quais uma escolha sensata dos alimentos aliada a exercício regular funcionam. Dietas radicais, especialmente, não são efetivas porque o corpo rapidamente se adapta a uma ingesta alimentar menor reduzindo sua taxa metabólica (isto é, a velocidade na qual o alimento é transformado em energia). Essa ação compensatória se opõe à queima da gordura. Quando há uma restrição na dieta resultando em uma perda de 3,7 kg, por exemplo, o corpo se ajusta à dieta restrita. Mais tarde, quando ocorre uma ingesta maior de alimentos, mesmo que o

 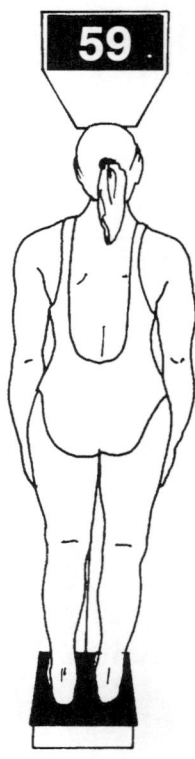

Figura 7 Comparação entre duas mulheres com o mesmo peso, mas diferentes composições corporais. Veja que, apesar de a mulher à esquerda pesar o mesmo que a da direita, ela é muito mais esguia.

consumo diário seja menor do que antes da dieta, o corpo trata o aumento como excesso e o armazena como gordura. Este ciclo "iô-iô" de perda e recuperação rápida de peso é não apenas incapaz de criar uma aparência positiva, mas também faz mal à saúde (como é descrito mais adiante).

Flutuações devido à perda de água

Você deve observar que a perda de peso observada logo no início de uma dieta restrita é normalmente uma perda de água, e não de gordura. Muitas dietas diminuem o consumo de carboidratos. Isso reduz o conteúdo de água do corpo porque muito da água existente em nossos corpos acumula-se no processo de armazenagem dos carboidratos. A perda de peso devido à redução dos estoques de água é apenas temporária. Uma vez que o equilíbrio hídrico é restaurado, a balança não mostra a perda de gordura corporal que se presumia ter ocorrido.

Perda de tecido muscular

Se uma mulher em dieta consome menos do que aproximadamente 1.200 quilocalorias por dia (1.500 para um homem), o tecido muscular, assim como a gordura, é consumido. Quanto mais a ingesta calórica diminui abaixo desta quantidade, mais tecido muscular é perdido em relação à gordura. Assim, mesmo que a pessoa perca peso, ela está na verdade mais gorda, pois o percentual de gordura corporal comparada à do peso magro aumentou. O objetivo de uma dieta bem feita deveria ser a redução do peso total do corpo sem a perda de massa muscular. As pessoas que estão na montanha russa de fazer dieta, recuperar o peso e fazer dieta de novo podem estar enfraquecendo seu corpo a cada dieta. Esta abordagem "iô-iô" é o modo errado de perder peso; tem um efeito negativo no corpo, e é incapaz de manter um nível adequado de gordura corporal.

Considerações sobre o tamanho do corpo

Muitas pessoas com excesso de peso justificam o fato de comerem muito achando que, porque seus corpos são pesados, precisam de mais comida para nutri-los. Na verdade, o oposto é verdadeiro em muitos casos. Muito de seu peso é constituído por gordura que, ao contrário do músculo, não é metabolicamente ativa. Os músculos que se exercitam, pelo contrário, queimam calorias; quanto mais músculo, mais energia é gasta e mais rapidamente os estoques de gordura são reduzidos. Compare dois indivíduos que tenham a mesma altura, um dos quais pese mais e esteja em piores condições físicas do que o outro. A pessoa mais leve tem mais músculo e menos gordura armazenada devido a um bom nível de condicionamento físico e terá necessidade de uma ingesta calórica maior do que o menos ativo, mais pesado, mais gordo e menos musculoso.

Princípios do treinamento de força e do exercício aeróbico

Para muitas pessoas, a maneira mais efetiva de diminuir a gordura corporal excessiva é reduzir moderadamente a ingesta calórica e ao mesmo tempo participar de um programa de treinamento aeróbico e de força. Esses programas de exercício irão queimar calorias e manter ou construir tecido muscular, o que leva a uma melhora na proporção gordura/músculo. Em 40 minutos de exercício aeróbico, o indivíduo médio queima aproximadamente 400 a 480 quilocalorias. Lembre-se de que as atividades aeróbicas envolvem os grandes músculos em atividades contínuas, tais como ciclismo, natação, caminhada, *jogging*, esqui *cross-country* e pular corda. Essas atividades promovem o maior gasto calórico. Golfe, por outro lado, não é uma atividade rítmica e contínua e consome apenas metade das calorias do que o nado de costas para indivíduos do mesmo peso.

As sessões de treinamento de força normalmente não queimam tantas calorias quanto as de exercícios aeróbicos, mas elas mantêm ou aumentam a massa muscular. Isto é importante porque pela adição de mais músculos, mais calorias são queimadas.

Perdendo peso de gordura

Se você que perder gordura corporal, procure perdê-la em um ritmo máximo de 450 a 900 gramas por semana. Perdas maiores do que essa podem resultar em perda de tecido muscular. Já que 450 gramas de gordura têm aproximadamente 3.500 quilocalorias, uma redução diária na dieta de 250 a 500 quilocalorias totalizará cerca de 1.750 a 3.500 quilocalorias por semana. Combinando com exercício regular, isto irá promover a perda recomendada de 450 a 900 gramas de gordura por semana e ajudará a mantê-la.

Ganhando peso sem gordura

A maioria das pessoas que se exercitam não têm interesse em ganhar peso; há algumas, no entanto, que participam de programas de treinamento de força especificamente para ganhar músculos. Para atingir esse objetivo, é necessário um aumento no consumo calórico combinado ao treinamento regular. O treinamento de força irá estimular o crescimento muscular, e assim o peso do corpo aumenta. O consumo de calorias adicionais (acima das necessidades diárias) proporciona a base para o aumento do tecido muscular. A adição de 450 gramas de músculo requerem 2.500 quilocalorias além das necessidades metabólicas normais. Um aumento equivalente no consumo de proteínas e carboidratos (com ênfase especial nos carboidratos complexos) e a manutenção do consumo de gordura deve ajudar a promover o crescimento de tecido magro e um aumento no tamanho dos músculos.

Note que uma mulher normalmente não se torna tão musculosa quanto um homem, assim é improvável que ela ganhe um peso significativo em resposta ao treinamento de força a menos que faça um esforço específico (aumentando a ingesta alimentar e seguindo um programa planejado para desenvolver hipertrofia).

Necessidades de proteínas, suplementos e esteróides

Apesar de a suplementação de proteínas, minerais e vitaminas ser fortemente recomendada por muitos, poucas pesquisas têm sido apresentadas para comprovar as alegações de ganhos em resistência muscular, hipertrofia ou força entre os indivíduos que se alimentam bem. Repetidamente, os nutricionistas, fisiologistas do exercício e médicos especializados em medicina do esporte têm concluído que uma dieta normal satisfará as necessidades protéicas diárias da pessoa média. A exceção pode ser a de que um aumento no consumo de carboidratos e proteínas é adequado para quem participa de programas de treinamento de força.

Considerações sobre o uso de esteróides

As conversas sobre suplementos são quase sempre acompanhadas por questões relativas aos esteróides. É da natureza humana procurar por atalhos, e isto é especialmente comum entre as pessoas que desejam tornar seus corpos mais atraentes, mais fortes e mais saudáveis, mas não existem atalhos seguros. Os esteróides anabólicos-androgênicos, na presença de dieta e treinamento adequados, podem contribuir para um aumento na massa corporal magra; entretanto, *os efeitos colaterais prejudiciais dos tratamentos com esteróides anabólicos ultrapassam largamente qualquer efeito positivo.*

Há duas formas de esteróides: oral ou em forma de comprimidos; e líquido, à base de água ou de óleo, que é injetado com agulha hipodérmica. Estas duas formas são avaliadas em relação à potência pela comparação dos efeitos anabólicos (construção de músculo e indução de força) e dos efeitos androgênicos (aumento das características sexuais secundárias masculinas ou femininas, tais como aumento do comprimento ou da densidade dos pêlos do corpo, rebaixamento do tom de voz e aumento das mamas). Essa proporção é denominada índice terapêutico.

Efeitos colaterais adversos

Os estudos incluídos em uma publicação da Associação Nacional de Força e Condicionamento Físico sobre o uso de esteróides (Stone, 1993) fizeram referências ao aumento do tamanho e da força dos músculos, mas nem todos os efeitos de seu uso foram tão positivos. Dosagens altas e prolongadas de esteróides podem levar a um prejuízo de longa duração da função normal da testosterona endócrina (esteróide natural), diminuindo os níveis da testosterona natural e o potencial para futuros desenvolvimentos físicos. Com um decréscimo na testosterona, o corpo não pode aumentar mais ou conservar o que foi desenvolvido.

As conseqüências para a saúde do uso de esteróides podem incluir doenças crônicas, como as doenças cardíacas, os problemas hepáticos, as anormalidades do trato urinário e a disfunção sexual. Uma conseqüência disso pode ser uma diminuição no período de vida. Existem também os efeitos imediatos e de curta duração, incluindo aumento da pressão arterial, acne, atrofia testicular, ginecomastia (aumento da mama nos homens), dor nos mamilos, diminuição do número de espermatozóides, aumento da próstata e aumento da agressividade. Outros efeitos colaterais relatados foram perda de cabelos, febre, náusea, diarréia, sangramento nasal, inchaço dos linfonodos, aumento do apetite e uma sensação de queimação ao urinar. Os sintomas psicológicos principais incluem paranóia, ilusões de grandeza e alucinações auditivas.

Quando o uso dos esteróides é descontinuado após um curto período de uso, a maioria dos efeitos colaterais desaparece. As mulheres, entretanto, podem ficar para sempre com a voz mais grossa, pelos faciais, calvície, aumento do clitóris e diminuição do tamanho dos seios.

Um dos efeitos mais importantes do uso de esteróides anabolizantes é a probabilidade aumentada de desenvolver doença na artéria coronária. Os usuários têm freqüentemente altos níveis de colesterol total, baixos níveis do colesterol de alta densidade – colesterol benéfico (HDL) – e níveis elevados de pressão arterial, sendo todos fatores de risco significativo para doença cardíaca.

ORIENTAÇÃO QUANTO AOS EQUIPAMENTOS

Entrar em uma sala bem equipada de treinamento de força pode ser algo intimidante quando se começa a treinar. Ao olhar à sua volta, você vê aparelhos de vários tamanhos e formatos, barras curtas e longas e anilhas (que se encaixam nas barras) de diversos tamanhos/pesos com buracos de diferentes tamanhos. Isto pode parecer confuso e intimidador. Entretanto, como o equipamento disponível na maioria das vezes dita os exercícios que você poderá incluir nos treinos, familiarizar-se com eles é um primeiro passo lógico ao iniciar um programa de treinamento de força. Também é importante aprender os "porquês" e "como" do uso dos equipamentos que ajudarão a evitar lesões. Esta seção trará informações sobre os tipos, as características e os usos seguros dos aparelhos de treinamento e dos equipamentos de peso livre.

Aparelhos

A maioria dos aparelhos em um local de treinamento são feitos para a execução do que é conhecido como uma forma dinâmica de exercício – ou seja, exercícios envolvendo movimento. O contrário são os exercícios isométricos, nos quais não ocorrem movimentos observáveis, tais como empurrar ou puxar uma barra fixa. Os exercícios dinâmicos executados em aparelhos de peso normalmente desafiam os músculos a se encurtarem contra uma resistência e se alongar de maneira controlada enquanto são "carregados" (ver a seção de "Considerações fisiológicas").

Aparelhos de resistência fixa

A Figura 8 mostra dois tipos de aparelhos de uma estação (a, b) e um tipo de aparelho de multiestações (c). Os aparelhos do tipo puxada alta (a) e supino (b) são planejados para trabalhar primariamente uma área muscular. Os aparelhos de multiestações têm várias estações ligadas à sua estrutura, permitindo que várias áreas musculares sejam trabalhadas simplesmente passando-se de uma estação para a outra.

Um olhar mais atento à estrutura desses aparelhos revela como eles são desenhados. A coluna de pesos na Figura 9a é levantada empurrando-se uma barra fixada a um eixo, e na Figura 9b a coluna de pesos é levantada ao se puxar para baixo uma barra com empunhadura fixa a um mecanismo de cabo e polia. Algumas vezes, uma corrente ou correia é usada no lugar do cabo mostrado na Figura 9b.

Você notará, ao usar um aparelho de resistência fixa, que algumas fases dos movimentos requerem mais esforço do que as outras, como se alguém estivesse mudando o peso da coluna. O que realmente acontece é que a barra se move em resposta à ação de estar sendo puxada ou empurrada, e altera a localização da coluna de pesos (CP) em relação ao eixo de rotação (ER). Isto é ilustrado na Figura 10. À medida que a distância entre a coluna de pesos e o eixo de rotação diminui, o exercício requer menos esforço, e à medida que aumenta, o exercício requer maior esforço. Se você está familiarizado com os conceitos de alavanca, compreende as razões específicas disso.

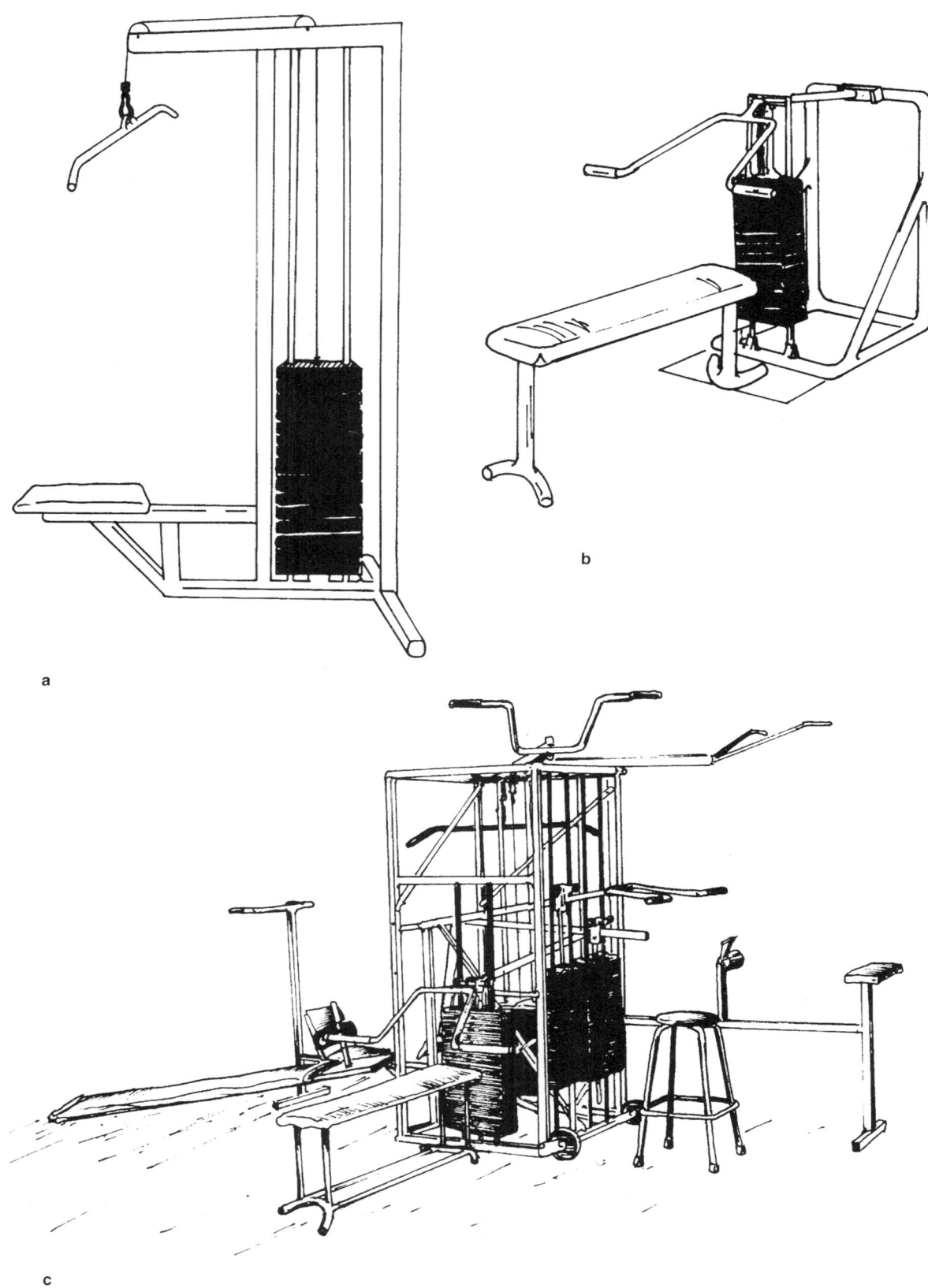

Figura 8 Dois tipos de aparelhos de uma estação (a e b) e um tipo de aparelho de múltiplas estações (c).

Figura 9 Estrutura dos aparelhos de supino (a) e puxada alta (b).

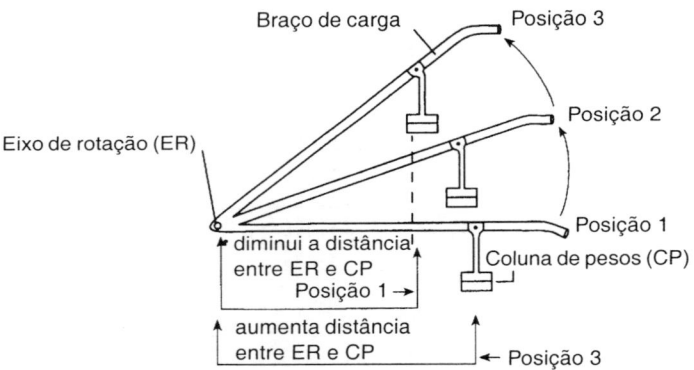

Figura 10 Funcionamento dos aparelhos de resistência fixa. Note que, à medida que o braço de carga é levado da posição 1 para a posição 3, a distância do eixo de rotação (ER) até a coluna de pesos diminui, tornando o exercício mais fácil.

Os aparelhos que têm um desenho de eixo fixo ou de polia circular são normalmente conhecidos como aparelhos de *resistência fixa*. A limitação desse tipo de aparelho é a de que os músculos não são exigidos de maneira constante ao longo de toda a amplitude do exercício. Os pesos livres também caem nessa categoria e apresentam a mesma limitação.

Aparelhos de resistência variável

Em um esforço para criar uma tensão constante nos músculos, alguns aparelhos foram desenhados para permitir que a coluna de pesos se desloque para trás e para a frente, alterando o braço de alavanca do aparelho (Figura 11a). São chamados de *aparelhos de resistência variável*. Note novamente a relação entre a coluna de pesos e o eixo de rotação à medida que a coluna se move. Quando o braço de carga se move para uma posição que iria requerer menos esforço em um aparelho de eixo fixo, em um aparelho de resistência variável a coluna de pesos se move para longe do eixo de rotação. Quando é puxada ou empurrada para uma posição que requeira mais esforço, a coluna de pesos se move para mais perto do eixo. O resultado dessas mudanças é visto na Figura 11b. A explicação completa de por que uma tensão mais constante é imposta ao longo de toda a amplitude de exercício com um eixo móvel é mais complicada, mas o que se explicou aqui é suficiente para ajudá-lo a reconhecer as capacidades dos aparelhos de resistência variável.

Para criar uma tensão mais constante, os aparelhos de resistência variável também podem apresentar uma polia de raio assimétrico ou cam em forma semelhante a um rim. O efeito da forma do cam na localização da coluna de pesos pode ser observado nas Figuras 12a e 12b. À medida que a corrente (ou cabo) passa pelos diferentes raios do cam, note que a distância entre o eixo (em torno do qual o cam rota) e a coluna de pesos aumenta. Essa variação na distância do eixo até a coluna de pesos é o que cria uma carga mais uniforme sobre os músculos. Se você tem interesse em compreender melhor os princípios envolvidos nos aparelhos descritos aqui, procure ler Baechle (1995), Garhammer (1986) e Westcott e Baechle (1998).

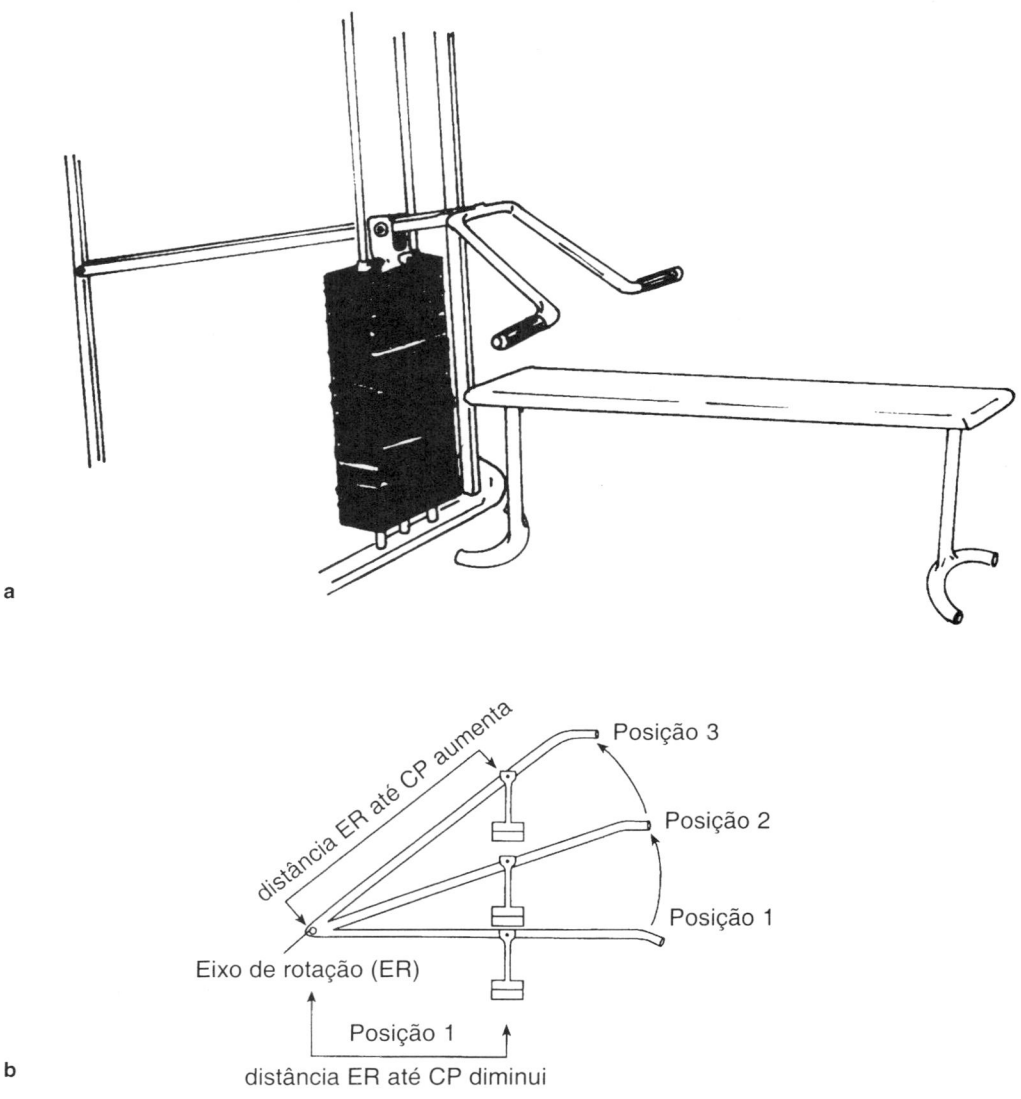

Figura 11 Funcionamento dos aparelhos de resistência variável. Note que à medida que o braço de carga é levado da posição 1 para a posição 3, a distância do eixo de rotação (ER) até a coluna de pesos (CP) aumenta, tornando o exercício mais difícil.

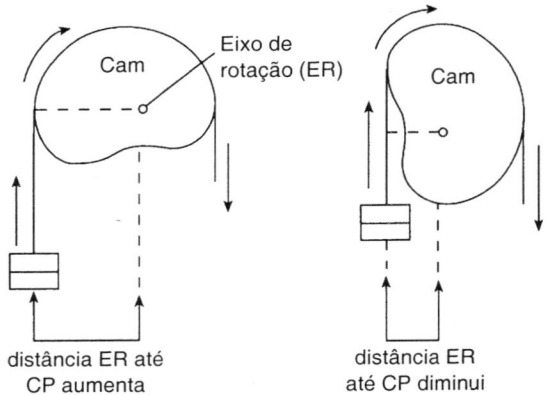

Figura 12 Funcionamento do cam de resistência variável (a e b). O cam funciona de modo similar ao da coluna de pesos que se move variando a distância entre ER e a coluna de pesos (CP), criando assim uma tensão mais uniforme nos músculos.

Aparelhos isocinéticos

Não tão comuns, mas também conhecidos, são os aparelhos isocinéticos (Figura 13). Estes aparelhos são construídos para que os exercícios (dinâmicos) sejam executados em uma velocidade constante. Diferente dos aparelhos de resistência variável, que envolvem ações musculares concêntricas e excêntricas, os aparelhos isocinéticos envolvem apenas atividade muscular concêntrica. Ao invés de usar colunas de pesos, esses aparelhos criam resistência usando dispositivos hidráulicos, pneumáticos ou de atrito. Os controles nesses aparelhos permitem que se selecionem velocidades de movimento relativas ao nível de resistência desejado. Indo de velocidades mais baixas, requerendo maiores esforços até velocidades mais elevadas, que requerem menos esforço, à medida que você se move ao longo da amplitude de movimento do exercício.

Os aparelhos isocinéticos proporcionam uma resistência ao movimento que é equivalente à força exercida. Quanto mais forte se puxa ou empurra, maior será a resistência sentida. Quanto mais fraco o esforço, menor a resistência. A diferença primária entre aparelhos de resistência variável e isocinéticos é de que, com os primeiros, a forma do cam ou a posição da polia determina o esforço que se deve exercer; com os aparelhos isocinéticos, a intensidade com que se puxa ou empurra determina o esforço ao longo do exercício.

Precauções de treinamento com aparelhos

É comum ouvir que os aparelhos de treinamento de força são mais seguros do que os pesos livres. É verdade que eles são *intrinsecamente* mais seguros porque as colunas de pesos estão localizadas longe da pessoa que as levanta e as barras são suspensas ou fixas. Assim, é menos provável que a queda de barras ou de pesos causem as lesões que vemos algumas vezes com os pesos livres. A natureza estacionária dos aparelhos também permite um deslocamento mais seguro entre as estações (ao contrário do que acontece carregando-se halteres ou barras). Outra vantagem é que você pode treinar sozinho, sem precisar de ajuda de outra pessoa.

Mesmo com essas vantagens em relação aos pesos livres, as lesões são mais freqüentes nos aparelhos. Isto provavelmente ocorre porque as pessoas que têm pouca experiência na sala de treino têm menos medo dos aparelhos e tentarão fazer os exercícios neles sem as instruções necessárias. Fazer isso nos aparelhos pode resultar em lesões musculares, nos tendões e nas articulações, se o impulso não for controlado executando-se os exercícios de modo *lento* e *controlado.*

Como o uso dos aparelhos pode resultar em lesões nos músculos, tendões e articulações, há várias orientações essenciais a serem seguidas para tornar o treino seguro e produtivo:

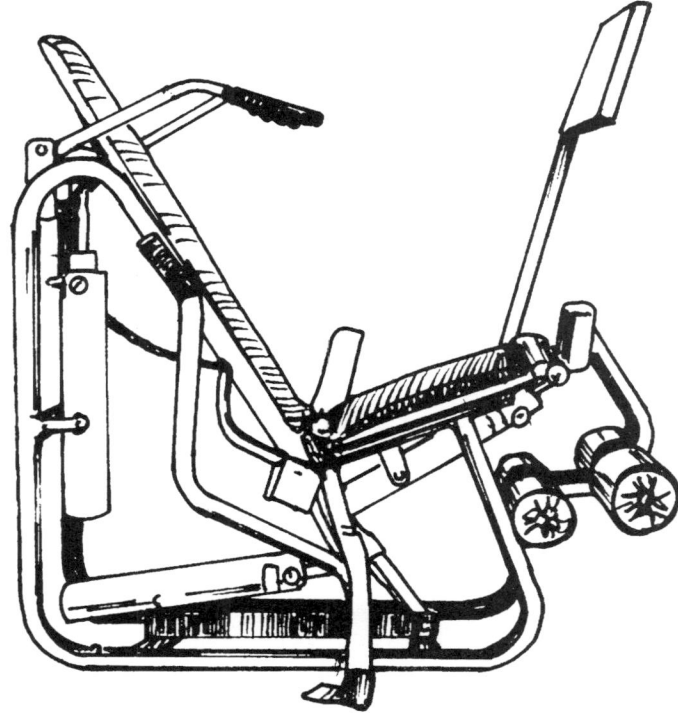

Figura 13 Aparelho isocinético.

(1) posicione-se corretamente nos aparelhos; (2) execute os exercícios usando as técnicas descritas; (3) execute os exercícios de modo lento e controlado. Seguem-se as precauções adicionais a serem tomadas na preparação do treino.

Antes de usar os aparelhos

Antes de usar os aparelhos, verifique se não há cabos, correias e polias gastos, soldas rompidas, almofadas soltas ou movimentos irregulares ou difíceis. Em caso positivo, não use o aparelho até que tenha sido consertado. Ajuste as alavancas e assentos para o seu tamanho. Nunca coloque seus dedos ou mãos entre os pesos da coluna para soltar um pino ou ajustar os pesos e mantenha-os longe de correntes, correias, polias e cams.

Ao usar os aparelhos

Quando treinar em aparelhos, mantenha uma posição estável nos assentos, almofadas e rolamentos. Aperte os cintos de segurança. Escolha uma carga adequada. Coloque os pinos até o final. Execute os exercícios, durante toda a extensão do movimento, de maneira lenta e controlada.
   Não permita que a coluna de pesos sacuda nas fases mais baixas do exercício ou que atinja as polias na fase mais elevada.

Pesos livres

Os pesos livres são diferentes no desenho e ligeiramente diferentes na função em relação aos aparelhos. O termo "livre" refere-se ao seu efeito não-restritivo no movimento da articulação, o que contrasta com os aparelhos, que criam um padrão predeterminado de movimento. É essa característica que permite a execução de tantos exercícios diferentes com apenas uma barra ou um par de halteres.

Observe as características tanto das barras quanto dos halteres mostrados na Figura 14.

Na barra típica (Figura 14a), a parte média tem partes lisas e com ranhuras ou ásperas, e limitadores e grampos em cada extremo. O peso desliza até os limitadores, que impedem-nos de deslizar para o centro em direção às mãos. Os grampos externos (Figura 14e) deslizam até os pesos e impedem-nos de deslizar para fora. Uma barra típica com limitadores e grampos pesa aproximadamente 75 gramas por centímetro; assim, uma barra de 1,5 metro pesa aproximadamente 11,250 kg e uma de 1,80 metro, aproximadamente 13,500 kg. Os halteres (Figuras 14b e 14c) têm um desenho semelhante, exceto pelo fato de serem menores e terem toda a parte média da barra, entre os pesos, áspera. A barra do halteres com limitadores e grampos pesa aproximadamente 1,360 kg, mas normalmente não é levada em conta quando se registra o peso do halteres. Por exemplo, um halteres com um peso de 4,500 kg de cada lado é descrito como um halteres de 9 kg, e não de 10,360 kg.

A barra mais comprida em uma sala de pesos, a barra olímpica (Figura 14d), tem 213 centímetros e pesa 20,410 kg sem os grampos. Os grampos variam em formato (Figuras 14e e 14f), e seu peso individual pode variar de menos de 400 gramas até 2,260 kg. Assim, uma barra olímpica com grampos pode pesar até quase 25 kg. Uma barra olímpica tem o mesmo diâmetro da maioria das barras, exceto para a parte entre o limitador e o final da barra, onde o diâmetro é maior. Essa é uma distinção importante a ser feita ao se colocar a carga na barra. Apenas os pesos olímpicos (Figura 14g), com orifícios de diâmetro maior, encaixam-se adequadamente na barra olímpica. Os pesos com orifícios menores (Figura 14h) não se adaptam à barra olímpica.

Outro tipo de barra é a barra M ou W (Figura 14i). Ela tem as mesmas características da barra normal, com curvas que permitem isolar a tensão mais efetivamente sobre certos grupos musculares do que uma barra reta.

Precauções ao treinar com pesos livres

O uso de barras e halteres requer níveis mais altos de coordenação motora do que os aparelhos. A liberdade de movimento proporcionada pelos pesos livres facilmente se transforma em potencial de lesão quando não são usadas as técnicas adequadas de levantamento, de carga e de supervisão. Isso não quer dizer que os pesos livres sejam perigosos. Quando são observadas as precauções necessárias, são uma forma muito segura de treino e podem ser até mais efetivos do que os aparelhos para o fortalecimento das articulações.

À medida que você se familiariza com os pesos livres, rapidamente se dá conta de que as barras e os halteres oferecem uma enorme versatilidade – sua escolha de exercícios é praticamente ilimitada. Se você planeja treinar em casa, essa versatilidade e os custos mais baixos farão deles os equipamentos de preferência.

De qualquer forma, devem ser tomadas algumas precauções. As seguintes ações irão ajudá-lo a evitar situações potencialmente perigosas e tornar mais seguro o treino com pesos livres.

Preparar as barras adequadamente

Tome muito cuidado ao adicionar a quantidade certa de peso e, ao fazê-lo, colocar as cargas nas extremidades das barras de forma equilibrada. A tensão imposta aos músculos devido a uma barra inesperadamente carregada em excesso pode facilmente causar lesão. Além disso, se as extremidades de uma barra (nos apoios do supino "plano" ou inclinado e do agachamento) não estiverem carregadas de forma equilibrada, você ou outros que estiverem próximos podem sofrer lesões graves. Conhecer os pesos e estar atento ao colocá-los na barra ajudarão muito a evitar esses erros.

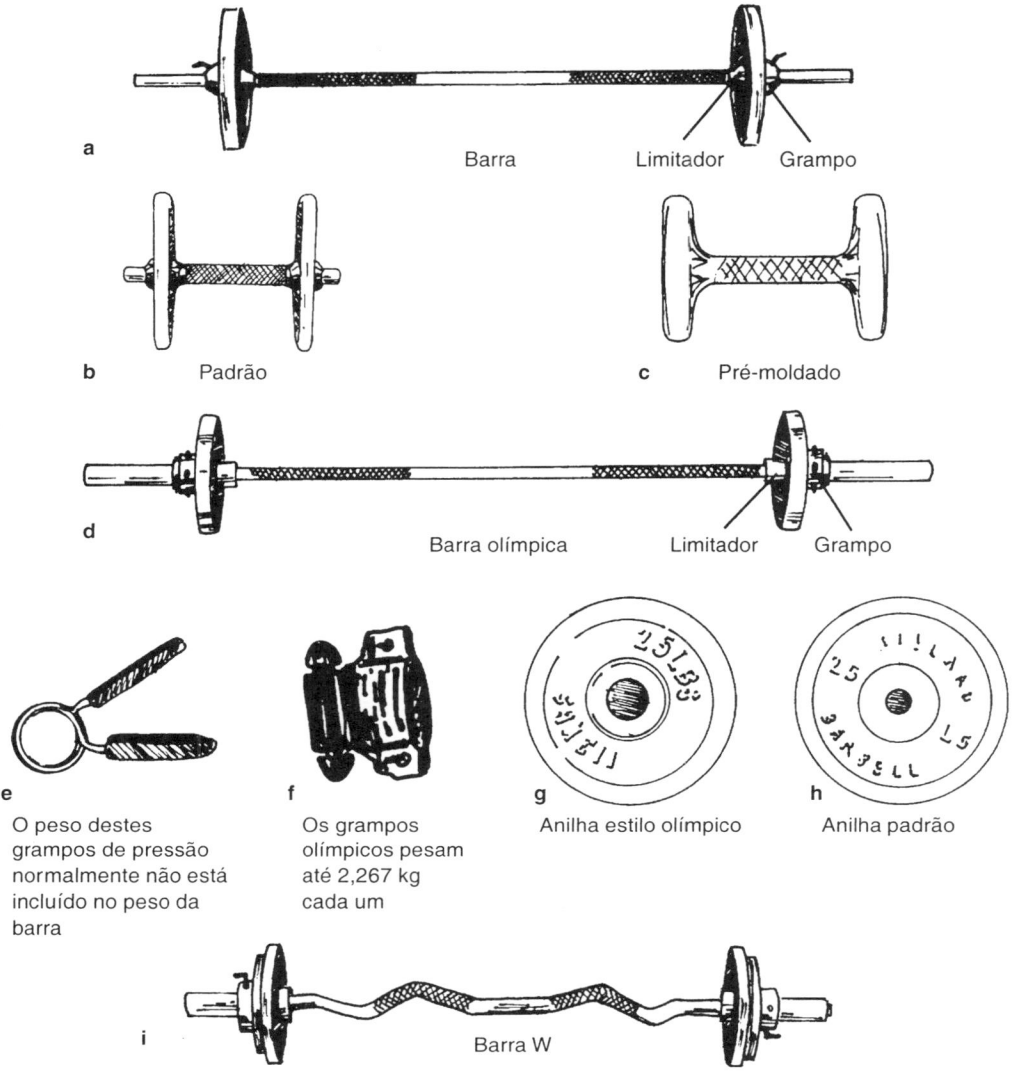

Figura 14 Pesos livres para treinamento: barra típica (a), halteres padrão e pré-moldados (b e c), barra olímpica (d), grampos (e e f), anilha de estilo olímpico (g), anilha padrão (h) e barra W (i).

Colocar travas nos halteres e nas barras

Levantar halteres e barras sem grampos é de fato perigoso. Os pesos não travados facilmente deslizam para fora da barra e podem cair sobre os pés ou outras partes do corpo. Os grampos devem ser verificados antes de cada série. Não presuma que a última pessoa a usar uma barra ou halteres prendeu os grampos. Verifique também se os limitadores estão seguros.

Evite cair sobre os outros

Devido a súbitas perdas de equilíbrio ou simplesmente por não se dar conta de que há alguém por perto, você pode cair sobre outra pessoa. Tome cuidado para que isto não aconteça, pois um encontrão no momento errado por provocar a queda de uma barra ou halteres sobre a cabeça (em um supino) ou no rosto (como no crucifixo), bem como uma variedade de outras lesões.

Preste atenção às barras que se projetam

As barras que se projetam são as que ficam para fora dos aparelhos, barras apoiadas em suportes horizontais (como para o agachamento) ou verticais (como para o supino), seguras com as mãos. Uma preocupação especial são as barras posicionadas à altura dos ombros ou acima, pois um encontrão nelas pode causar graves lesões na face. As barras da puxada alta e os halteres seguros à altura dos ombros ou acima são os que apresentam mais riscos. Seja especialmente cuidadoso perto de pessoas que estejam fazendo exercícios com barras acima da cabeça.

Guarde os equipamentos de forma correta

Cada parte do equipamento utilizado no treinamento deve ter um local de armazenamento. É muito freqüente tropeçar ou escorregar devido a barras, halteres e pesos jogados no chão, fora dos seus lugares. Cuide para que o equipamento usado seja sempre colocado nos suportes e espaços determinados. Isso se aplica tanto ao equipamento doméstico como aos locais coletivos de treino. Há um risco adicional se crianças tiverem acesso aos equipamentos de treino e puderem subir neles ou levantar pesos e barras pesados demais para elas. Deve-se ter todo o cuidado para que crianças não possam brincar sem supervisão onde haja equipamentos de treinamento com pesos.

Uso do cinto de levantamento de peso

Um elemento de segurança ainda não mencionado é o uso de um cinto de levantamento de peso. Observa-se com freqüência homens e mulheres usando cintos como o da Figura 15. Eles podem contribuir para um treinamento sem lesões, mas não irão por si sós protegê-los de lesões nas costas – apenas a técnica adequada pode fazer isso. A adequação do uso depende do exercício sendo executado e da carga relativa sendo levantada. Você deve usar um cinto nos exercícios que tensionam as costas e envolvem cargas máximas ou próximas da máxima. Ao usar um cinto, coloque-o confortavelmente na posição em volta da cintura e assegure-se de respirar de forma adequada durante seu uso. Fazer exercícios com um cinto muito apertado e/ou não respirar adequadamente pode levar a tonturas, desmaios e complicações cardiovasculares.

Figura 15 Mulher usando um cinto de levantamento de peso.

Reconhecimento do equipamento

Exercícios

Familiarizar-se com os vários tipos de equipamentos utilizados no treinamento de força e como usá-los de forma segura é um ponto de partida lógico se você nunca treinou antes. Isso envolve a capacidade de identificar para que o equipamento é desenhado e como usá-lo, verificando se está em boas condições. Não é prudente treinar com qualquer tipo de equipamento até aprender a usá-lo. Modifique os exercícios seguintes para adequá-los à sua situação e teste a sua compreensão dos conceitos apresentados.

1. Qual é o equipamento disponível?

Inspecione os equipamentos disponíveis em seu local de treinamento. Quais os tipos que você reconhece?

Objetivo = Coloque um sinal à direita de todos os equipamentos que você identifica.

Aparelhos
a. De resistência fixa__
b. De resistência variável__
   Eixo de rotação__
   Cam__
c. Isocinéticos__

Pesos livres
a. Barra normal__
b. Barra olímpica__
c. Barra W__
d. Halteres__

2. Revisão de segurança do equipamento

A segurança é tão importante que você precisa se habituar a fazer revisões mentais todas as vezes em que treinar. Faça uma vez todas as verificações a seguir no equipamento que você usará para treinar. Depois, repita este processo em cada treino.

Objetivo = Coloque um sinal à esquerda de cada item que for completado.

Revisão de segurança para os aparelhos
a. Antes de cada treino:
__ Verifique se não há cabos, cintos e polias gastos e almofadas soltas
__ Ajuste a posição dos assentos e alavancas
b. Durante os treinos:
__ Coloque-se em uma posição estável nos assentos e almofadas
__ Coloque os cintos de modo seguro (se aplicável)
— Coloque os pinos adequadamente
__ Faça os exercícios de modo lento e controlado

Revisão de segurança para os pesos livres
a. Antes de cada série:
__ Verifique a integridade das soldas dos limitadores
__ Verifique se os limitadores e grampos estão presos
__ Verifique se as cargas estão corretas nas duas extremidades da barra
b. Durante cada treino:
__ Evite tocar nas barras que se projetam
__ Evite caminhar perto de pessoas que fazem levantamentos acima da cabeça
__ Evite dar encontrões nos outros
__ Faça os exercícios de modo lento e controlado
c. Depois de cada treino:
__ Guarde o equipamento no local adequado

TREINAMENTO PARA O SUCESSO

No momento em que você começa a treinar, há algumas sugestões que tornarão o treinamento mais divertido, seguro e efetivo. Os pontos básicos para o treinamento produtivo que são descritos sumariamente aqui serão discutidos com mais detalhe mais adiante.

Treinar regularmente

O ditado "use-o ou perca-o" infelizmente é verdadeiro quando se trata da manutenção da eficiência cardiovascular, força e resistência muscular, flexibilidade e massa muscular magra. O corpo é diferente de qualquer máquina existente. A eficiência do corpo aumenta com o uso, ao contrário das máquinas, e se deteriora com o desuso. O treinamento esporádico aumenta o tempo necessário para atingir os objetivos e tem sido a causa do afastamento de muitas pessoas com boas intenções. Muito freqüentemente, a interrupção de programa regular de treinamento começa com uma inocente perda de um dia de treino, e se completa com a perda de muitos outros. A cada treino perdido, o objetivo de melhor condicionamento físico, força muscular ou boa aparência fica mais inacessível. É importante não perder aquele primeiro dia de treino, porque a diminuição no estado de treinamento começa depois de 72 horas de inatividade.

À medida que os pesquisadores dirigem o foco de seus estudos às populações mais velhas, torna-se evidente que os indivíduos que seguem programas de exercício regulares mantêm os seus níveis de condicionamento físico, enquanto aqueles que não o fazem podem esperar perder até 0,5 kg de massa muscular por década. Herbert de Vries, um pesquisador respeitado, afirma que muito da perda de força muscular observada nas pessoas idosas é tanto um resultado da vida sedentária quanto do próprio processo de envelhecimento.

Aumentar gradualmente a intensidade do treinamento

O corpo se adapta às exigências do treinamento de força quando este ocorre com regularidade e quando a intensidade de cada treino é aumentada progressivamente em um período razoável de tempo. Ao contrário, quando a intensidade do treinamento é variável, a capacidade do corpo de se adaptar e tornar-se mais forte e resistente é seriamente comprometida. As grandes alterações normalmente observadas em resposta ao treinamento não ocorrem nessas condições, e a animação que leva você a continuar treinando não aparece. À medida que o ânimo esfria, ir aos treinos se torna cada vez mais difícil, e as melhoras não mais acontecem. A dor muscular não desaparece, diminuindo seu entusiasmo pelo treinamento ainda mais.

Ter força de vontade

Para aproveitar ao máximo o tempo gasto nos treinamentos, você deve aprender a se esforçar até a desconfortável situação de esgotamento muscular que ocorre em muitas das séries. Deve-se estar muito motivado para continuar através do desconforto (não da dor) que acompanha esta etapa. Acreditar que o treinamento de força pode provocar mudanças importantes em sua saúde e constituição física – o que realmente pode – é essencial para estabelecer o compromisso de treinar com esforço e regularidade. Normalmente, você sentirá a diferença no tônus muscular (firmeza) imediatamente, e as mudanças na força e na resistência tornam-se aos poucos notáveis após a segunda ou terceira semana de treinamento. Esteja preparado, no entanto, para variações no desempenho durante os estágios iniciais do treinamento e não desanime se um treino não produz o mesmo resultado do anterior.

O seu cérebro está atravessando uma curva de aprendizado, também, na medida em que tenta descobrir quais músculos deve "recrutar" (chamar à ação), para qual movimento e em cada exercício. Assim, este é um período no qual seu sistema neuromuscular (cérebro, nervos e músculos) está aprendendo a se adaptar ao estímulo do treinamento. Seja paciente! Este período é rapidamente seguido por ganhos significativos em tônus muscular, força e diminuição na dor muscular. É realmente uma fase estimulante em seu programa! Neste ponto, sua atitude determina a magnitude dos ganhos futuros.

Esforce-se para fazer repetições com qualidade

Muitas pessoas parecem acreditar que muitas repetições em um exercício é sinônimo de desenvolvimento, independente da técnica usada durante a execução. A velocidade na qual são executadas é um fator muito importante para a sua capacidade de fazer repetições com qualidade. Em programas de exercício planejados para desenvolver potência, são necessários movimentos explosivos nos exercícios. Em um programa para iniciantes, no entanto, os movimentos desejados são os lentos e controlados. "Lento" significa que aproximadamente dois segundos são usados para completar a fase ascendente e quatro segundos para a fase descendente. É especialmente importante que os exercícios sejam feitos em uma velocidade lenta o suficiente para permitir a completa extensão e flexão em uma articulação (na rosca bíceps, por exemplo, o cotovelo é completamente estendido e depois completamente flexionado). Dar solavancos, jogar e usar o impulso não são maneiras recomendáveis de completar uma repetição. *Lembre-se de que a qualidade dos exercícios executados deve ser vista como sendo mais importante do que simplesmente o número de repetições*, especialmente quando o objetivo é desenvolver a flexibilidade. Outras recomendações relativas à execução adequada dos exercícios são dadas nos Passos de 3 até 8.

Sempre fazer aquecimento e volta à calma

Os treinos devem sempre começar com algum tipo de exercício de aquecimento para que os músculos estejam mais bem preparados para os desafios propostos pelos vários exercícios. Um período de volta à calma proporciona aos músculos se recuperarem e oferece uma excelente oportunidade de trabalhar a flexibilidade. Um exemplo de exercícios adequados de aquecimento e de volta à calma para serem usados são apresentados no Passo 2.

Comer bem

A nutrição é um fator essencial. Não faz sentido treinar forte se você não está fazendo refeições equilibradas do ponto de vista nutricional. Uma nutrição deficiente por si só pode reduzir a força, a resistência muscular e a hipertrofia muscular. Como o treinamento representa uma grande demanda para o seu corpo, ele precisa de nutrientes para encorajar a adaptação e promover ganhos. Negligenciar este aspecto do programa de treinamento é definitivamente um erro se você está com sérias intenções de se desenvolver. Uma discussão mais detalhada é apresentada na seção "Questões relativas à nutrição e ao peso corporal".

Incluir dias de descanso

Os dias de descanso estabelecidos em seu programa de treinamento são muito importantes para os ganhos em força, resistência e tamanho muscular. Treinar em dias consecutivos sem o descanso que permite ao corpo recuperar-se pode resultar em lesões, estabilização dos ganhos ou queda no desempenho. O descanso adequadamente distribuído é tão importante para os ganhos em força quanto treinar com regularidade.

Obter autorização médica

Um histórico ou presença atual de problemas articulares (artrite ou cirurgia, por exemplo), respiratórios (asma, por exemplo) ou cardiovasculares (hipertensão, arritmias ou sopros, por exemplo) pode fazer ou não com que os exercícios de treinamento de força sejam uma atividade inadequada; as implicações de tais condições, no entanto, devem ser analisadas ao se desenvolver um programa de exercícios e certamente antes de iniciar os exercícios propriamente. Veja a Tabela 1 e considere cuidadosamente as questões apresentadas. Se você responder "sim" a qualquer uma, consulte seu médico antes de começar um programa de treinamento.

Tabela 1 – Lista de verificação para autorização médica

Você deve consultar um médico antes de começar um programa de exercícios se responder afirmativamente a qualquer uma das seguintes questões.

Sim	Não	
___	___	Você já sofreu alguma cirurgia ou teve algum problema nos ossos, músculos, tendões ou ligamentos (especialmente nas costas ou nos joelhos) que possa ser agravado por um programa de exercícios?
___	___	Você tem mais de 50 anos (mulheres) ou 40 anos (homens) e não costuma se exercitar?
___	___	Você tem um histórico de doença cardíaca?
___	___	Algum médico já disse que sua pressão arterial é muito alta?
___	___	Você está tomando remédios que precisam ser receitados, como os remédios para problemas cardíacos ou hipertensão?
___	___	Você já teve dor no peito, episódios de tontura grave ou desmaios?
___	___	Você tem um histórico de problemas respiratórios tais como asma?
___	___	Existe alguma outra razão importante de saúde ainda não mencionada pela qual você não deva seguir um programa de treinamento de força?

Nota. Extraída de *Fitness Weight Training* (p. 24), de T.R. Baechle e R.W. Earle, 1995. Champaign, Illinois: Human Kinetics. Direitos autorais de Human Kinetics Publishers.

PASSO 1

FUNDAMENTOS DO LEVANTAMENTO:
DOMINANDO O BÁSICO

Até agora, você ficou conhecendo um pouco da fisiologia do treinamento de força e dos equipamentos que usará. Este é o momento ideal para aprender a respeito das técnicas a serem utilizadas no treinamento. Elas serão usadas em todos os treinos e podem até ser aplicadas às tarefas cotidianas, em casa ou no trabalho que envolvam atividade física.

Por que os fundamentos são tão importantes?

Executar corretamente as técnicas básicas dos levantamentos evita tensionar excessivamente os músculos, os tendões, os ligamentos, os ossos e as articulações, diminuindo assim os riscos de lesão. O uso dos fundamentos corretos também produz resultados mais rápidos, porque os músculos podem ser mais efetivamente exigidos e estimulados. Aprender a respirar adequadamente também é uma parte importante no desenvolvimento de uma boa técnica de levantamento. Respirar corretamente ajuda a evitar tonturas ou desmaios, que podem levar a situações de risco de vida. Os fundamentos aprendidos neste passo podem ser aplicados a todos os exercícios e procedimentos de supervisão descritos neste texto. Enquanto você estiver aprendendo estas técnicas, use sempre um bastão, uma barra bem leve ou uma carga pequena nos aparelhos.

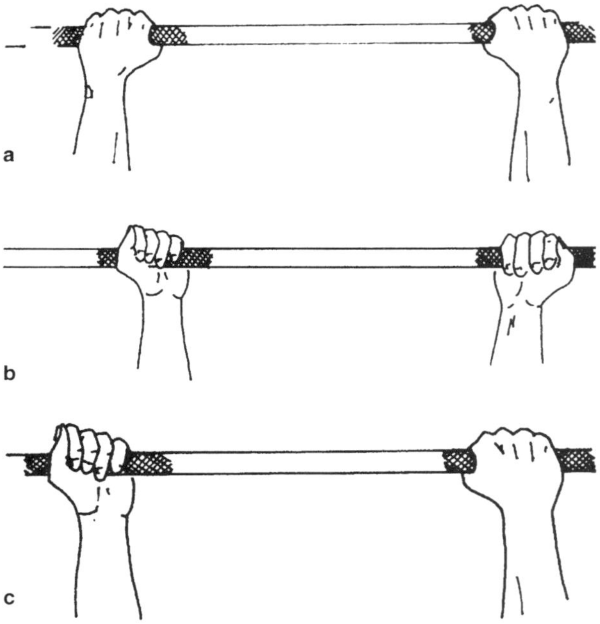

Técnicas corretas de levantamento

As técnicas de levantamento envolvem a atenção a quatro pontos: (a) adquirir uma boa pegada, (b) assumir uma posição estável a partir da qual fazer o levantamento, (c) manter o objeto sendo levantado perto do corpo e (d) usar as pernas, e não as costas, ao levantar barras a partir do chão.

Segurar a barra

Há duas coisas a serem consideradas ao fazer a pegada: onde pegar e o tipo de pegada e onde e a que distância entre si as mãos estão posicionadas na barra. As pegadas que podem ser usadas para levantar uma barra do chão são a pegada pronada; a pegada supinada e a pegada alternada. Note que as palmas estão viradas para baixo ou para fora na pegada pronada (Figura 1.1a), e os polegares de frente um para o outro. Na pegada supinada (Figura 1.1b) as palmas estão viradas para cima ou em sua direção, enquanto os polegares estão em direções opostas. A pegada alternada (Figura 1.1c), algumas vezes chamada de pegada mista, é feita com uma das mãos em uma pegada supinada e a outra em uma pegada pronada. Na pegada alternada, os polegares apontam para a mesma direção. Não importa qual das mãos está posicionada pronada ou supinada na pegada alterna-

Figura 1.1 Pegadas fechadas: pronada (a), supinada (b) e alternada (c).

da. Todas essas são denominadas pegadas fechadas, significando que os dedos e os polegares estão à volta da barra (fechados).

Uma pegada aberta (Figura 1.2), algumas vezes chamada de falsa pegada, é aquela na qual os polegares não envolvem a barra. A pegada aberta é muito perigosa porque a barra pode facilmente escapar das mãos, caindo na face ou nos pés, causando lesões graves. Use sempre uma pegada fechada!

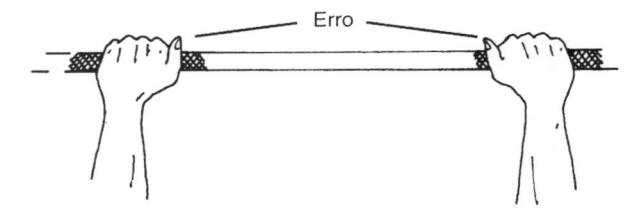

Figura 1.2 Pegada inadequada: a pegada aberta.

Abertura da pegada

A Figura 1.3 mostra várias distâncias de pegadas usadas no treinamento de força. Em alguns exercícios, a largura da pegada coloca as mãos aproximadamente na mesma largura dos ombros e eqüidistantes das anilhas. Isso é denominado pegada "comum". Alguns exercícios requerem uma pegada mais estreita, outros uma pegada mais ampla. Aprenda a largura adequada para cada exercício, assim como onde colocar as mãos para que a barra seja segura em uma posição equilibrada. Barras seguras de modo errado com anilhas que não estão presas pode resultar nas anilhas caírem ou serem catapultadas pelas extremidades da barra, causando lesões graves. Familiarizar-se com as áreas lisas e ásperas da barra, como já foi explicado, e onde as mãos devem ser colocadas nestas áreas o ajudará a estabelecer uma pegada equilibrada. Note que a pegada usada mais adiante, na explicação das técnicas corretas de levantamento, é a pegada comum.

Posição de preparação do levantamento

Segure a barra usando uma pegada pronada e posicione as mãos mais afastadas do que as pernas. Agora mova-se para a posição preparatória correta mostrada nas Figuras 1.4 a e b. Deslize os pés em direção à barra até que as canelas estejam quase tocando nela. Posicionar a barra perto das canelas mantém o peso sendo levantado perto do corpo, durante a ação de levantar/puxar, permitindo que você exerça uma força mais efetiva com as pernas (e evita forçar a região lombar). Um conceito essencial a ser lembrado é de que uma posição de levantamento estável posiciona estrategicamente os músculos das pernas para contribuir efetivamente no levantamento da barra com anilhas.

Assuma uma posição estável colocando seus pés bem apoiados no chão, com os dedos dirigidos ligeiramente para fora e os pés afastados na mesma largura dos ombros ou um pouco mais. Uma postura ou "base de apoio" larga proporciona mais estabilidade e uma posição de levantamento mais equilibrada. Encontrar uma posição estável é especialmente

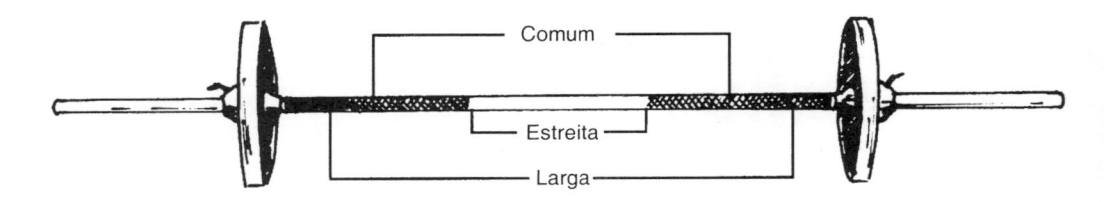

Figura 1.3 Larguras de pegada: comum, estreita e larga.

importante ao fazer exercícios com halteres ou barras acima da cabeça. É igualmente importante ao executar exercícios em aparelhos que exigem o posicionamento dos pés no chão ou a cabeça, o tronco, os quadris e as pernas no aparelho ou contra ele.

Imagine agora a posição típica de um gorila. Acredite ou não, esta é a posição ideal para levantar uma barra do chão. Comece endireitando os cotovelos à medida que baixa os quadris. Agora posicione os ombros sobre a barra ou ligeiramente mais à frente, mantendo a cabeça elevada. Mantenha os olhos diretamente para a frente. As costas devem estar "retas" ou ligeiramente arqueadas. Assuma uma posição com o peito para a frente e os ombros para trás aproximando as escápulas (ossos chatos do ombro). Evite a posição de costas arqueadas mostrada na Figura 1.4c.

Freqüentemente um ou os dois calcanhares não se elevam quando você passa para a posição mostrada nas Figuras 1.4 a e b, fazendo com que você dê um passo à frente em um

Posição preparatória para o levantamento

Vista anterior
1. Pegada ligeiramente mais larga do que os ombros__
2. Pés separados na largura dos ombros__
3. Pés apoiados no chão, dedos ligeiramente para fora__
4. Quadris baixos – posição de "gorila"__

Vista lateral
5. Braços retos, ombros sobre a barra ou ligeiramente à frente__
6. Cabeça para cima, olhos dirigidos diretamente para a frente (ao longo de todo o exercício)__
7. Costas retas e tensionadas__
8. Escápulas puxadas uma em direção à outra__
9. Peito elevado__

Figura 1.4 Passos fundamentais para o sucesso.

esforço de manter o equilíbrio. Se isso acontecer, trabalhe com o Exercício 2 ao final deste passo. Note também que um posicionamento correto da cabeça (com os olhos dirigidos diretamente para a frente) é fundamental para manter o posicionamento correto do corpo. Se houver um espelho, observe-se enquanto se coloca na posição preparatória baixa. As suas costas ficam retas e os seus calcanhares em contato com o chão? Repita para si mesmo: "Mantenha a barra próxima ao corpo", "Os quadris ficam baixos à medida que as pernas se endireitam" e "As costas permanecem retas durante todo o levantamento". Manter a cabeça para cima e os olhos dirigidos diretamente para a frente irá ajudá-lo a cumprir esses objetivos. Faça uma imagem mental das posições mostradas para cabeça, ombros, costas e quadris. As coisas mais importantes a serem lembradas são manter a barra, os halteres ou as anilhas o mais perto possível e usar os músculos das pernas, não suas costas! Na preparação para puxar, inspire para estabilizar a parte superior do tronco.

Levantar a barra

Durante a fase do chão até as coxas mostrada nas Figuras 1.5 a-c, puxe a barra para cima de modo lento e controlado. Não arranque a barra do chão. Quando a barra atingir a metade da coxa, expire. A essa altura, a barra ou o objeto pode ser colocado em um suporte ou passado para um auxiliar. Trazer a barra até este ponto pode também ser a primeira fase de um movimento que a leve até os ombros, em uma preparação do exercício de desenvolvimento descrito no Passo 5.

Fase do chão até as coxas

a **Posicionamento**
1. Inspire antes de puxar__
2. Movimento lento e controlado__
3. Costas retas__

b **Levantamento**
4. Os joelhos começam se estender enquanto os quadris permanecem baixos__
5. Os cotovelos permanecem retos__
6. A barra fica junto às canelas, aos joelhos e às coxas__

c **Endireitar-se**
7. Os ombros ficam acima da barra quando os joelhos se estendem__
8. Expire quando a barra atingir a metade da coxa__

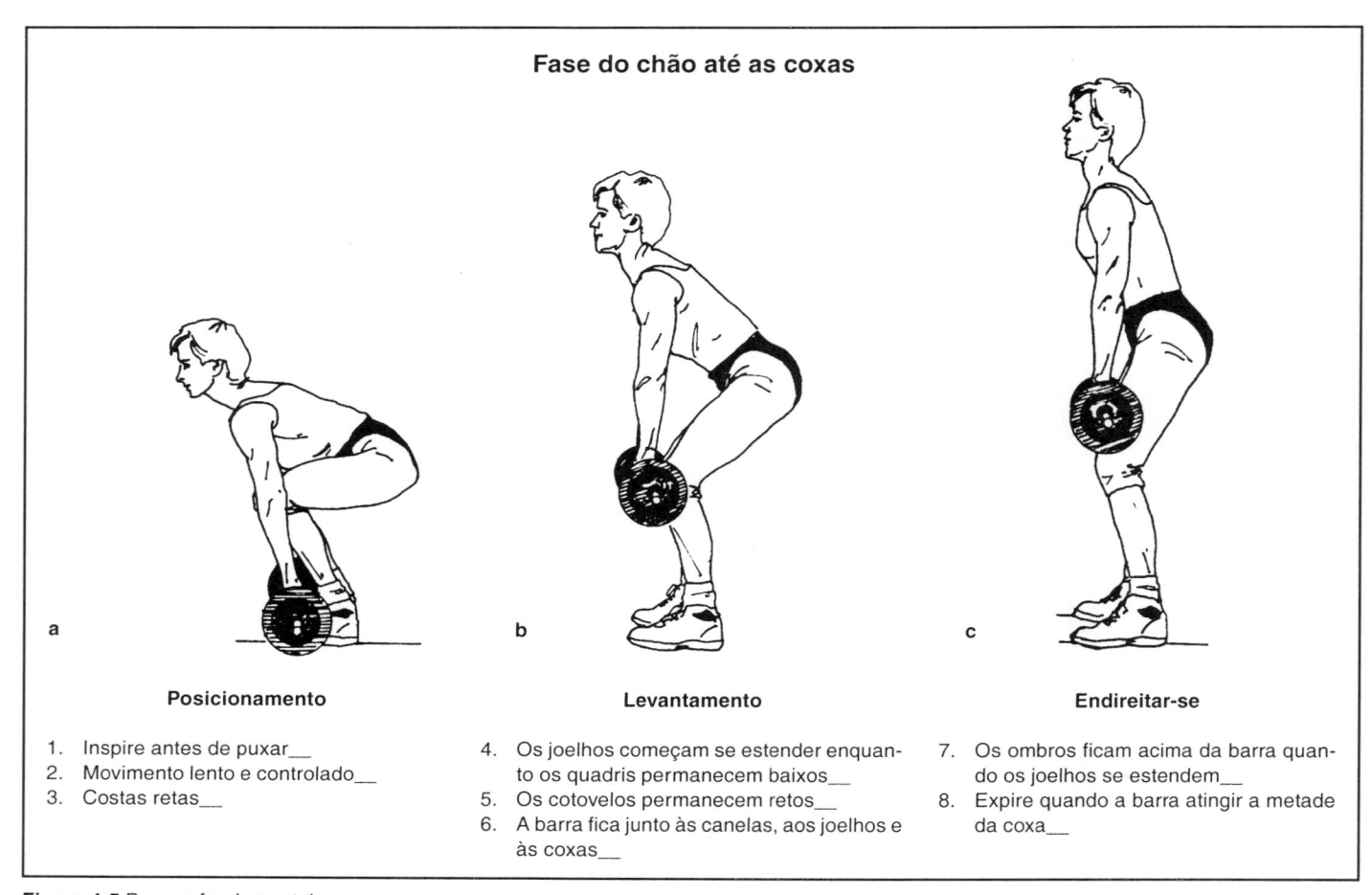

Figura 1.5 Passos fundamentais para o sucesso.

Se você precisa levar a barra até os ombros (fase de execução das coxas até os ombros, Figura 1.6, a-c), continue puxando; não deixe a barra descansar nas suas coxas e não expire ainda. Ao invés disso, "passe" a barra contra suas coxas e continue a levá-la para cima. À medida que você estende as pernas, os quadris vão rapidamente para a frente. Acompanhe com uma rápida elevação dos ombros, usando o músculo trapézio (entre a nuca e os ombros). Expire imediatamente após. Normalmente você ficará na ponta dos pés neste momento, como é mostrado na Figura 1.6b. Visualize-se saltando com os halteres enquanto mantém os cotovelos estendidos. No momento de encolher os ombros (aceleração da barra), seus cotovelos flexionam-se e a barra é colocada nos ombros. Termine este movimento mexendo os cotovelos para cima e para a frente (Figura 1.6c). Durante a ação de puxar, mantenha a barra próxima ao corpo e os cotovelos estendidos até que as pernas fiquem completamente retas (vista anterior na Figura 1.6d). Mantenha os cotovelos apontando para fora e os punhos abaixo dos cotovelos (Figura 1.6d) tanto quanto for possível durante a puxada (ou seja, antes de flexioná-los no movimento de pegar ou guardar a barra). Calcule

Fase das coxas até os ombros

a Saltar

1. A barra "passa" pela metade ou parte superior das coxas__
2. A barra é mantida próxima ao corpo enquanto os quadris vão para trás__
3. Os cotovelos permanecem retos até que as pernas e quadris se estendam completamente__

b Elevar os ombros

4. Eleve rapidamente os ombros para acelerar a barra__
5. Eleve os ombros o mais alto possível antes de flexionar os cotovelos__

c Segurar a barra

6. À medida que flexiona os cotovelos, puxe-os para cima e mantenha-os acima dos punhos__
7. Os cotovelos giram em torno da barra__
8. A barra é segura nos ombros, com os joelhos flexionados para absorver o impacto__
9. Postura ereta, cotovelos para cima, peito elevado__

d Vista anterior

a. A ação de puxar ocorre entre as figuras a e b__
b. Os cotovelos estão para cima, e não para trás__

Figura 1.6 Passos fundamentais para o sucesso.

o tempo do movimento de colocar a barra nos ombros para que os joelhos e quadris estejam flexionados quando a barra fizer contato. Isso ajudará a absorver a força do impacto da barra nos ombros. Expire imediatamente depois de atingir o pico da elevação dos ombros.

Retornar com a barra até o chão

Ao baixar a barra ou qualquer outro objeto pesado até o chão, use o que você aprendeu a respeito de manter uma posição estável, mantendo a barra próxima ao corpo e as costas retas e usando suas pernas em vez das costas para fazer o movimento. Lembre-se também de baixar a barra de modo lento e controlado.

Com a barra na altura dos ombros, como mostrado na Figura 1.7a, deixe o peso lentamente puxar seus braços para uma posição estendida (Figura 1.7b), o que deve fazer a barra rapidamente repousar em suas coxas. Os quadris e os joelhos devem estar fletidos para que, quando a barra encostar nas coxas, seu peso seja momentaneamente absorvido antes de ser levada até o chão. Lembre-se de manter a cabeça alta e as costas retas durante todo o trajeto da barra até o chão (Figura 1.7c).

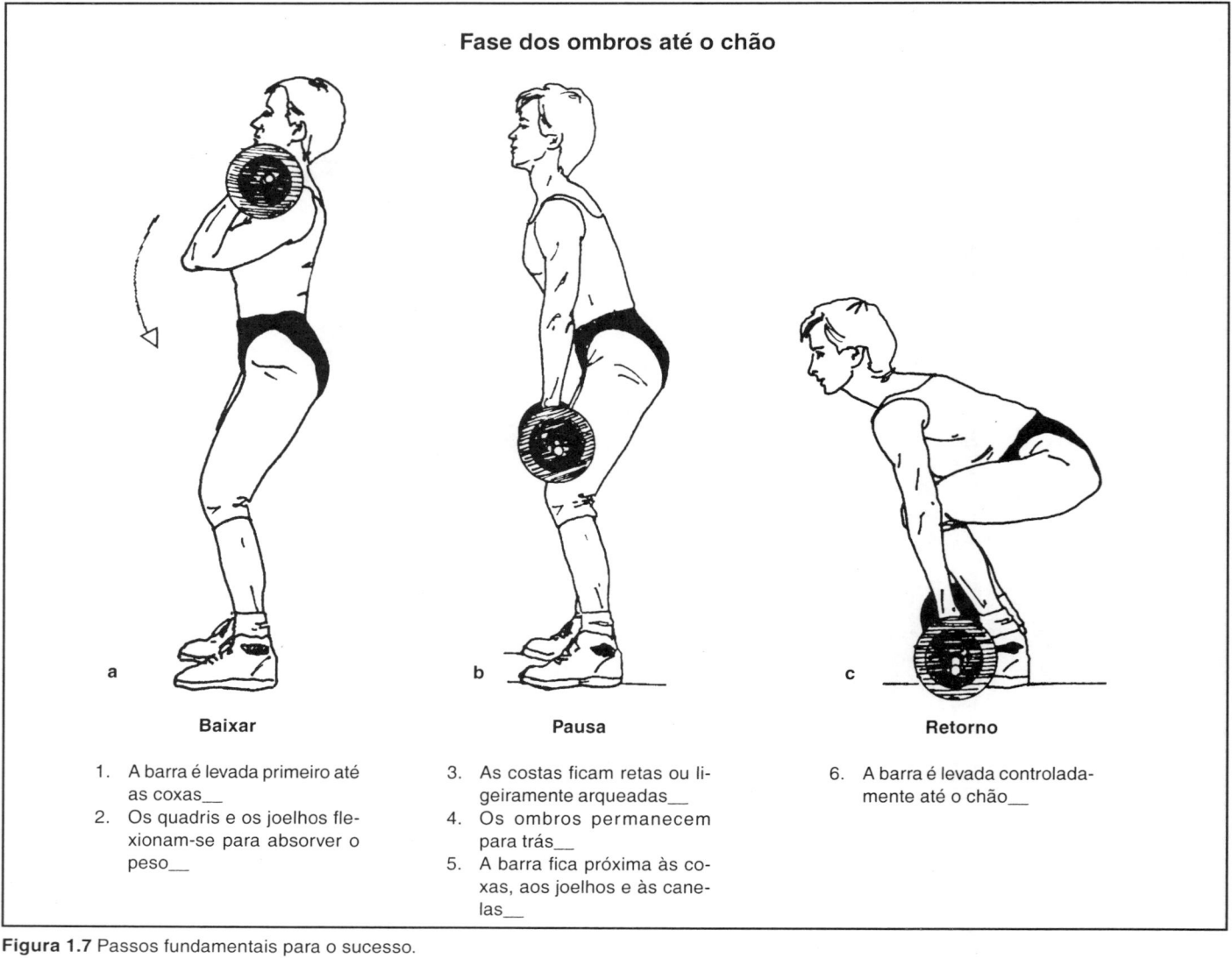

Fase dos ombros até o chão

a Baixar
1. A barra é levada primeiro até as coxas__
2. Os quadris e os joelhos flexionam-se para absorver o peso__

b Pausa
3. As costas ficam retas ou ligeiramente arqueadas__
4. Os ombros permanecem para trás__
5. A barra fica próxima às coxas, aos joelhos e às canelas__

c Retorno
6. A barra é levada controladamente até o chão__

Figura 1.7 Passos fundamentais para o sucesso.

Respiração

O melhor momento para expirar na maioria dos exercícios é durante o ponto de maior dificuldade em uma repetição. A inspiração deve ocorrer durante a fase de relaxamento ou o ponto mais fácil em uma repetição. No movimento para cima da rosca bíceps, por exemplo, a expiração deve ocorrer quando o antebraço ficar perpendicular ao chão, o ponto mais difícil da repetição. A inspiração deve ocorrer quando a barra estiver sendo abaixada (o ponto mais fácil na repetição). Nos exercícios onde é necessária a estabilização da parte superior do tronco para ajudar a manter uma posição correta de levantamento, como nos exercícios de agachamento ou arremesso (mais avançados), no Apêndice A, a respiração deve ser feita imediatamente após o ponto de maior dificuldade. Para os exercícios mostrados nos Passos 2 a 8 e no Apêndice A, lembre-se de expirar no ponto de maior dificuldade!

Fique atento, pois na maioria dos exercícios sua tendência será a de segurar a respiração por um tempo muito longo. Isto deve ser evitado porque é perigoso! Ao não expirar, você reduz o retorno de sangue ao coração, o que reduz o fluxo de sangue para o cérebro. Se o cérebro receber menos sangue oxigenado, você ficará tonto e poderá desmaiar. Segurar demais a respiração é especialmente perigoso ao executar exercícios com pesos livres acima da cabeça. Se você é hipertenso, é imperativo: (1) consultar um médico antes de iniciar o treinamento de força; (2) expirar no ponto de maior dificuldade em cada repetição. Aprender a expirar no momento certo pode ser um pouco confuso, mas não neste texto, porque em cada exercício descreve-se e ilustra-se quando expirar.

Responsabilidades do auxiliar

Um auxiliar ou observador ajuda e protege de lesões a pessoa que está fazendo os levantamentos. Os auxiliares têm um papel fundamental para tornar o treinamento de força uma atividade segura. Se pedem que você atue como auxiliar, lembre-se de que ficar desatento pode causar lesões muito graves (rompimentos de músculo/tendão, fraturas na face e em outros ossos, dentes quebrados, etc.). Nem todos os exercícios requerem um auxiliar, mas os exercícios como o supino com barra, o agachamento dorsal e os que envolvem movimentos de desenvolvimento acima da cabeça devem ser auxiliados. Assim como você pode precisar confiar nos auxiliares, os indivíduos que você observa estão confiando em você. Não subestime a importância das suas responsabilidades como auxiliar. Leia e cumpra as seguintes orientações para auxiliar nos exercícios de força e para ser responsável em relação ao auxiliar quando você estiver fazendo os levantamentos. Instruções específicas são dadas mais adiante para os exercícios nos quais é necessário um auxiliar.

Orientações para auxiliar nos exercícios com pesos

Lembre-se: auxiliares com pouca técnica também podem se machucar!
1. Retire todas as anilhas, halteres e barras soltos da área para não escorregar ou tropeçar neles.
2. Estude e pratique os passos fundamentais para o sucesso no exercício.
3. Coloque-se em uma posição adequada para fazer um levantamento, para o caso de ser necessário pegar a barra (mantenha os joelhos flexionados e as costas retas).
4. Comunique-se efetivamente com a pessoa que está sendo auxiliada (saiba quantas repetições ela vai fazer, por exemplo).
5. Use uma pegada correta (pegada fechada é obrigatória!) com a colocação adequada das mãos na barra (se você precisar segurar a barra).
6. Verifique se a barra está com os pesos certos e bem distribuídos.
7. Saiba quais as situações perigosas e potencialmente perigosas associadas ao exercício que está sendo executado (serão identificadas ao longo do texto).
8. Fique alerta e reaja rapidamente às situações perigosas.
9. Saiba quando e como orientar a barra no trajeto correto.

10. Saiba quando e quanto de auxílio é necessário para o exercício.
11. Como último recurso, segure todo o peso da barra, mas apenas se a pessoa que está sendo auxiliada for se machucar se você não o fizer.
12. Faça sugestões sobre as mudanças necessárias na forma do exercício.

Suas responsabilidades (como levantador) para com o auxiliar

Como levantador, suas ações são importantes para a segurança do auxiliar e de você mesmo. Obedecer às seguintes sugestões ajudará a tornar o treino mais seguro para ambos.

1. Informe o número de repetições que você pretende completar antes de começar o exercício.
2. Indique quando precisar de ajuda.
3. Fique sempre com a barra. Uma vez que o auxiliar precise entrar em ação, lembre-se de não largar a barra e de não desistir de completar o exercício. Se você não fizer isso, o auxiliar fica com todo o peso da barra e pode se machucar.
4. Conheça seus limites e selecione as cargas e repetições de acordo (este é um problema comum para os iniciantes no treinamento).

Obstáculos ao sucesso dos fundamentos do levantamento

Encare a detecção dos erros pensando que isto permitirá desenvolver rapidamente excelentes técnicas de levantamento. Os erros a seguir são muito comuns. Os mais preocupantes são (a) a extensão imediata dos joelhos durante a fase do chão até as coxas, (b) a flexão muito rápida dos cotovelos durante a fase das coxas até os ombros e (c) não abaixar os quadris na fase dos ombros até o chão.

Erro	Correção
Fase do chão até as coxas	
1. Os calcanhares se elevam.	1. Há muito peso nas pontas dos pés. Você pode estar se inclinando muito para a frente. "Sente para trás" na posição baixa e concentre-se em colocar mais peso nos calcanhares.
2. O movimento para cima não é suave.	2. Estenda os cotovelos antes de puxar e puxe lentamente.
3. Os quadris se elevam primeiro ao puxar.	3. Isto tensiona suas costas mais do que as pernas. Seus joelhos estão se estendendo rápido demais! Pense: "Meu movimento para cima é feito com os ombros, não com os quadris". Isto permitirá que você use as pernas ao invés das costas para fazer o levantamento.
Fase das coxas até os ombros	
1. A barra pára nas coxas.	1. A puxada do chão até as coxas deve ser contínua. Não se permita fazer uma pausa ou parar a barra nas coxas.
2. A barra balança para longe das coxas e dos quadris.	2. Concentre-se em levar a barra para cima e em mantê-la próxima às coxas e aos quadris.
3. Os cotovelos flexionam-se muito rápido.	3. Espere até que a elevação dos ombros esteja em seu ponto mais alto antes de flexionar os cotovelos.
4. Os joelhos ficam retos ao segurar a barra nos ombros.	4. Os joelhos flexionados dão elasticidade aos ombros quando a barra os atinge, dissipando muito do impacto.
Fase dos ombros até o chão	
1. A barra não faz uma pausa nas coxas.	1. Visualize a fase de descida como um movimento em duas partes, "1" até as coxas e "2" até o chão.
2. Os quadris permanecem elevados enquanto se baixa a barra da altura das coxas até o chão.	2. Isto causa muita tensão nas costas! Uma vez que a barra chegue às coxas, agache para baixar a barra enquanto mantém as costas retas.

Exercícios de fundamentos do levantamento

1. Seleção e localização da pegada

Este exercício envolve levantar uma barra sem anilhas ou um bastão do chão usando os três tipos de pegadas com os três afastamentos descritos anteriormente. As mãos devem ser posicionadas na barra, de modo que fique equilibrada ao ser levada até as coxas. Usando uma pegada pronada (Figura 1.1a), levante a barra até as coxas e de volta ao chão usando as técnicas corretas de levantamento. Leve a barra mais duas vezes até as coxas, usando primeiro a pegada supinada (Figura 1.1b) e depois a alternada (Figura 1.1c). Mova as mãos para uma largura comum e use os três tipos de pegada. Em seguida, coloque as mãos em uma distância mais estreita e faça o mesmo. Execute todas as pegadas com os polegares ao redor da barra. Verifique se cada tipo e distância de pegada está sendo corretamente executado.

Objetivo = total de 9 repetições usando 3 larguras de pegada em cada tipo de pegada__
1. 3 repetições com pegada pronada__
2. 3 repetições com pegada supinada__
3. 3 repetições com pegada alternada__

Para ter sucesso:
- Estabeleça um espaçamento adequado das mãos__
- Mantenha os polegares ao redor da barra__
- Lembre-se dos nomes das pegadas__

2. Posição de preparação

Este exercício vai ajudá-lo a desenvolver um sentido melhor de equilíbrio e maior consciência do posicionamento adequado do corpo. Sem cair para a frente ou se apoiar em um ou ambos os calcanhares, agache em uma posição de "gorila" com as mãos entrelaçadas atrás da cabeça. Fazer este exercício em frente a um espelho é uma ótima maneira de criticar e aperfeiçoar sua técnica. Faça a posição de gorila 10 vezes.

Objetivo = 10 repetições com bom equilíbrio__

Para ter sucesso:
- Calcanhares no chão, costas retas__
- Cabeça levantada__
- Olhos dirigidos para a frente__

3. Exercício para a fase do chão até as coxas

Este exercício é para ajudá-lo a aprender a manter a barra próxima às canelas, aos joelhos e às coxas, evitando lesão na região lombar ao levantar a barra e levá-la de volta ao chão. A partir da posição em pé, passe para a posição preparatória do levantamento ("gorila") e, usando uma pegada pronada, puxe a barra até o meio das coxas. Lembre-se das técnicas corretas de levantamento: cabeça levantada, costas retas, deixando que as pernas façam o levantamento. Abaixe a barra até o chão do mesmo modo. Repita 10 vezes.

Objetivo = total de 10 repetições com boa técnica__

Para ter sucesso:
- Mantenha as costas retas e a cabeça levantada__
- Sinta a posição dos ombros para trás__
- Mantenha os quadris baixos__

4. Exercício de elevar os ombros

A maior parte dos iniciantes têm uma grande tendência a flexionar os cotovelos muito cedo durante a chamada segunda puxada – ou seja, a puxada que leva a barra das coxas até os ombros. Este exercício o ajudará a evitar essa falha na técnica. Usando uma pegada pronada, segure a barra e mantenha-a à altura da metade das coxas. Com os joelhos e os quadris ligeiramente flexionados, faça uma elevação rápida dos ombros, imediatamente seguida por uma extensão dos quadris e joelhos, mantendo-se os cotovelos estendidos. Você pode pensar no movimento como pular com uma barra com os cotovelos estendidos. Depois de cada elevação, traga a barra de volta às coxas (não até o chão). Repita 10 vezes.

Objetivo = 10 repetições com os cotovelos estendidos___

✓ **Para ter sucesso:**
- Sinta o alongamento no trapézio___

5. Exercício de segurar a barra nos ombros

Este exercício ajudará a desenvolver o sentido de tempo necessário para flexionar os quadris e os joelhos ao colocar a barra nos ombros. Siga os mesmos procedimentos do exercício anterior, mas ao invés de baixar a barra após a elevação dos ombros, puxe-a para os ombros. Trabalhe na sincronização do contato da barra com os ombros à flexão dos quadris e joelhos e ao movimento dos pés até uma posição um pouco mais aberta do que a inicial.

Objetivo = 10 repetições com os quadris, joelhos e pés na posição correta___

✓ **Para ter sucesso:**
- Diminua o impacto nos ombros pela flexão dos joelhos___
- Lembre-se: cotovelos estendidos até que os quadris estejam em extensão completa___

Resumo dos passos fundamentais para o sucesso nos fundamentos do levantamento

Uma boa técnica de levantamento exige uma pegada adequada, uma posição inicial estável, manter o objeto levantado próximo ao corpo e usar as pernas ao invés das costas. Lembre-se: "Os quadris ficam baixos enquanto as pernas se estendem". Isto é verdadeiro independentemente de você estar levantando uma barra com anilhas (revise as Figuras 1.5-1.7), uma caixa ou auxiliando um parceiro em um exercício. Desenvolver uma boa técnica básica o ajudará a evitar lesões e a trabalhar os músculos de modo a produzir resultados ótimos.

PASSO 2

PROCEDIMENTOS PRÁTICOS: CONHECENDO O PROCESSO

Conseguir executar os exercícios de treinamento de força corretamente dá uma sensação de realização e de orgulho, e faz com que cada treino seja mais satisfatório e produtivo. Você será capaz de aplicar as técnicas básicas de levantamento que acabou de dominar no Passo 1 enquanto é levado através de procedimentos práticos a aprender os exercícios nos Passos 3 a 8.

Por que é importante aprender os procedimentos práticos?

"A prática leva à perfeição" é a idéia que orienta o desenvolvimento e a estrutura deste passo. Ele consiste em procedimentos organizados logicamente em uma série de cinco atividades práticas, chamadas de procedimentos práticos. A compreensão obtida nestes procedimentos práticos o ajudará a aprender os exercícios rapidamente e de modo seguro, e neste processo aumentar sua autoconfiança, seu prazer e o sucesso no treinamento de força. Estes procedimentos são os seguintes:

1. Escolha um exercício.
2. Determine as cargas de teste e de aquecimento.
3. Pratique as técnicas corretas.
4. Determine a carga de treinamento.
4. Faça os ajustes necessários na carga.

Seguem-se descrições detalhadas de cada um destes procedimentos práticos.

1. Escolha um exercício

Nos Passos 3 a 8, você será apresentado a uma série de possibilidades para ajudar a começar seu programa de treinamento de força. Primeiro, você escolherá um exercício para cada um dos sete grupos musculares mostrados na Figura 2.1 a e b, e então anotará o nome dos exercícios selecionados na coluna "Exercício", na planilha de treinamento do Apêndice C. Cada passo normalmente apresenta uma opção entre um exercício com pesos livres e dois exercícios com aparelhos. Leia as explicações das técnicas de exercício para cada um e os passos fundamentais para o sucesso. Leve em consideração as necessidades de equipamento e de auxílio de outra pessoa para cada exercício. Depois do Passo 8, faça no mínimo três cópias da planilha de treinamento do Apêndice C.

2. Determine as cargas de teste e de aquecimento

O uso de cargas leves nos estágios iniciais do aprendizado do treinamento de força permite que você se concentre mais nas técnicas exigidas e menos no esforço para puxar ou empurrar. Por entusiasmo ou curiosidade, você pode ser tentado a usar cargas pesadas demais. Escolher cargas muito pesadas, mesmo que sua técnica seja perfeita, aumenta as chances de lesão. Não caia em tentação!

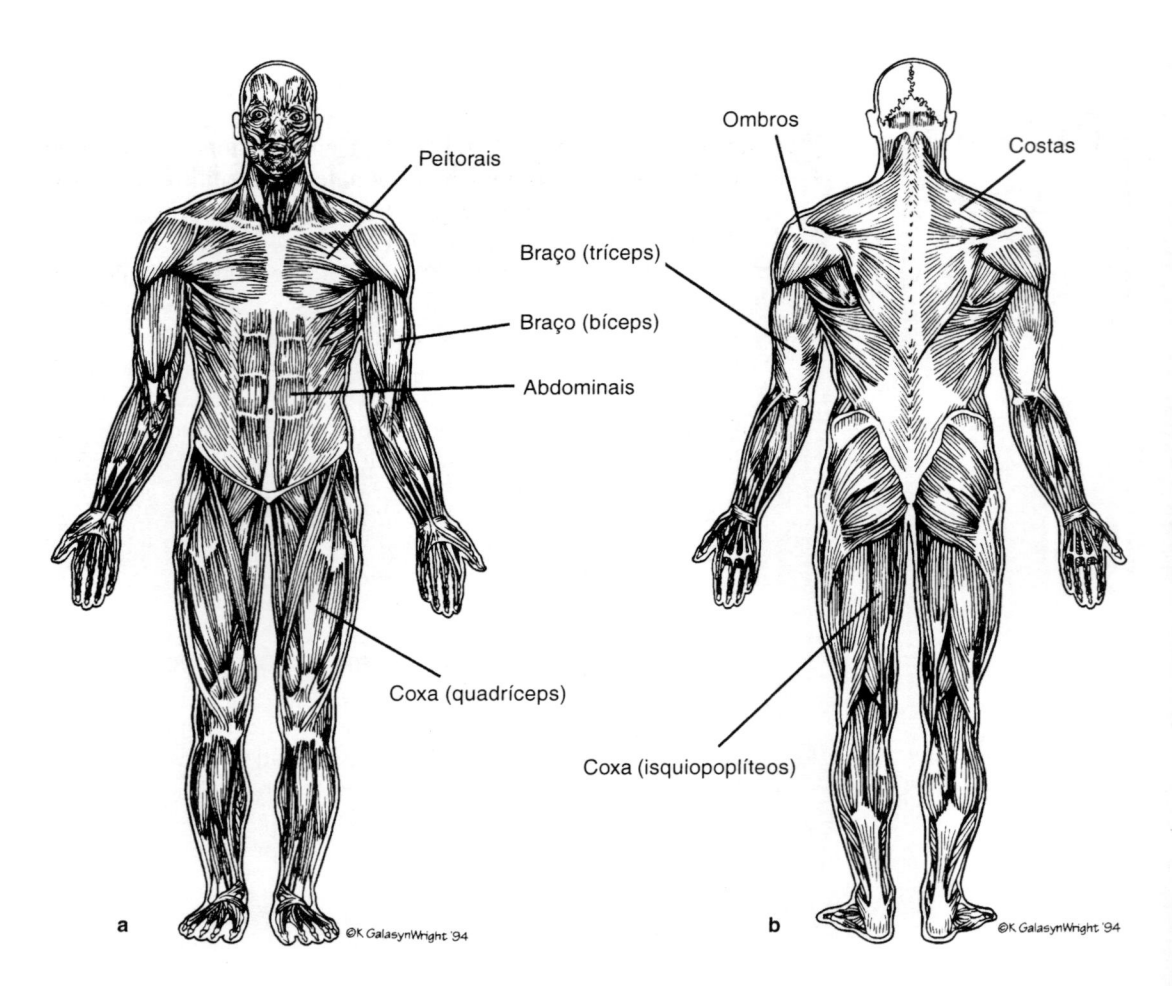

Figura 2.1 Grupos musculares: vistas anterior (a) e posterior (b). Os exercícios para cada um destes grupos musculares estão incluídos no programa básico. © K. Galasyn-Wright, Champaign, IL, 1994.

Este procedimento prático explica como usar as fórmulas mostradas na Figura 2.2 para determinar as cargas de aquecimento e de teste para a maioria dos exercícios. Uma vez feita a sua escolha de exercício, você precisará identificar o coeficiente associado a este exercício na Figura 2.2. As letras PL (para pesos livres), C (para cam) e M (para aparelho de múltiplas estações – pode ser também de uma estação) são usadas para ajudá-lo. Lembre-se de que os coeficientes são estimativas. As diferenças entre os indivíduos combinadas às variações no desenho dos equipamentos tornam difícil, se não impossível, estabelecer coeficientes sem erro. Os que se apresentam no texto são pontos de partida para determinar as cargas adequadas.

Depois que você tiver encontrado o nome do exercício selecionado, coloque seu peso no espaço determinado e multiplique-o pelo número à direita (o coeficiente). O uso do peso na determinação da carga correta é baseado na relação que o peso do corpo tem com a força muscular. É a mesma lógica utilizada para a criação das divisões por peso corporal nos esportes como luta greco-romana, boxe e levantamento de peso. O coeficiente é um número que foi estabelecido a partir de estudos de homens e mulheres, experientes e inexperientes no levantamento de peso. Quando multiplicado pelo seu peso corporal, o coeficiente pode ser usado para estimar as cargas de treinamento. Metade deste valor corresponde a uma carga de aquecimento adequada. Observe que se você for homem e pesar mais de 79,250 kg, simplesmente registre seu peso como 79,250 kg. Se você for mulher e pesar mais de 63,500 kg, registre seu peso como 63,500 kg.

O uso deste método algumas vezes resulta em uma carga de aquecimento para mulheres que é menor do que o peso mais leve da coluna de pesos do aparelho. Se isto ocorrer, selecione o peso mais leve e peça que alguém experiente ajude (puxando ou empurrando) na execução dos padrões de movimento envolvidos no exercício. As barras disponíveis para os exercícios com pesos livres também apresentam o mesmo problema. Se for o caso, halteres de mão muito leves, uma barra sem nenhuma anilha ou uma anilha solta podem ser usados durante as séries de aquecimento. Até mesmo um bastão de madeira (peso inferior a 500 gramas) pode ser utilizado.

Para completar este procedimento, arredonde os números para o valor mais próximo na coluna de pesos. Esta é sua carga de teste. O exemplo na Figura 2.2 é de uma mulher que pesa 54,250 kg e escolheu o supino com barra e anilhas entre os três exercícios disponíveis para o peito. Neste exemplo, a carga aproximada de teste equivale a 18 kg, e metade equivale à carga de aquecimento (9 kg). A carga de aquecimento é usada para o aprendizado das técnicas de exercício no procedimento prático 3, enquanto a carga de teste é usada no procedimento prático 4 para determinar a carga de treinamento. Observe que o termo *carga de teste* é utilizado porque você estará "experimentando-a" no procedimento prático 4 para ver se é uma carga adequada para usar mais tarde no treinamento. As cargas de teste que são muito pesadas ou muito leves podem ser ajustadas usando-se o procedimento prático 5.

3. Pratique a técnica correta

Neste procedimento prático, você usará as cargas de aquecimento para aprender as técnicas de cada exercício:
- pegada,
- posicionamento do corpo,
- padrão de movimento,
- velocidade da barra e
- padrão de respiração.

Leia cuidadosamente as informações e instruções a seguir relativas a cada uma destas considerações técnicas e faça um esforço concentrado para aplicá-las durante o procedimento prático 3 nos Passos 3 a 8.

Pegada

Como você aprendeu no Passo 1, há uma variedade de pegadas (e diferentes larguras de pegada) que podem ser usadas no treinamento de força. Veja qual o tipo adequado de pegada e onde colocar as mãos em cada exercício.

Fórmula para a determinação da carga de teste PEITO					
Peso corporal	Exercício	×	Coeficiente	=	Carga de teste
	Mulheres				
PC = 54.250	(Supino com barra PL)	x	.35	=	18,98 arredondado
PC = ____	(Voador direto C)	x	.14	=	para 18 kg ÷ 2 = 9 kg
PC = ____	(Supino na máquina A)	x	.27	=	(carga de aquecimento)
	Homens				
PC = ____	(Supino com barra PL)	x	.60	=	____
PC = ____	(Voador direto C)	x	.30	=	____
PC = ____	(Supino na máquina A)	x	.55	=	____
PC=peso corporal, PL=pesos livres, C=cam e A=aparelho com ou uma múltiplas estações. *Nota*: se você é homem e pesa mais de 79,250 kg, registre seu peso como 79,250 kg. Se você é mulher e pesa mais de 63,500 kg, registre seu peso como 63,500 kg.					

Figura 2.2 Cálculo das cargas de aquecimento e de teste.

Posicionamento do corpo

O posicionamento do corpo refere-se à sua postura inicial, não aos movimentos de braços ou pernas. Um posicionamento adequado nos exercícios em pé ou reclinados ou nos equipamentos proporciona uma posição estável e equilibrada a partir da qual se pode puxar ou empurrar. Um posicionamento inadequado pode diminuir os benefícios de um exercício ou resultar em lesão grave.

Padrão de movimento

O padrão de movimento refere-se a como os braços, pernas e tronco movimentam-se durante a execução de um exercício e inclui considerações sobre a necessidade de desenvolver a amplitude completa do movimento. Fazer exercícios ao longo de toda a amplitude do movimento e nos padrões mostrados neste texto permite que você fique com os braços, pernas e tronco mais ativos durante cada repetição, e assim possa melhorar a performance de seu treino. Aprender e praticar os padrões de movimento e as amplitudes corretos também contribui para treinos mais seguros.

Velocidade da barra

A velocidade refere-se ao deslocamento da barra/halteres ao longo da amplitude de movimento do exercício. É especialmente importante que você estabeleça durante este procedimento prático o hábito de executar movimentos lentos e controlados. Procure deixar cerca de 2 segundos para o movimento concêntrico (normalmente para cima) e 4 segundos para o movimento excêntrico (para baixo). Isto evitará o surgimento do impulso, normalmente associado às lesões no treinamento de força.

Padrão de respiração

Tentar se lembrar de quando expirar e inspirar pode ser confuso, especialmente quando há outras técnicas a lembrar ao mesmo tempo. Enquanto você executar os exercícios com as cargas de aquecimento, aprenda a identificar onde ocorrem os pontos de maior dificuldade em cada exercício e expire como descrito no Passo 1. Inspire durante a fase de recuperação do movimento.

4. Determine a carga de treinamento

Este procedimento é feito para ajudá-lo a determinar uma carga adequada para o treinamento, uma que resulte em falha muscular entre a 12ª e a 15ª repetições feitas com um esforço máximo. Simplesmente use a carga de teste determinada no procedimento prático 2 e faça tantas repetições quanto conseguir. Se o número de repetições é entre 12 e 15, você encontrou uma carga adequada de treinamento. Registre esta carga na planilha de treinamento do Apêndice C, na coluna "Carga de treinamento". Se você fez menos do que 12 ou mais do que 15 repetições em qualquer dos Passos 3 a 8, você tem mais um procedimento prático antes de ir para o próximo exercício e determinar sua carga de treinamento.

5. Faça os ajustes necessários na carga

Como os indivíduos diferem em suas características físicas e experiência, e como os equipamentos de treinamento de força também diferem no seu desenho, as cargas de

	Tabela de ajuste da carga	
	Repetições completadas	Ajuste (kg)
9 repetições	<7	−6,750
	8,9	−4,500
	10-11	−2,250
	16-17	+2,250
	18-19	+4,500
	>20	+6,750

Indica a necessidade de um ajuste de -4,5 kg

a

Fórmula para determinar a carga de treinamento				
Carga de experiência (kg)	+/−	Ajuste	=	Carga de treinamento (kg)
45 kg	+/−	−4,5		40,5

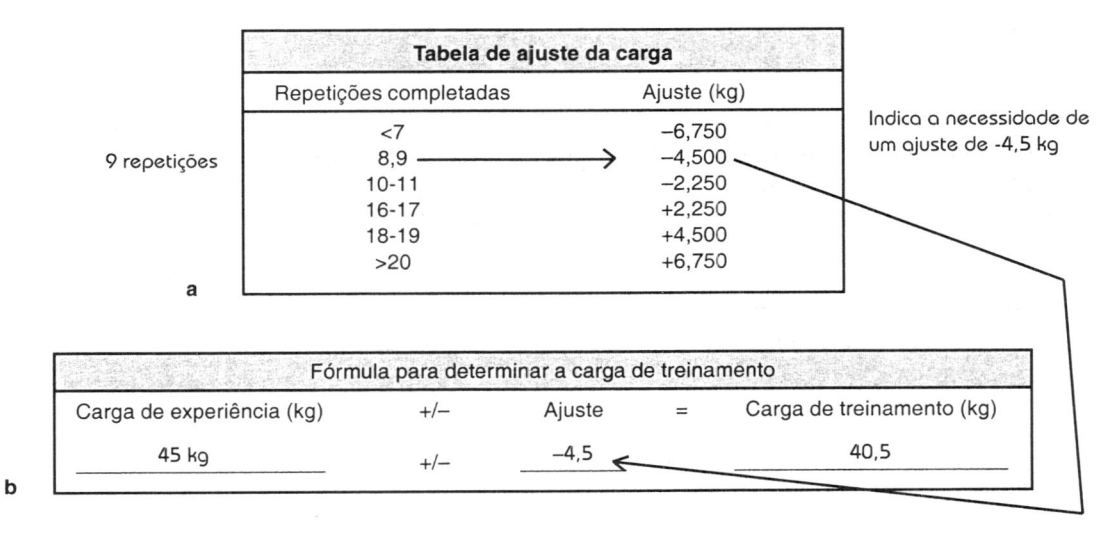

b

Figura 2.3 Ajustes na carga. (a) Tabela de ajuste da carga. (b) Fórmula para determinar a carga de treinamento.

teste podem não produzir o número desejado de 12 a 15 repetições. Se você fez menos de 12 repetições com a carga de experiência, ela está muito pesada. Por outro lado, se você fez mais de 15 repetições, a carga está muito leve. Neste procedimento prático, você usará suas cargas de teste e uma tabela de ajuste de carga para fazer as correções necessárias. Uma vez iniciado o treinamento, você poderá precisar usar a tabela de ajuste várias vezes antes de determinar uma carga de treinamento exata. A Figura 2.3 a e b mostra como a Tabela de Ajuste de Carga e a fórmula para determinar a carga de treinamento são usadas para fazer as correções necessárias na carga de teste. O exemplo é de uma pessoa que fez nove repetições com 45 kg no exercício supino com barra e anilhas. Como foram feitas apenas nove repetições (ao invés de 12 a 15), a carga está muito pesada e precisa ser diminuída.

Como você pode ver na Figura 2.3, 9 repetições correspondem a uma redução de 4,5 kg, que resulta em uma carga de treinamento de 40,5 kg. Quando necessário, este procedimento ajusta a carga de teste para criar uma carga de treinamento adequada para você.

Siga os mesmos procedimentos para registrar todos os exercícios e cargas de treinamento. Assegure-se de registrar o exercício escolhido para o peito primeiro (em cima) na planilha de treinamento, depois (abaixo dele) os exercícios escolhidos para as costas, os ombros, os braços (parte anterior − bíceps, parte posterior − tríceps), as pernas e o abdômen, nesta ordem, como mostrado na Figura 2.4.

A visualização é um excelente método para ajudar a estabelecer as técnicas corretas de exercício e de auxílio em seu pensamento. Mesmo que isto *não* seja um procedimento prático, apresentado nos Passos 3 a 8, faça um esforço antes dos procedimentos 3 e 4 para usar esta técnica. Você usa todos os sentidos enquanto visualiza a execução correta de um exercício. Procure um local tranqüilo na sala de treinamento, ou desenvolva a capacidade, mesmo em meio ao barulho, de visualizar claramente a pegada correta, o posicionamento do corpo, o padrão de movimento, a velocidade da barra/halteres e o padrão de respiração para cada exercício. Concentre-se na resposta dos músculos e articulações enquanto ensaia mentalmente os exercícios. Isso irá ajudar no aprendizado de "sentir" quando o exercício está sendo bem executado. Você pode também representar os movimentos corretos em frente a um espelho, tomando nota da resposta que você sente dos músculos, tendões e articulações. Tente fazer isso 1 ou 2 minutos imediatamente antes de começar cada exercício no procedimento prático 3. Quando houver oportunidade, tente encontrar um tempo antes de cada treino para visualizar as técnicas corretas para cada exercício até dominá-las completamente.

1. Escolha um exercício

Depois de ler sobre as características e técnicas envolvidas nos três exercícios diferentes e o tipo de equipamento exigido para cada um deles, você está pronto para colocar em uso o que aprendeu. Levando em consideração a disponibilidade de equipamento e a possibilidade de conseguir alguém para atuar como auxiliar, selecione um dos seguintes exercícios para usar no seu programa:

- Supino com barra e anilhas
- Voador direto (aparelho com cam)
- Supino (aparelho de uma ou múltiplas estações)

Passe para o Apêndice C e anote seu exercício de peito na planilha de treino, na coluna "Exercício".

Objetivo = 1 exercício de peito selecionado e anotado__

Para ter sucesso:
- Avalie a disponibilidade de equipamento__
- Avalie a necessidade de um auxiliar__
- Avalie o tempo disponível__

Seu exercício: supino

Fórmula para determinar a carga de treinamento				
Carga de experiência (kg)	+/−	Ajuste	=	Carga de treinamento (kg)
45 kg	+/−	−4,5	=	40,5

Planilha de treinamento com pesos (3 vezes por semana)

Nome: Tom Brown

Seqüência	Área muscular	Exercício	Carga de treinamento	Série	Dia 1			Dia 2			Dia 3		
					1	2	3	1	2	3	1	2	3
1	Peito	Supino	40,5	Carga									
				Repetições									
2	Costas	Remada curvada	36	Carga									
				Repetições									
3	Ombros	Desenvolvimento	27	Carga									
				Repetições									
4	Braços (anterior)	Rosca bíceps	34	Carga									
				Repetições									
5	Braços (posterior)	Rosca tríceps	13,5	Carga									
				Repetições									
6	Pernas	Pressão de pernas	75	Carga									
				Repetições									
7	Abdômen	Abdominal oblíquo	—	Carga									
				Repetições									

Figura 2.4 Registro das informações sobre os exercícios escolhidos e as cargas de treinamento.

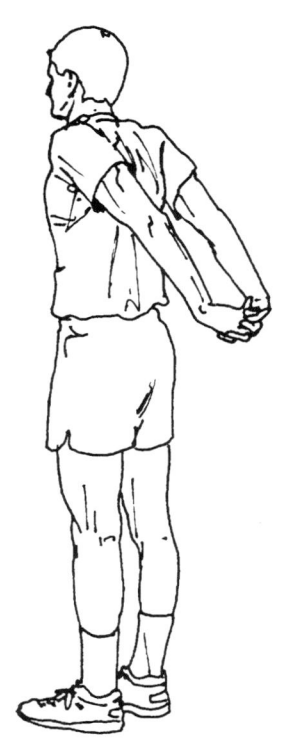

Figura 2.5 Alongamento de peito e ombros.

Aquecimento e volta à calma

Devido às demandas sobre os músculos e articulações, é importante aquecer-se adequadamente, antes de cada treino. As atividades de aquecimentos tais como caminhar energicamente ou fazer *jogging* no mesmo lugar por cerca de 5 minutos, seguidas por uma boa rotina de alongamento, ajudam a prepará-lo física e mentalmente para o treino. O alongamento também melhora a flexibilidade, ou sua capacidade de mover as articulações por toda a amplitude de movimento, e assim ajuda a evitar lesões. Faça uma atividade de aquecimento e em seguida a série de posições de alongamento estático descritas e ilustradas aqui. Assegure-se de assumir lentamente as posições de alongamento – sem solavancos. Os alongamentos apresentados envolvem as principais articulações e grupos musculares, especialmente os músculos menos flexíveis da parte posterior das pernas, das regiões lombar e dorsal e do pescoço.

Faça estes exercícios de alongamento antes do treinamento de força e imediatamente depois de cada treino. A caminhada rápida e o *jogging* mais o alongamento aumentam a temperatura do sangue e dos músculos, permitindo aos músculos contrair-se e relaxar-se com maior facilidade. O alongamento após o treino ajuda na recuperação da dor muscular. Mais importante, um aquecimento adequado ajuda a evitar lesões durante o treino. Mantenha cada posição por 6 a 10 segundos e repita duas ou três vezes, se quiser.

Peito e ombros

Segure as mãos juntas para trás e lentamente levante-as (ver a Figura 2.5), ou simplesmente tente alcançar o máximo possível para trás, se você não consegue juntar as mãos. Para um alongamento adicional, incline a cintura e levante os braços ainda mais.

Região dorsal, ombros e braços

Com sua mão direita, segure o cotovelo esquerdo e puxe-o lentamente sobre o peito em direção ao ombro direito. Você sente a tensão ao longo da parte de fora do ombro e do braço esquerdo (ver a Figura 2.6). Repita com o outro braço. Pode-se variar este alongamento puxando para o lado oposto e para baixo, sobre o peito e a parte mais alta do estômago.

Ombros e tríceps (parte posterior do braço)

Levante os dois braços e segure o cotovelo esquerdo com a mão direita. Deixe o braço esquerdo curvar-se no cotovelo, e a mão esquerda repousar contra a parte posterior do ombro direito. Com a mão direita, faça o cotovelo esquerdo mover-se lentamente por trás da cabeça até sentir o alongamento (ver a Figura 2.7). Repita com o outro ombro.

Costas e quadris

Sente-se com a perna direita estendida. Dobre a perna esquerda e cruze o pé esquerdo sobre a perna direita até que fique ao lado do joelho direito, com a planta apoiada no chão. Empurre contra o lado de fora da coxa esquerda, logo acima do joelho, com o cotovelo direito. Use o cotovelo direito para manter esta perna parada enquanto faz o alongamento. Em seguida, coloque a mão esquerda abaixo das nádegas, vire lentamente a cabeça para olhar por cima

Figura 2.6 Alongamento da região dorsal, dos ombros e dos braços.

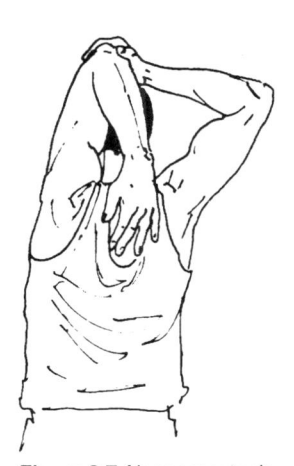

Figura 2.7 Alongamento de ombros e tríceps.

do ombro esquerdo, e faça uma rotação do tronco para o lado esquerdo. Você deve sentir a tensão na região lombar, nos quadris e nas nádegas (ver a Figura 2.8). Repita com a outra perna.

Costas, tríceps crural e parte interna da coxa

Sentado no chão, estenda a perna direita, com a planta do pé esquerdo encostando de leve na parte interna do joelho direito. Incline-se lentamente a partir dos quadris e deslize as palmas das mãos sobre as coxas, em direção ao tornozelo direito até sentir a tensão na parte posterior da coxa direita (ver a Figura 2.9). Faça o mesmo alongamento com a perna esquerda. Assegure-se de manter os dedos do pé direito apontando para cima enquanto os tornozelos e dedos estiverem relaxados.

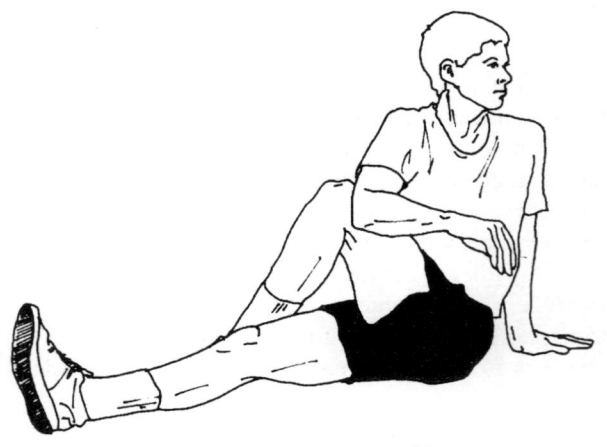

Figura 2.8 Alongamento de costas e quadris.

Quadríceps

Este alongamento é realizado na posição em pé. Use uma parede ou um objeto fixo para se equilibrar; segure o pé direito com a mão esquerda e puxe de maneira que o calcanhar se movimente para trás, em direção aos glúteos. A tensão deve ser sentida ao longo da parte anterior da coxa direita (ver a Figura 2.10). Repita com a perna esquerda e a mão direita.

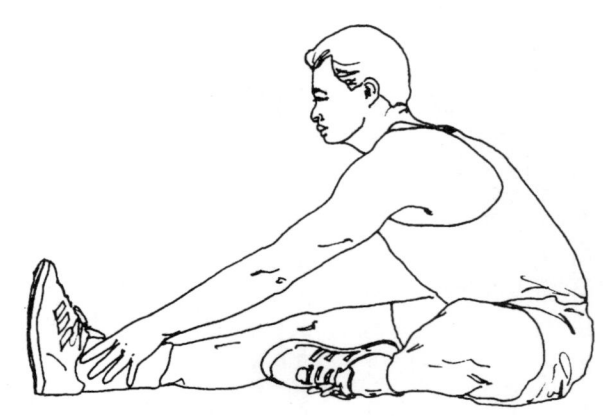

Figura 2.9 Alongamento de costas, regiões posterior e interna da coxa.

Panturrilha

Fique em pé de frente para uma parede ou um objeto fixo, afastado aproximadamente 60 centímetros. Com os pés juntos e os joelhos retos, incline-se para a frente. Alongue as panturrilhas movendo lentamente os quadris em direção à parede. Assegure-se de manter os calcanhares no chão e as costas retas (ver a Figura 2.11). Você pode alongar uma outra área muscular da panturrilha deixando os joelhos flexionarem-se levemente enquanto estiver nesta mesma posição.

Figura 2.10 Alongamento dos quadríceps.

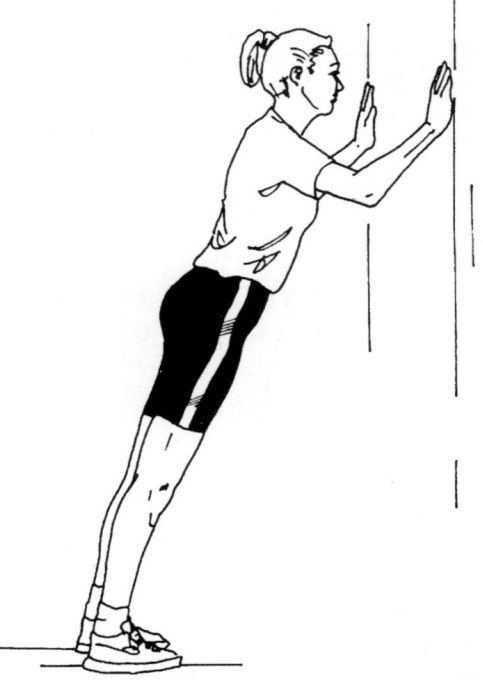

Figura 2.11 Alongamento da panturrilha.

Procedimentos práticos

Exercícios

1. Questionário de auto-avaliação prática

Responda às seguintes questões, assinalando a resposta correta:
1. O número de exercícios que você deve escolher em cada um dos passos de 3 até 8 é [__ um, __dois, __três].
2. Em qual procedimento prático, a carga de experiência é usada para determinar a carga de treinamento? [__2, __3, __4]
3. A carga de aquecimento representa qual percentual da carga de teste? [__ 25%, __50%, __75%]
4. Se você realizou de 12 a 15 repetições com a carga de teste, deve passar para o procedimento prático 5? [__sim, __não]
5. Se você realizou 17 repetições com 45 kg, no procedimento prático 4, qual seria a carga de treinamento? [__48 kg, __52 kg, __54 kg]
6. Fazendo os ajustes necessários na carga de teste, você chega à [__carga ajustada, __ carga de treinamento].

2. Revisão de aquecimento e volta à calma

Objetivo = Responder corretamente todas as seis questões__

✓ Respostas ao teste de auto-avaliação
1. um
2. 4
3. 50%
4. não
5. 48 kg
6. carga de treinamento

Antes de realizar qualquer um dos exercícios dos passos de 3 até 8, reserve um tempo para revisar e praticar os exercícios de aquecimento e volta à calma descritos neste passo. Comece com uma vigorosa caminhada ou corrida no mesmo lugar por 5 minutos, faça a seguir exercícios adequados de alongamento para as principais articulações e grupos musculares, incluindo os seguintes: peito e ombros; região dorsal, ombros e braços; ombros e tríceps; região lombar e quadris; costas, isquiopoplíteos e parte interna da coxa; quadríceps (parte anterior da coxa); panturrilhas.

Sustente cada alongamento por 6 a 10 segundos e repita duas ou três vezes. Evite "insistir" no alongamento! Quando começar a treinar, lembre-se também de repetir duas ou três séries de cada um destes alongamentos após o treino.

Objetivo = 5 minutos de caminhada vigorosa ou corrida, e a seguir 2 ou 3 séries de pelo menos 6 alongamentos diferentes para os principais grupos musculares__

✓ Para ter sucesso:
1. Sempre fazer aquecimento antes do alongamento__
2. Alongar-se em movimentos lentos__
3. Usar alongamentos estáticos (e não os balísticos)__

Passos fundamentais para o sucesso dos procedimentos práticos

Os procedimentos apresentados neste passo são usados para aprender os exercícios nos passos 3 a 8. Comece selecionando um dos três exercícios mostrados em cada um desses passos. A seguir determine e use cargas de aquecimento e de teste seguindo os "Passos fundamentais do sucesso" para aprender o exercício selecionado. Se as cargas forem muito pesadas ou muito leves, siga as orientações para o ajuste. O uso dos procedimentos na ordem apresentada tornará muito fácil o aprendizado dos exercícios que você selecionou para seu programa, especialmente se você praticar visualizando as técnicas corretas de exercício antes dos procedimentos 3 e 4. Antes de realizar qualquer um dos exercícios dos passos de 3 até 8, reserve um tempo para revisar e praticar os exercícios de aquecimento e volta à calma. Sua prática servirá como aquecimento e proporcionará uma oportunidade para aprender a realizá-los corretamente. Assegure-se de iniciar e finalizar cada sessão de treinamento com exercícios de aquecimento/volta à calma.

PASSO 3

EXERCÍCIOS PARA O PEITO:
SELECIONE UM PARA O SEU PROGRAMA

Alguns dos exercícios mais populares no treinamento de força são aqueles que trabalham os músculos do tórax, ou peitorais (peitoral maior e peitoral menor), mostrados na vista anterior do Apêndice B. Quando desenvolvidos adequadamente, esses músculos contribuem muito para uma aparência atraente da parte superior do corpo e para aumentar o sucesso em muitas atividades atléticas recreativas. Os exercícios supino (com barra e anilhas e em aparelho) e voador descritos aqui proporcionam um benefício a mais porque também trabalham os músculos do ombro (deltóide anterior). O supino também trabalha a parte de trás do braço (tríceps). Além disso, as técnicas envolvidas são facilmente aprendidas e os ganhos na força e na resistência muscular são obtidos rapidamente.

Exercícios com pesos livres

Se você tem a opção de trabalhar com pesos livres, pode selecionar o exercício supino para desenvolver o tórax. Se prefere trabalhar com aparelhos, veja a seção "Exercícios com aparelhos".

Como executar o supino com barra e anilhas

Este exercício envolve o uso de halteres e um banco com hastes verticais (chamado de banco de supino). Comece sentando na ponta do banco, de costas para os apoios verticais. Agora deite de costas e posicione-se de maneira que seus glúteos, ombros e cabeça estejam firmemente apoiados sobre o banco, como demonstrado na Figura 3.1a. Suas pernas devem ficar abertas sobre o banco, e os pés apoiados no chão, aproximadamente na mesma largura dos ombros. Essa posição de quatro pontos é importante – especialmente a posição dos pés, um de cada lado do banco – porque proporciona uma posição estável ao segurar a barra sobre o peito e o rosto.

A partir desta posição, deslize em direção às hastes verticais até que seus olhos fiquem diretamente abaixo da borda frontal dos suportes da barra (localizados nas hastes verticais). Esta posição evita que a barra atinja os suportes durante a fase ascendente de execução, e ainda conserva a barra perto o suficiente para ser colocada facilmente nos suportes após a última repetição.

Enquanto a barra estiver apoiada nas hastes verticais, segure-a com uma pegada uniformemente espaçada com as palmas das mãos viradas para baixo, na mesma distância dos ombros ou mais ampla. Uma amplitude de pegada apropriada posiciona os antebraços perpendicularmente ao chão quando a barra toca o peito. Lembre-se de que uma pegada ampla reforça uma área maior do peito do que uma pegada estreita, e é normalmente a pegada preferida.

A partir dessa posição, tire a barra do suporte, empurrando-a até ficar com os cotovelos retos, com os pulsos diretamente sobre os cotovelos. Permaneça com a barra na posição de braço estendido e então abaixe-a lentamente até o peito, como demonstrado na Figura 3.1b. A barra deve encostar no peito aproximadamente 2,5 centímetros acima ou abaixo dos mamilos. Inspire enquanto abaixa a barra até o peito. Assim que a barra tocar o peito (não a deixe rebater), empurre-a lentamente para cima até ficar com os cotovelos estendidos (ver a Figura 3.1c). Expire durante o ponto mais difícil, que ocorre quando a barra está aproximadamente no meio do trajeto para cima.

Durante todo o exercício, conserve a cabeça, os ombros e os glúteos em contato com o banco e os dois pés apoiados no solo. Ao finalizar a última repetição, sinalize isso dizendo "terminei". Coloque então a barra nos suportes. Não deixe de segurar a barra até que ela esteja nos suportes (ver a Figura 3.1d)

Técnicas de assistência/observação

Como auxiliar, você deve ficar de pé na direção da cabeça de seu parceiro, a cerca de 5 a 15 centímetros do banco e no meio das hastes verticais (ver a Figura 3.1a). Para ajudar seu parceiro a movimentar a barra para fora dos suportes, segure-a usando a pegada alternada. Coloque suas mãos entre as mãos de seu parceiro, mantendo uma distância igual entre elas. Ao comando dele, cuidadosamente escorregue a barra para fora dos suportes e oriente-a até a posição de cotovelos estendidos, acima do peito. Antes de soltar a barra, certifique-se que os cotovelos de seu parceiro estejam totalmente retos. Pratique fazendo sua largada tão suave quanto possível. Se a sua largada é muito alta ou muito baixa, ou muito para frente ou

Supino com barra e anilhas

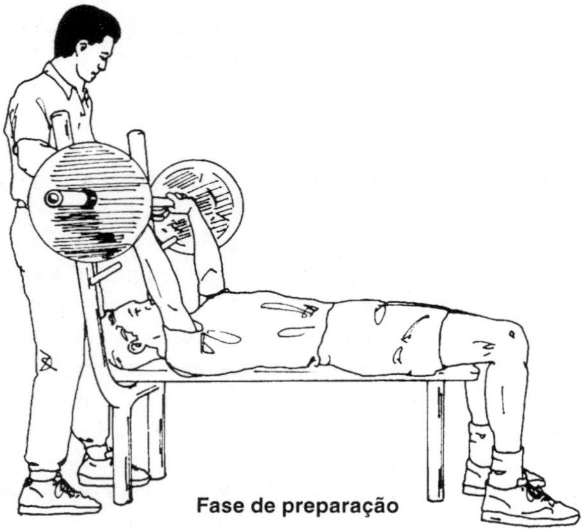

Fase de preparação

Passos fundamentais para o auxiliar

1. Pegada alternada, entre as mãos do parceiro__
2. Posicionamento do corpo:
    a. Pés – na largura do quadril, de 5 a 15 cm do banco__
    b. Joelhos – levemente flexionados__
    c. Costas – retas__
3. Reagir ao sinal combinado com o parceiro__
4. Ajudar na retirada da barra do suporte__
5. Dirigir a barra até a posição com os cotovelos retos__
6. Liberar a barra suavemente__

Passos fundamentais do exercício

1. Faça uma pegada com as palmas das mãos viradas para cima, em uma distância igual ou maior do que a largura dos ombros__
2. Posicionamento do corpo, quatro pontos de contato. No banco – cabeça, ombros e nádegas; no chão – pés (um de cada lado do banco)__
3. Olhos abaixo do suporte__
4. Sinalize com o termo combinado para o ajudante__
5. Mova a barra para fora dos suportes__
6. Empurre para a posição com os cotovelos retos acima do peito__
7. Conserve seus punhos em linha reta com os cotovelos durante todo o exercício__

Figura 3.1 Passos fundamentais para o sucesso.

Fase descendente da execução

b

Passos fundamentais para o auxiliar

1. As mãos seguem cuidadosamente o movimento descendente da barra__
2. Ajudar apenas quando necessário__

Passos fundamentais do exercício

1. Inspire enquanto estiver descendendo__
2. Punhos retos__
3. Movimento controlado, lento__
4. A barra toca o peito próximo aos mamilos__
5. Pare quando a barra tocar o peito__

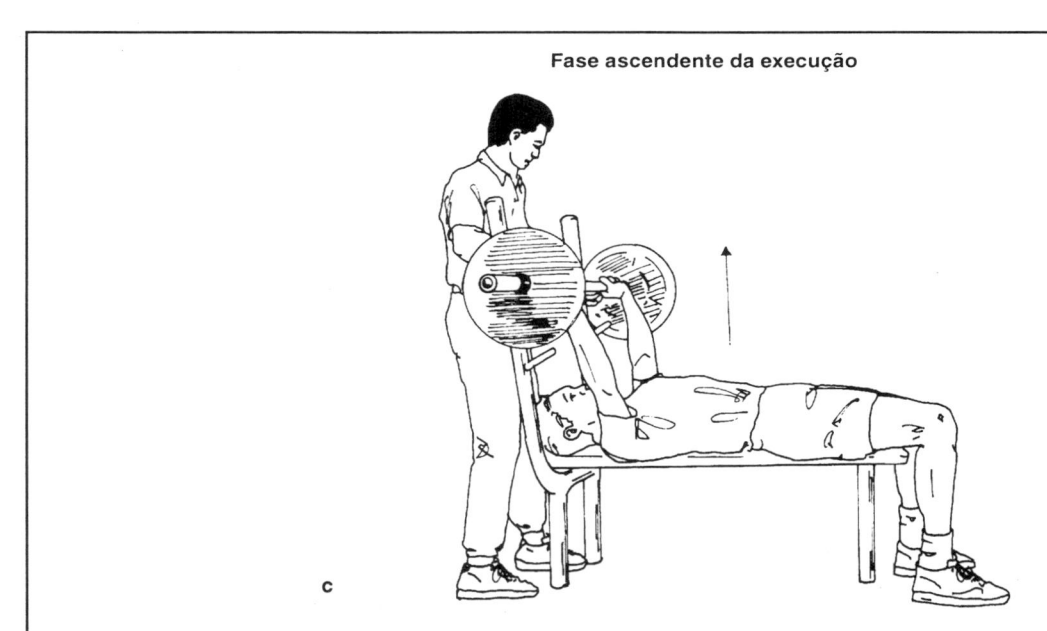

Fase ascendente da execução

c

Passos fundamentais para o auxiliar

1. As mãos guiam cuidadosamente o movimento da barra__
2. Ficar atento a qualquer extensão desequilibrada do braço__
3. Ficar atento às paradas da barra ou movimentos em direção ao rosto do levantador__

Passos fundamentais do exercício

1. Empurre para cima com seus cotovelos se estendendo de forma equilibrada__
2. Expire durante o movimento ascendente__
3. Pare na posição com os cotovelos retos__
4. Continue os movimentos ascendentes e descendentes até a conclusão da série__
5. Sinalize com o termo combinado na última repetição__

Figura 3.1 (*continuação*).

Colocando a barra no suporte

A barra é colocada de volta no suporte

d

Passos fundamentais para o auxiliar

1. Segure a barra (pegada alternada)__
2. Mantenha a barra equilibrada__
3. Dirija até os suportes __
4. Diga o termo combinado quando apoiar a barra __

Passos fundamentais do exercício

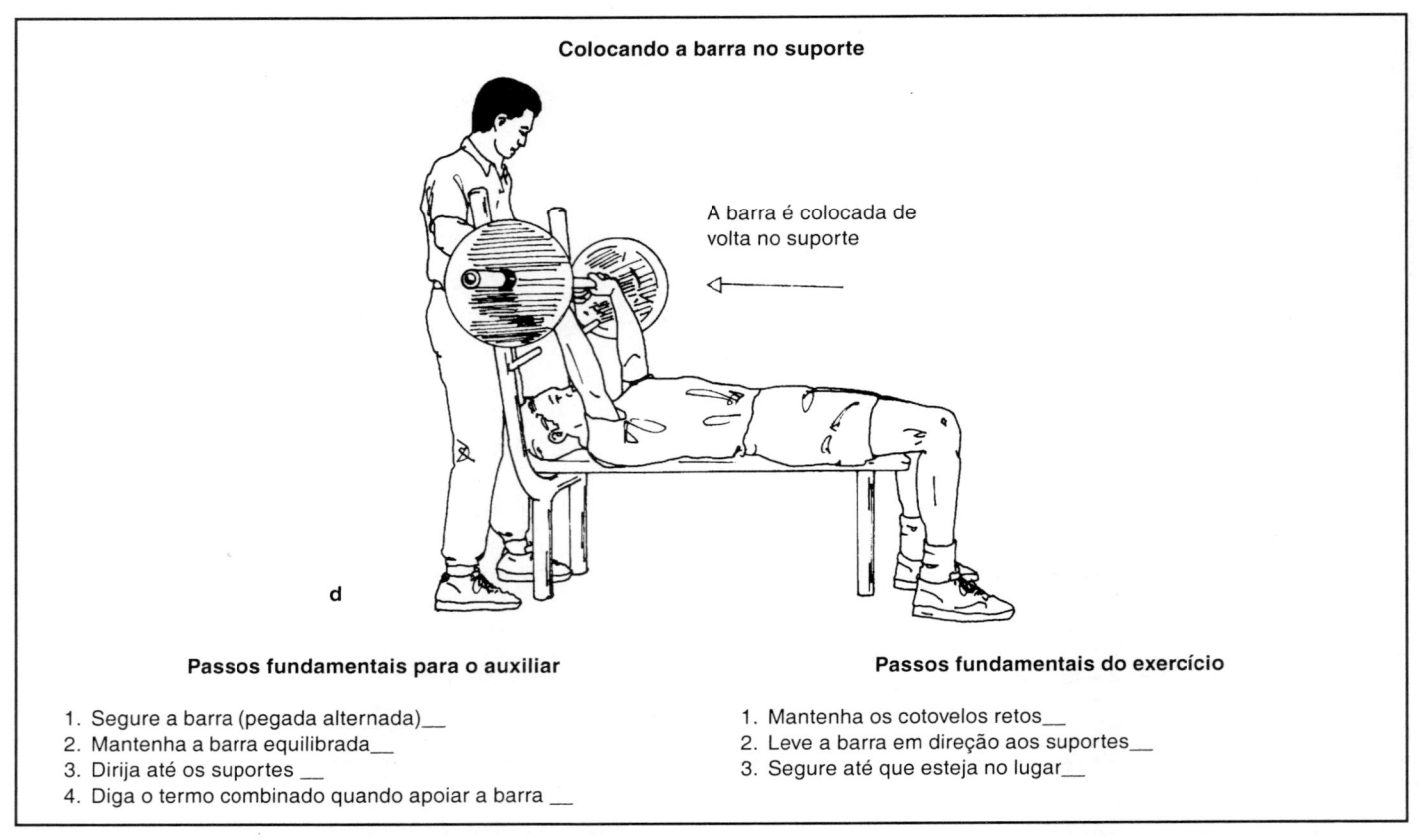

1. Mantenha os cotovelos retos__
2. Leve a barra em direção aos suportes__
3. Segure até que esteja no lugar__

Figura 3.1 (*continuação*).

muito perto do suporte, isso perturbará a posição estável de seu parceiro no banco, o que pode contribuir para um desempenho fraco ou lesão.

Uma vez que tenha início a fase descendente, suas mãos e seus olhos seguem o caminho da barra para o peito (ver a Figura 3.1b) e devem dirigir o movimento ascendente da barra (ver a Figura 3.1c). Quando os cotovelos se endireitarem durante a última repetição e depois que seu parceiro tenha dado o sinal combinado, ajude-o segurando a barra (ver a Figura 3.1d). Assegure-se de que a barra esteja colocada nos suportes antes de largá-la.

Obstáculos ao sucesso no supino com barra e anilhas

A maioria dos erros associados a este exercício são resultado da velocidade da barra – a tendência é baixar ou levantar a barra com muita rapidez. Todos os erros listados aqui pioram quando a velocidade do movimento aumenta. Desse modo, o primeiro passo na correção dos erros é assegurar-se de que a barra esteja movendo-se lentamente; depois, tentar fazer as correções descritas específicas para os seus erros.

Erro	Correção
1. Sua pegada não está equilibrada.	1. Posicione suas mãos de modo uniforme, usando as marcas na barra e/ou recebendo ajuda de seu parceiro para encontrar uma posição equilibrada.
2. Você não está corretamente posicionado.	2. Posicione seus olhos abaixo do suporte e estabeleça os quatro pontos de contato.
3. A posição da barra no seu peito está muito alta.	3. Observe a barra conforme ela se move em direção ao seu peito e concentre-se em deixar que ela toque ou quase toque na região de seus mamilos.
4. A barra rebate no peito.	4. Controle o impulso descendente da barra e faça uma breve pausa sobre o peito.
5. Seus cotovelos se extenuam de forma desequilibrada.	5. Concentre-se e focalize visualmente o braço que tende a atrasar-se.
6. Você deixa que seus punhos se hiperestendam (virem para trás) no meio do movimento para cima.	6. Concentre-se em manter seus punhos em uma posição estendida (reta).
7. Seus glúteos se levantam do banco. Isto pode fazer com que a barra se mova rapidamente em direção ao seu rosto, causando lesão.	7. Diminua a carga e concentre-se em conservar seus glúteos em contato com o banco.
8. A barra bate nas hastes verticais.	8. Você está muito perto das hastes. Escorregue um pouco em direção aos seus pés.
9. Quando está colocando a barra nos suportes, você bate com ela nas hastes verticais.	9. Concentre-se visualmente e mantenha o controle da barra até que ela esteja segura.

Exercícios com aparelhos

Se existe a possibilidade de escolha entre um aparelho de cam ou de uma ou múltiplas estações, você pode escolher o exercício voador direto ou o supino para desenvolver o tórax.

Como executar o voador direto (ou frontal)

Sente-se com suas costas firmemente apoiadas na almofada. Ajuste o assento até que seus ombros estejam alinhados com o cam superior. Sente-se ereto, olhando diretamente para a frente, e coloque os antebraços nas almofadas, com os cotovelos paralelos aos ombros. Segure as empunhaduras do aparelho entre o polegar e o indicador (ver a Figura 3.2a).

Nesta posição, empurre com os antebraços até que as almofadas se toquem à frente de seu peito (ver a Figura 3.2b). Expire enquanto seus cotovelos se aproximam. Faça uma pausa nesta posição e então lentamente retorne à posição inicial, inspirando (ver a Figura 3.2c).

O voador é diferente do supino em relação aos grupos musculares exercitados. O tríceps é envolvido no supino, mas não no voador. Os cotovelos são flexionados em um ângulo de 90 graus do começo ao fim do exercício voador. O exercício com pesos livres equivalente é o crucifixo, que é descrito e demonstrado no Apêndice A. Este exercício é popular entre os fisiculturistas que querem continuar a "malhar" os músculos do peito mesmo que os tríceps estejam fatigados.

Voador direto
(APARELHO PEITORAL)

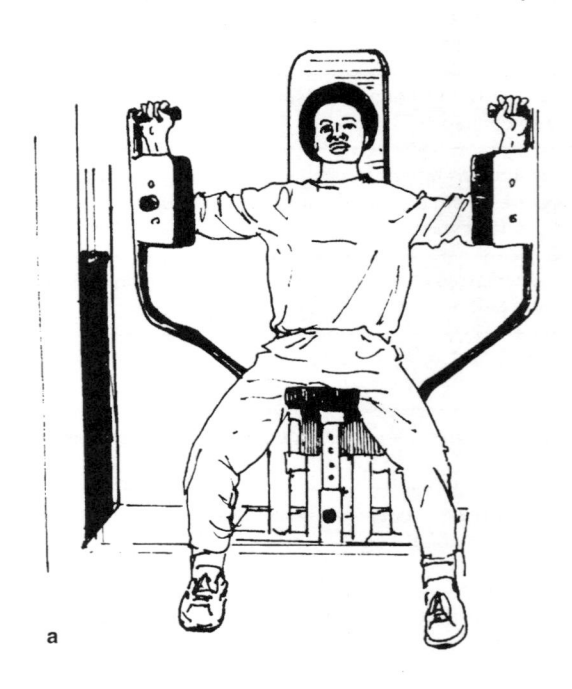

a

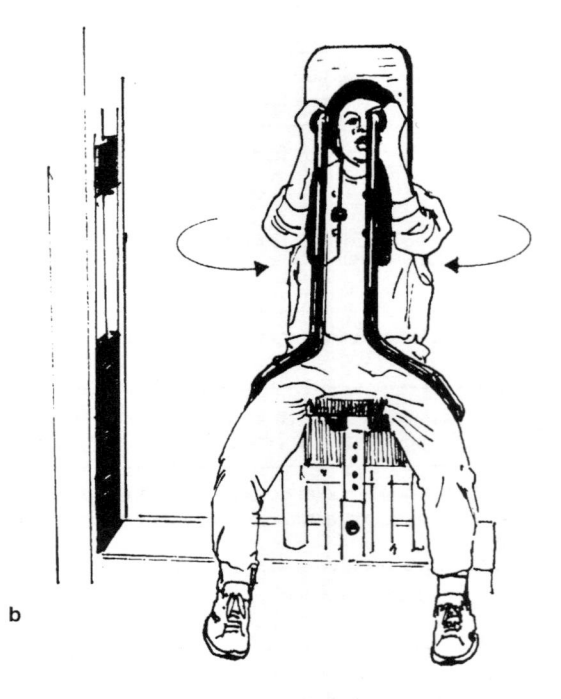

b

Fase de preparação

1. Cabeça, ombros e costas em contato com a almofada das costas__
2. Ombros alinhados com o cam (enquanto os cotovelos estão juntos)__
3. Segurar cada empunhadura entre o polegar e o indicador__
4. Antebraços nas almofadas __
5. Cotovelos na altura dos ombros__

Fase de execução para a frente

1. Empurre com os antebraços, não com as mãos__
2. Cabeça e tronco permanecem na almofada das costas__
3. Encoste as almofadas dos braços à frente do peito__
4. Expire enquanto os cotovelos se aproximam__
5. Faça uma pausa__

Fase de execução para trás

1. Volte à posição inicial__
2. Inspire durante a volta à posição inicial__
3. Faça uma pausa__

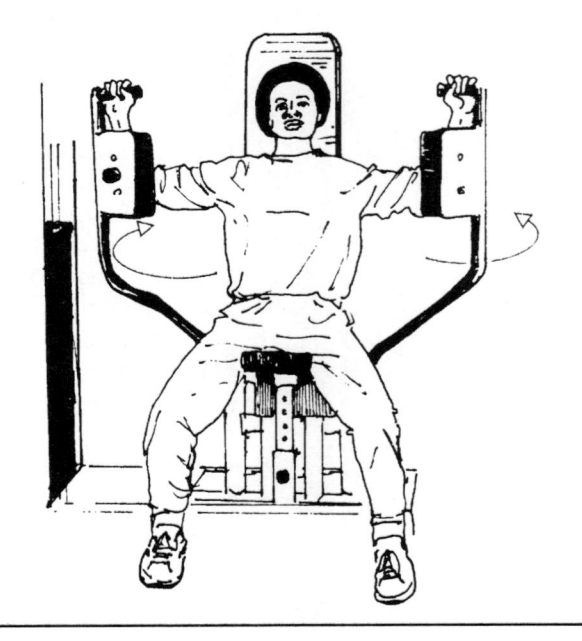

c

Figura 3.2 Passos fundamentais para o sucesso.

Obstáculos ao sucesso no voador direto

Erros comuns no voador direto incluem posicionamento do corpo no aparelho, posicionamento incorreto da cabeça e do tronco durante o exercício e fazer força com as mãos ao invés dos antebraços.

Erro	Correção
1. Os ombros não estão alinhados com o cam acima da cabeça.	1. Mantenha o tronco em contato com a almofada das costas – se necessário, ajuste o assento.
2. Os antebraços não estão sobre as almofadas de braço.	2. Pressione firmemente com os antebraços e cotovelos – não com as mãos.
3. A cabeça e o tronco inclinam-se para a frente.	3. Mantenha a cabeça e os ombros contra a almofada das costas – diminua a carga se for necessário.
4. Você faz força com as mãos.	4. Pense: "Fazer força para juntar os cotovelos".

Como executar o supino (no aparelho)

Posicione-se com a cabeça, os ombros e os glúteos em contato com o banco e os pés apoiados no chão, na mesma largura dos ombros (quatro pontos de apoio). Agarre os punhos da barra com suas mãos afastadas na largura dos ombros, alinhadas com seus mamilos (ver a Figura 3.3a).

A partir desta posição, empurre até a extensão total do cotovelo de modo lento e controlado (ver a Figura 3.3b). Expire durante o ponto mais difícil do exercício. Faça uma pausa na extensão completa, depois retorne à posição inicial enquanto inspira (ver a Figura 3.3c). Cuidado! Assegure-se de que sua cabeça esteja pelo menos a 5 centímetros da coluna de pesos.

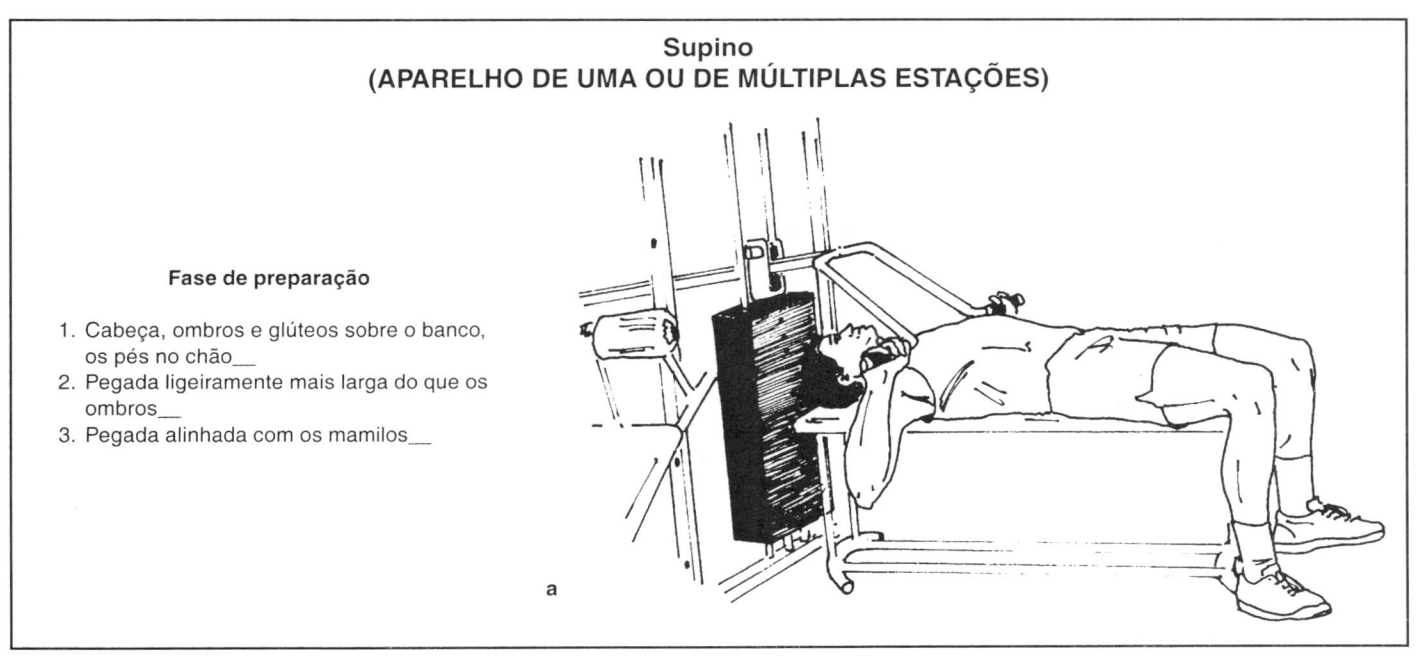

Supino
(APARELHO DE UMA OU DE MÚLTIPLAS ESTAÇÕES)

Fase de preparação

1. Cabeça, ombros e glúteos sobre o banco, os pés no chão__
2. Pegada ligeiramente mais larga do que os ombros__
3. Pegada alinhada com os mamilos__

a

Figura 3.3 Passos fundamentais para o sucesso.

Fase ascendente da execução

1. Empurre até a extensão completa do cotovelo__
2. Expire durante a fase mais difícil do movimento (na subida)__
3. Faça uma pausa__

Fase descendente da execução

1. Volte à posição inicial__
2. Inspire durante o movimento descendente__
3. Faça uma pausa__

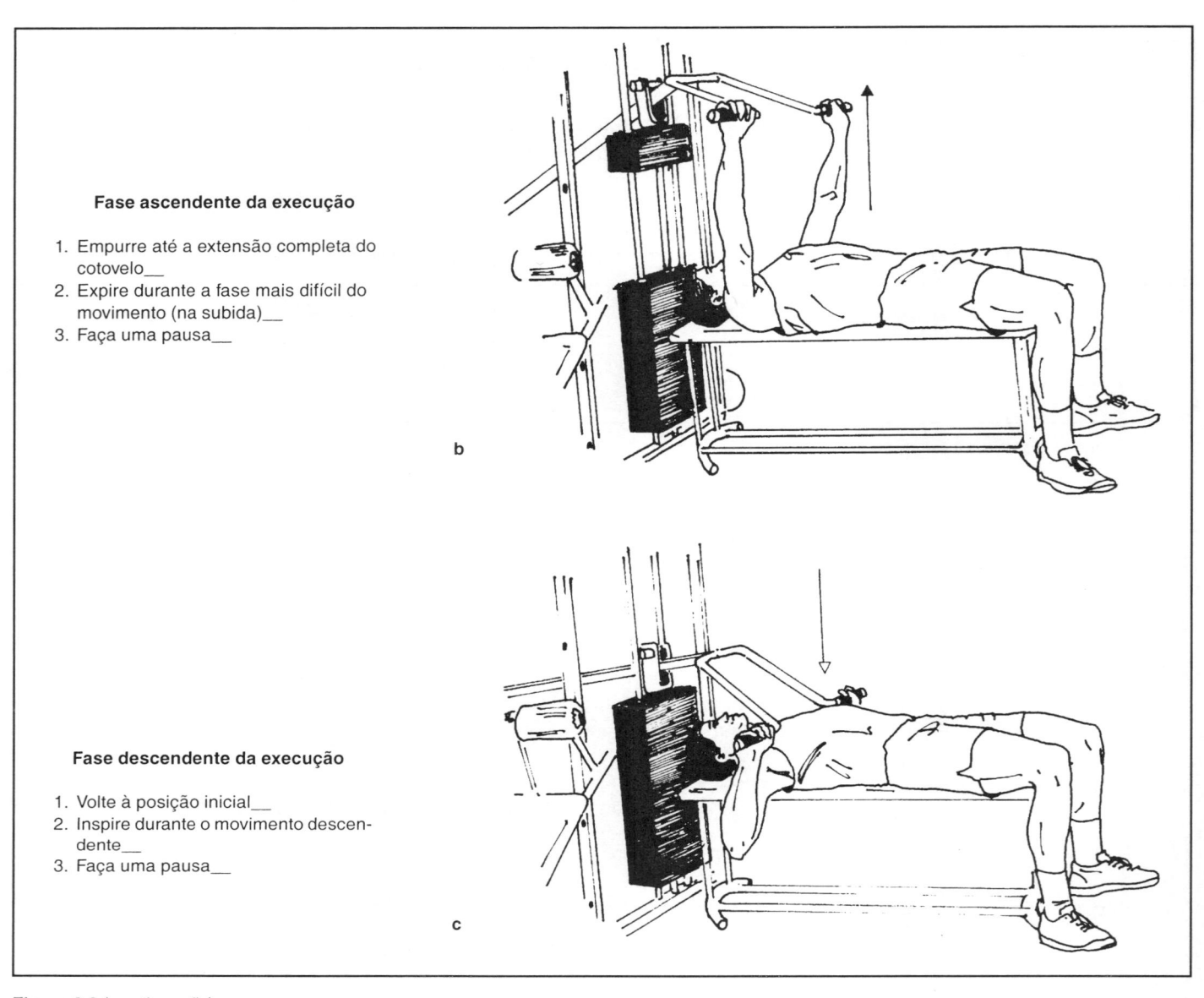

Figura 3.3 (*continuação*).

Obstáculos ao sucesso no supino

São erros comuns: posicionar o corpo muito perto da coluna de pesos, não executar cada repetição em toda a extensão do movimento e permitir que os pesos da coluna batam uns contra os outros.

Erro	Correção
1. O corpo está muito perto da coluna de pesos.	1. Perigoso – o pino de seleção pode bater em sua testa. Deslize em direção aos pés até que haja aproximadamente 5 centímetros de espaço.
2. Os pesos levantados param 5 centímetros ou mais antes de tocar o resto da coluna de pesos.	2. Abaixe os pesos até um ponto onde eles toquem levemente o resto da coluna.

Desenvolvendo o tórax

Exercícios práticos

1. Escolha um exercício

Depois de ler sobre as características e técnicas envolvidas nos três exercícios diferentes e o tipo de equipamento exigido para cada um deles, você está pronto para colocar em uso o que aprendeu. Levando em consideração a disponibilidade de equipamento e a possibilidade de conseguir alguém para atuar como auxiliar, selecione um dos seguintes exercícios para usar no seu programa:

- Supino com barra e anilhas
- Voador direto (aparelho)
- Supino (aparelho)

Passe para o Apêndice C e anote seu exercício de peito na planilha de treino, na coluna "Exercício".

Objetivo = 1 exercício de peito selecionado e anotado__

Para ter sucesso:
- Avalie a disponibilidade de equipamento__
- Avalie a necessidade de um auxiliar__
- Avalie o tempo disponível__

2. Determine as cargas de teste e de aquecimento

Basicamente, este procedimento prático responderá à questão: "Qual é o peso ou a carga que devo usar?" Usando o coeficiente associado ao exercício de peito selecionado e a fórmula abaixo, determine a carga de teste. A seguir, arredonde o resultado até o valor mais próximo possibilitado pelas anilhas ou pesos. Assegure-se de usar o coeficiente específico para o exercício que você selecionou. Use metade da quantidade determinada para a carga de teste como carga de aquecimento.

Objetivo = Registrar as cargas de teste e de aquecimento (estas cargas serão usadas nos dois procedimentos a seguir)__

Para ter sucesso:
- Multiplique o peso do seu corpo pelo coeficiente correto__
- Divida a carga de teste por dois para obter a carga de aquecimento__
- Arredonde para o peso mais próximo das anilhas ou dos pesos disponíveis__

Fórmula para determinar a carga de teste PEITO					
Peso corporal	(Exercício)	x Coeficiente	=	Carga de teste	Carga de aquecimento
	Mulheres				
PC = ____	(supino com barra PL)	x .35	=	_____	_____
PC = ____	(voador direto C)	x .20	=	_____	_____
PC = ____	(supino na máquina A)	x .25	=	_____	_____
	Homens				
PC = ____	(supino com barra PL)	x .45	=	_____	_____
PC = ____	(voador direto C)	x .40	=	_____	_____
PC = ____	(supino na máquina A)	x .45	=	_____	_____

PC=peso corporal, PL=pesos livres, C=aparelho com cam e A=aparelho com uma ou múltiplas estações.
Nota. Se você é homem e pesa mais de 79,250 kg, registre seu peso como 79,250 kg. Se você é mulher e pesa mais de 63,500 kg, registre seu peso como 63,500 kg.

3. Pratique as técnicas corretas

Neste procedimento, você fará 15 repetições com a carga de aquecimento determinada no procedimento prático 2.

Veja de novo os passos fundamentais para o sucesso para uma pegada e um posicionamento do corpo adequados, e visualize o padrão de movimento ao longo de toda a amplitude do deslocamento. Inspire quando estiver pronto para executar o exercício, e então realize o movimento com uma velocidade lenta e controlada, lembrando de expirar durante o ponto de maior dificuldade. Peça a uma pessoa qualificada para observar e avaliar seu desempenho nas técnicas básicas.

Se você escolheu um exercício em aparelho, passe para o parágrafo seguinte e desconsidere os passos fundamentais para o auxiliar que se seguem.

O auxiliar no supino com barra e anilhas

Se você escolheu o supino com pesos livres para desenvolver o peito, precisa de um auxiliar, bem como praticar as técnicas de auxílio. Encontre uma pessoa para fazer os exercícios com você, trocando as posições quando completar a seção de Objetivos. Ao invés de realizar 15 repetições de um modo contínuo, apóie a barra após cada repetição. Deve haver um passe para iniciar cada repetição. Alterne os papéis, de maneira que os dois tenham a chance de desenvolver as técnicas apropriadas que são exigidas na realização e no acompanhamento do supino. Peça a uma pessoa qualificada para observar e avaliar o desempenho de vocês nas técnicas básicas.

Objetivos
a. Aparelho/pesos livres: 15 repetições com carga de aquecimento calculada ___
b. Pesos livres: 15 passes e devoluções da barra aos suportes ___

Para ter sucesso:
- Todas as repetições realizadas corretamente ___
- Com barra e anilhas: passes e devoluções da barra aos suportes realizadas corretamente ___

4. Determine a carga de treinamento

Este procedimento prático o ajudará a determinar uma carga de treinamento adequada com o objetivo de permitir de 12 a 15 repetições. Use a carga de teste calculada no procedimento prático 2 e realize tantas repetições quanto for possível com esta carga. Assegure-se de que as repetições sejam executadas corretamente.

Se você executou de 12 a 15 repetições com a carga de teste, então esta carga torna-se sua carga de treinamento. Registre isto como sua Carga de Treinamento para este exercício no Apêndice C. Agora você já está pronto para passar para o próximo capítulo (Passo 4).

Objetivo = 12 a 15 repetições com a carga de teste calculada__

✓ **Para ter sucesso:**
- Verifique a carga correta__
- Mantenha uma boa técnica durante cada repetição__

5. Faça as adaptações necessárias na carga

Se você fez menos de 12 repetições com sua carga de teste, ela está muito pesada e deve ser diminuída. Por outro lado, se você executou mais de 15 repetições, ela está muito leve e deve ser aumentada. Use a fórmula e a tabela abaixo como descrito no passo 2 (ver a Figura 2.3) para fazer as adaptações necessárias.

Objetivo = Ajustes necessários na carga__

✓ **Para ter sucesso:**
- Confirme o uso correto da tabela de ajuste de carga__
- Registre a Carga de treinamento no Apêndice C__

Tabela de adaptação de carga	
Repetições completadas	Ajustes (em quilogramas)
<7	-6,750
8-9	-4,500
10-11	-2,250
16-17	+2,250
18-19	+4,500
>20	+6,750

Fórmula para determinar a carga de treinamento				
Carga de teste (quilogramas)	+/−	Ajuste	=	Carga de treinamento (quilogramas)
_____	_____			_____

PASSO 4

EXERCÍCIOS PARA AS COSTAS:
SELECIONE UM PARA O SEU PROGRAMA

A remada curvada com barra, a remada em aparelho com cam e a remada sentada usando a polia baixa em um aparelho são excelentes exercícios para desenvolver a região dorsal (rombóide, trapézio, grande dorsal e redondo maior – ver o Apêndice B, vista posterior). Estes músculos trabalham em oposição àqueles do peito. Também são desenvolvidas as partes posteriores dos ombros (deltóide superior, infra-espinhoso, redondo menor), a parte anterior do braço (bíceps braquial) e a parte posterior do antebraço (braquiorradial). Este exercício deve ser realizado com a mesma freqüência que o supino para manter a musculatura anterior e posterior da parte superior do corpo equilibrada.

Exercício com pesos livres

Se você tem acesso a barras e anilhas, pode selecionar a remada curvada com barra para desenvolver as costas. Se você prefere trabalhar com aparelhos, veja a seção "Exercícios com aparelhos".

Como executar a remada curvada com barra

A posição de preparação começa com os pés separados na largura dos ombros e os ombros ligeiramente mais altos do que os quadris (10 a 30 graus). As costas devem estar retas, os abdominais contraídos, os cotovelos retos, os joelhos levemente flexionados e os olhos fixos para a frente. Segure a barra com as palmas das mãos para baixo e os polegares em volta da barra. As mãos devem estar em uma distância de 10 a 15 centímetros maior do que a largura dos ombros, igualmente distantes de cada extremidade. Expire conforme a barra se aproxima do peito durante o movimento ascendente e inspire durante o movimento descendente.

    A fase de execução começa quando a barra é puxada diretamente para cima. Puxe de um modo lento e controlado até que ela toque o peito perto dos mamilos (para as mulheres, um pouco abaixo dos seios). O tronco deve permanecer reto e rígido durante todo o exercício, sem balançar ou dar solavancos. Quando a barra encostar no peito, faça uma pausa breve antes de iniciar o movimento para baixo. Desça lentamente a barra em uma linha reta até a posição inicial sem deixar o peso encostar ou rebater no chão. Assegure-se de conservar os joelhos ligeiramente flexionados durante os movimentos ascendentes e descendentes para evitar uma tensão indevida sobre a região lombar. A Figura 4.1, a-c, mostra os passos fundamentais para o sucesso na remada curvada com barra.

Cuidado especial

Embora este seja considerado um dos melhores exercícios para a região dorsal, também é um dos mais freqüentemente realizados com a técnica errada ou modificado. Não seja levado a usar cargas mais pesadas, pensando que isso aumentará sua força com mais rapidez ou para tentar impressionar seus amigos e outras pessoas na sala de treinamento. Tentativas de

Remada curvada com barra

Fase de preparação

1. Pegada com as palmas das mãos voltadas para baixo, espaçadas pelo menos na largura dos ombros__
2. Ombros mais altos do que os quadris__
3. Região dorsal reta__
4. Cotovelos retos__
5. Joelhos ligeiramente flexionados__
6. Cabeça levantada, olhando para a frente__

Fase ascendente da execução

1. Puxe a barra direto para cima, lentamente__
2. Faça uma pausa rápida assim que a barra tocar o peito__
3. Toque o peito perto dos mamilos__
4. Mantenha o tronco rígido (estável)__
5. Expire à medida que a barra se aproxima do peito__

Fase descendente da execução

1. Leve a barra lentamente direto para baixo__
2. Não faça o peso saltar ou rebater no chão__
3. Não permita que o peso toque no chão__
4. Inspire durante o movimento descendente__
5. Continue os movimentos ascendentes e descendentes até que a série seja completada__

Figura 4.1 Passos fundamentais para o sucesso.

levantar cargas muito pesadas conduzem à técnica errada e à possibilidade de lesões. Um dos erros mais fáceis de se cometer é usar uma carga mais pesada do que a sua capacidade. Outro é puxar para cima, simultaneamente levantando com suas pernas e região lombar e então rapidamente abaixar o peito para fazer contato com a barra. Esta prática de abaixar rapidamente o peito coloca a região lombar sob uma grande tensão e em risco de lesão, desenvolvendo muito pouco a região dorsal.

Este exercício é normalmente modificado colocando-se a testa sobre algo para proteger as costas e usar o pescoço para suportar um pouco do peso. Existem argumentos a favor e contra esta prática, mas os autores deste texto são contra o uso de suporte para a cabeça pelas seguintes razões. Primeiro, se for necessário usar esta técnica, provavelmente você está tentando levantar muito peso e poderia continuar a fazer isto até lesionar as vértebras do pescoço. Segundo, se estiver sendo adotada a postura correta e sendo seguida a técnica explicada anteriormente, não é necessário o apoio adicional. Terceiro, se os músculos da região lombar não agüentarem este movimento sem apoio extra, você deveria se concentrar em fortalecer aquela área.

Obstáculos ao sucesso na remada curvada com barra

A maioria dos erros associados à remada curvada advém do uso de carga excessiva e de não se manter o corpo na posição correta. Quando se usa muita carga, os músculos das costas não são capazes de puxar a barra até o peito. Isso reduz a extensão na qual esses músculos podem ser trabalhados e desenvolvidos. A tendência é arremessar a barra, usando o impulso para levá-la até o peito, e depois deixar que ela caia livremente de volta à posição inicial. Evitar a tentação de usar cargas pesadas o capacita a trabalhar mais efetivamente os músculos das costas porque a barra estará sendo realmente puxada durante todo o trajeto até o peito. Também é importante estabelecer e manter a posição correta do corpo. Uma posição correta de ombros e costas coloca os músculos das costas em um alinhamento ideal para fortalecimento e reduz a probabilidade de lesão na região lombar.

Erro	Correção
1. A barra não toca no peito.	1. Reduza a peso na barra e concentre-se em tocar o peito com a barra.
2. Os ombros estão mais baixos do que os quadris.	2. Eleve os ombros 10 a 30 graus acima dos quadris.
3. Os joelhos estão travados.	3. Flexione os joelhos levemente para reduzir a tensão na região lombar.
4. As costas estão arqueadas.	4. Levante a cabeça e olhe direto para a frente.
5. A parte superior do tronco não está estável e se move para cima e para baixo.	5. Use um espelho para conservar a posição correta, ou peça que alguém coloque as mãos em sua região dorsal.
6. No movimento ascendente, você abaixa o peito rapidamente para fazer contato com a barra.	6. Se você não consegue puxar a barra até o peito de forma correta, deve diminuir a carga.

Exercícios com aparelhos

Se você tem acesso a um aparelho, seja com cam, seja de uma ou múltiplas estações, pode selecionar o exercício de remada ou de remada sentada para desenvolver as costas.

Como executar o exercício de remada (também chamado de voador invertido)

Assuma uma posição sentada com suas costas em direção à coluna de pesos. Sente-se ereto, olhando diretamente para a frente, e coloque os braços entre as almofadas com os antebraços cruzados (ver Figura 4.2, a-c). Mantendo esta posição, mova seus braços em um movimento de remada para trás até onde for possível. Expire nesse momento. Faça uma pausa e então retorne lentamente à posição inicial enquanto inspira. Conserve seus antebraços sempre paralelos ao chão.

Exercício de remada (APARELHO COM CAM)

a — **Fase de preparação**
1. Sente-se com as costas em direção à coluna de pesos__
2. Coloque os braços entre as almofadas e cruze os antebraços__

b — **Fase de execução para trás**
1. Mova os braços em um movimento de remada para trás até onde for possível__
2. Mantenha os antebraços sempre paralelos ao chão__
3. Expire enquanto empurra__
4. Faça uma pausa__

c — **Fase de execução para a frente**
1. Retorne lentamente à posição inicial__
2. Inspire enquanto retorna à posição inicial__

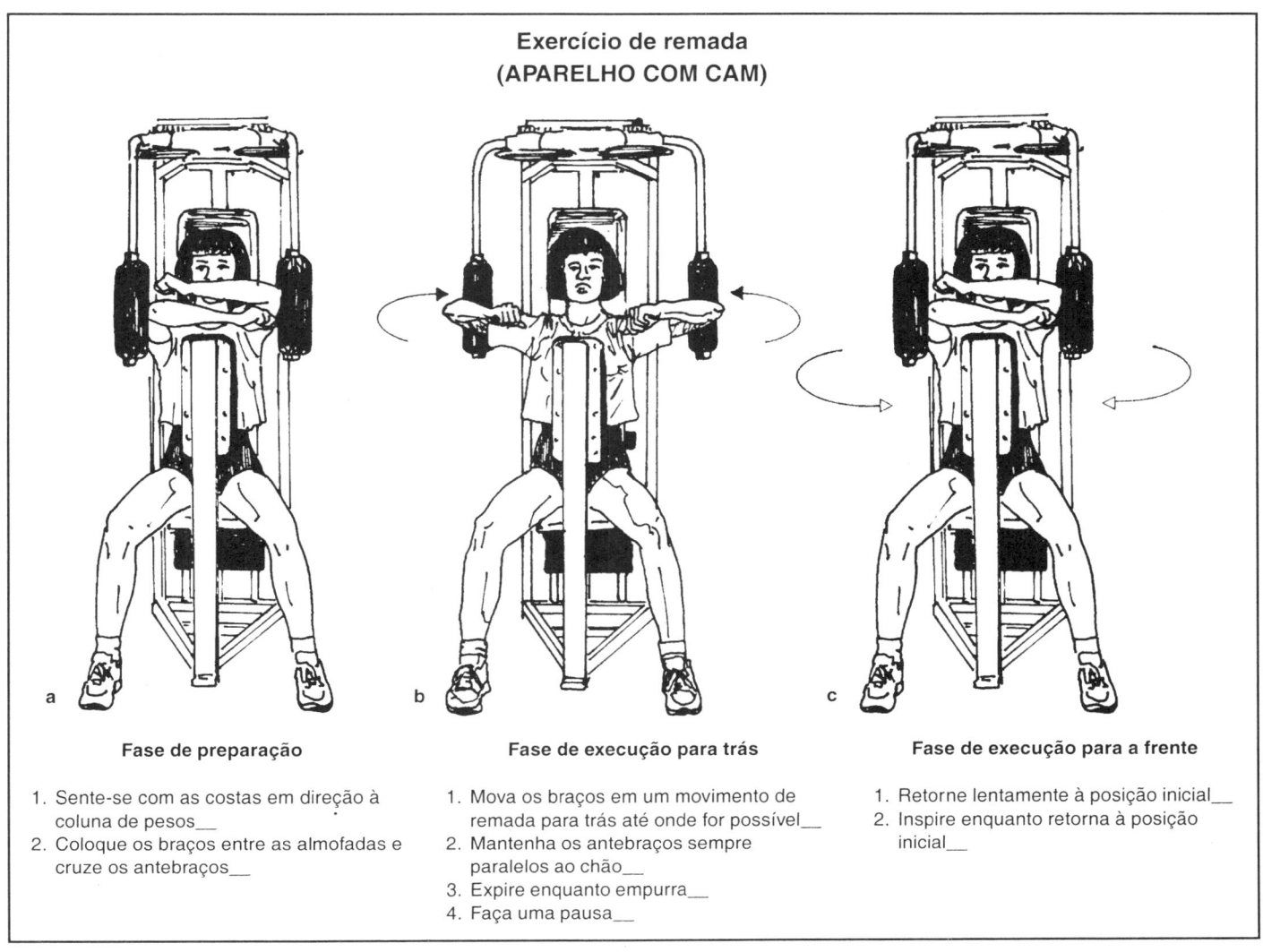

Figura 4.2 Passos fundamentais para o sucesso.

TREINAMENTO DE FORÇA / 75

Obstáculos ao sucesso do Exercício de Remada

Os erros mais comuns neste exercício incluem não realizar a extensão completa do movimento e não conservar os braços na posição correta.

Erro	Correção
1. A extensão completa do movimento não é concluída.	1. Leve os cotovelos para trás até que fiquem em linha reta um com o outro.
2. Os antebraços não ficam paralelos ao solo.	2. Mantenha as palmas das mãos sempre voltadas para o chão.

Como executar a remada sentada

Na estação de polia baixa, assuma uma posição sentada com os joelhos levemente flexionados. Conserve o tronco ereto, com os músculos lombares e abdominais contraídos. Faça uma pegada com as palmas viradas de dentro. Conserve esta posição enquanto puxa a barra lenta e suavemente até o peito. Expire conforme a barra se aproxima de seu peito. Faça uma pausa e então retorne à posição inicial enquanto inspira. Não permita que o tronco se mova para a frente e para trás (ver a Figura 4.3, a-c).

Remada sentada
(ESTAÇÃO DE REMADA – APARELHO DE UMA OU MÚLTIPLAS ESTAÇÕES)

a

Fase de preparação

1. Assuma uma posição sentada, os joelhos levemente flexionados__
2. Conserve o tronco ereto, a região lombar reta__
3. Faça uma pegada com as palmas das mãos viradas para dentro__

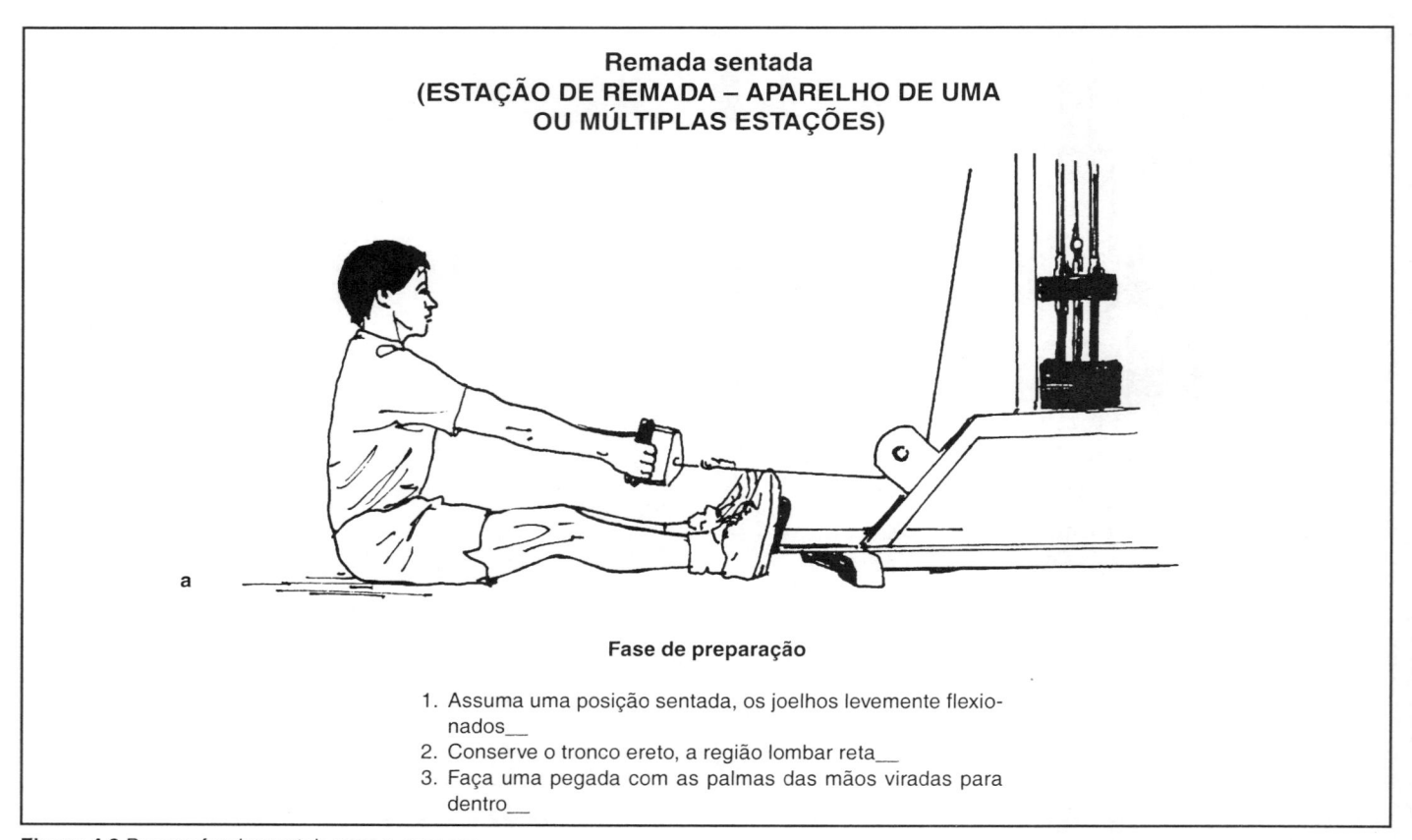

Figura 4.3 Passos fundamentais para o sucesso.

Fase de execução para trás

1. Puxe a barra lenta e suavemente até o peito__
2. Não use movimentos do tronco para puxar o peso__
3. Expire conforme a barra se aproxima do peito__
4. Faça uma pausa__

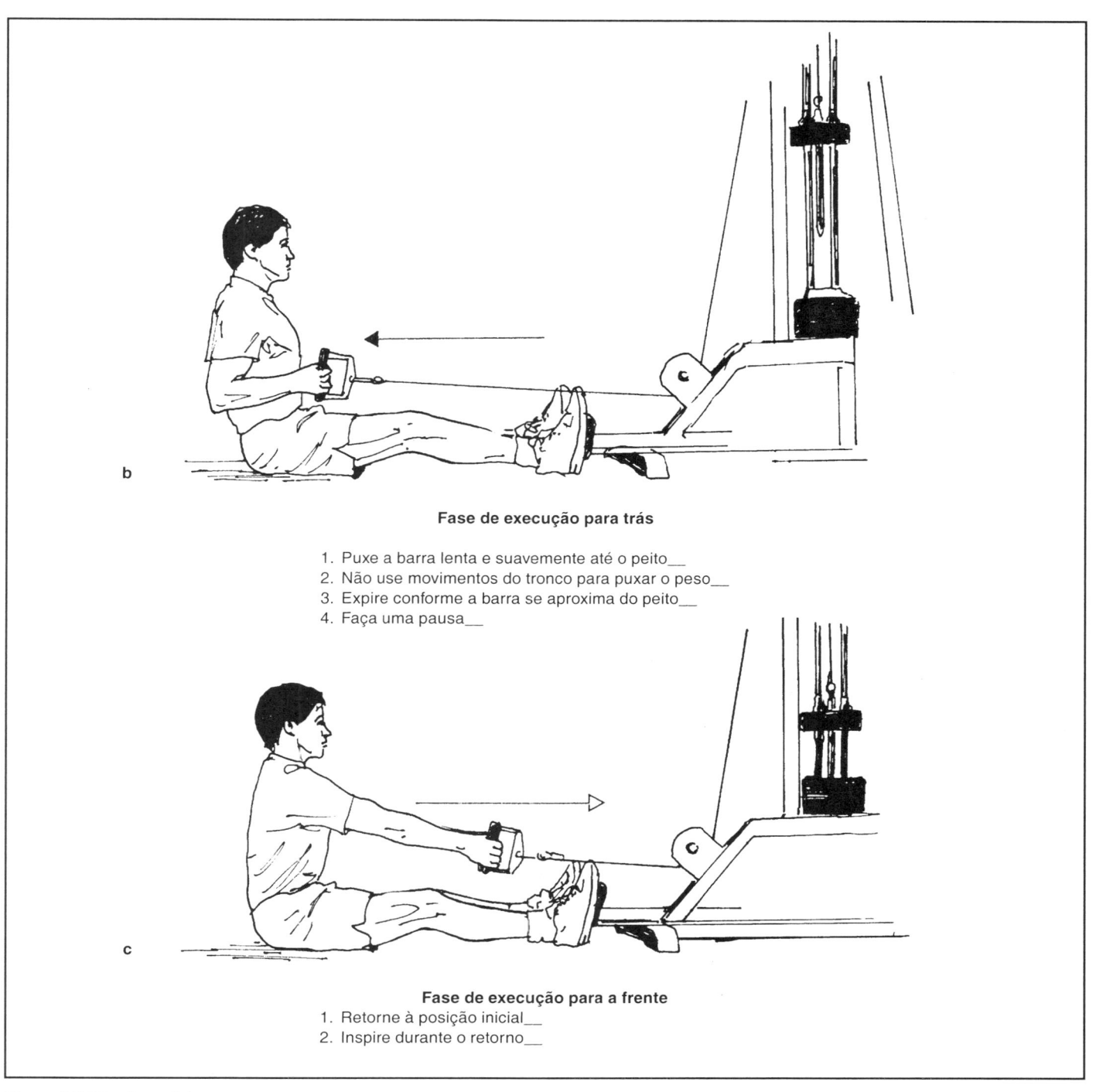

Fase de execução para a frente

1. Retorne à posição inicial__
2. Inspire durante o retorno__

Figura 4.3 (*Continuação*).

Obstáculos ao sucesso na remada sentada

O erro mais comum observado no exercício da remada sentada é permitir que a parte superior do corpo se mova a para frente e para trás ao invés de permanecer ereta durante todo o exercício. Quando isto acontece, os músculos da região lombar se envolvem na puxada. Isto compromete o benefício para os músculos da região dorsal para os quais o exercício foi planejado e selecionado.

Erro	Correção
1. Os joelhos não estão flexionados.	1. Certifique-se de que os joelhos estejam levemente flexionados para diminuir a pressão na região lombar.
2. O tronco não está ereto.	2. Mantenha o tronco ereto, contraindo os músculos abdominais e lombares.
3. Você deixa que os pesos caiam com muita rapidez.	3. Faça uma pausa quando a barra chegar ao peito – então lentamente retorne a barra à posição inicial.
4. Você usa o movimento do tronco para puxar a barra até o peito.	4. Mantenha a parte superior do tronco rígida – diminua o peso se for necessário.

Desenvolvendo as costas

Exercícios práticos

1. Escolha um Exercício

Depois de ler sobre as características e técnicas envolvidas nos três exercícios diferentes e o tipo de equipamento exigido para cada um deles, você está pronto para colocar em uso o que aprendeu. Levando em consideração a disponibilidade de equipamento, selecione um dos seguintes exercícios para usar no seu programa

- Remada curvada com barra
- Remada (aparelho com cam)
- Remada sentada (aparelho de uma ou múltiplas estações)

Por favor, vá para o Apêndice C e copie seus exercícios para as costas em sua planilha de treinamento, na coluna Exercício.

Objetivo = 1 exercício selecionado para as costas__

✓ **Para ter sucesso:**
- Considere a disponibilidade de equipamento__
- Avalie o tempo disponível__

2. Determine as cargas de teste e de aquecimento

Este procedimento prático responderá à questão: "Qual é o peso ou a carga que devo usar?" Usando o coeficiente associado ao exercício para as costas selecionado e a fórmula abaixo, determine a carga de teste. A seguir, arredonde o resultado até o valor mais próximo possibilitado pelas anilhas ou pelos pesos. Assegure-se de usar o coeficiente específico para o exercício que você selecionou. Use metade da quantidade determinada para a carga de teste como carga de aquecimento.

Fórmula para determinar a carga de teste. COSTAS						
Peso corporal	(exercício)	x	Coeficiente	=	Carga de teste	Carga de aquecimento
			Mulheres			
PC = ____	(remada curvada PL)	x	.35	=	_____	_____
PC = ____	(remada C)	x	.20	=	_____	_____
PC = ____	(remada sentada PL)	x	.25	=	_____	_____
			Homens			
PC = ____	(remada curvada PL)	x	.45	=	_____	_____
PC = ____	(remada C)	x	.40	=	_____	_____
PC = ____	(remada sentada M)	x	.45	=	_____	_____
PC=peso corporal, PL=pesos livres, C=aparelho com cam e M=aparelho com uma ou múltiplas estações. *Nota*: se você é homem e pesa mais de 79,250 kg, registre seu peso como 79,250 kg. Se você é mulher e pesa mais de 63,500 kg, registre seu peso como 63,500 kg.						

Objetivo = Registrar as cargas de teste e de aquecimento (Estas cargas serão usadas nos dois procedimentos seguintes)__

Para ter sucesso:
- Multiplique o peso de seu corpo pelo coeficiente correto__
- Divida a carga de teste por dois para obter a carga de aquecimento__
- Arredonde para o mais próximo possível na coluna de pesos, tanto para a carga de treinamento como para a de aquecimento__

3. Pratique as técnicas corretas

Neste procedimento, você deve realizar 15 repetições com a carga de aquecimento determinada no procedimento prático 2.

Veja de novo os passos fundamentais para o sucesso para uma pegada e um posicionamento do corpo adequados e visualize o padrão de movimento ao longo de toda a sua amplitude. Inspire quando estiver pronto para executar o exercício, e então realize o movimento com uma velocidade lenta e controlada, lembrando de expirar durante o ponto de maior dificuldade. Peça a uma pessoa qualificada para observar e avaliar seu desempenho nas técnicas básicas.

Objetivo = 15 repetições com a carga calculada de aquecimento __

Para ter sucesso:
- Verifique o padrão de movimento__
- Verifique a velocidade __
- Verifique a respiração__

4. Determine a carga de treinamento

Este procedimento prático ajudará a determinar uma carga de treinamento correta para permitir a execução de 12 a 15 repetições. Use a carga de teste calculada a partir do procedimento prático 2 e faça tantas repetições quanto for possível. Certifique-se de que todas as repetições sejam executadas corretamente. Se está executando a remada curvada com barra, verifique também que seus quadris estejam mais baixos do que suas costas e que a barra toque o peito próximo aos mamilos.

Objetivo = 12 a 15 repetições com a carga de teste calculada__

Para ter sucesso:
- Verifique a carga correta__
- Mantenha uma boa técnica durante cada repetição__

Se você executou de 12 a 15 repetições com a carga de teste, então essa carga torna-se sua carga de treinamento. Registre-a como sua Carga de Treinamento para este exercício no Apêndice C. Você agora está pronto para passar para o próximo capítulo (Passo 5).

5. Faça os ajustes necessários na carga

Se você não realizou de 12 a 15 repetições com a carga de teste, ela está muito pesada e deve ser diminuída. Por outro lado, se você realizou mais do que 15 repetições, ela está muito leve e deve ser aumentada. Use a fórmula e a tabela abaixo, como descrito no passo 2 (Figura 2.3), para fazer os ajustes necessários.

Tabela de adaptação de carga	
Repetições completadas	Ajustes (em quilogramas)
<7	-6,750
8-9	-4,500
10-11	-2,250
16-17	+2,250
18-19	+4,500
>20	+6,750

Fórmula para determinar a carga de treinamento				
Carga de teste (quilogramas)	+/–	Ajuste	=	Carga de treinamento (quilogramas)
_____	_____	_____		_____

Objetivo = Ajustes necessários na carga__

✓ **Para ter sucesso:**
• Confirme o uso correto da tabela de ajuste de carga__
• Registre como a Carga de Treinamento no Apêndice C__

PASSO 5

EXERCÍCIOS PARA OS OMBROS:
SELECIONE UM PARA O SEU PROGRAMA

Exercícios de desenvolvimento pela frente usando barras, aparelhos com polia/alavancas ou cam são excelentes para desenvolver a parte anterior e média dos ombros (cabeças anterior e média do deltóide mostradas no Apêndice B, vista posterior). A parte posterior do braço (tríceps) também é desenvolvida. Estes exercícios contribuem para a estabilização da articulação do ombro e para a formação de uma massa muscular que serve como proteção, assim como para o desenvolvimento muscular equilibrado do peito e da região dorsal. O desenvolvimento em pé com barra, também chamado de desenvolvimento completo, é em geral considerado o melhor exercício combinado de ombros e braços.

Exercício com pesos livres

Se você tem acesso a barras e anilhas, pode escolher o exercício de desenvolvimento com barra para desenvolver os ombros. Se você prefere trabalhar com aparelhos, veja a seção "Exercícios com aparelhos".

Como executar o desenvolvimento com barra

A preparação para este exercício começa com a colocação da barra em um suporte para agachamento ou uma série de suportes à altura dos ombros. Se não houver suportes disponíveis, você deve levantar a barra a partir do solo, utilizando as técnicas apresentadas no Passo 2. Segure a barra com uma pegada pronada, com suas mãos eqüidistantes do centro da barra e levemente mais afastadas do que a largura dos ombros. Mantenha seus punhos firmemente em extensão com os cotovelos sob a barra. A barra deve ser colocada sobre seus ombros, suas clavículas e suas mãos (ver a Figura 5.1a).

Empurre a barra para cima em uma linha reta acima dos ombros em uma velocidade de lenta a moderada, até que seus cotovelos estejam estendidos (ver a Figura 5.1b). Será preciso mover sua cabeça levemente para trás, quando a barra começar a retornar para os ombros. Com exceção deste momento, a cabeça deve ser mantida em uma posição reta durante todo o exercício. Evite inclinar-se para trás ou hiperestender a coluna (exagerando a curvatura lombar) durante o desenvolvimento. Faça uma pausa na posição mais alta do exercício, então abaixe a barra lentamente para a posição inicial (ver a Figura 5.1c). Não faça a barra bater no peito. Você deve inspirar enquanto abaixa a barra e expirar no ponto de maior dificuldade na subida. Cuidado! Preste muita atenção para não segurar sua respiração neste ponto, porque isto pode causar um desmaio. Se for preciso abaixar a barra até o solo após completar o exercício, use as técnicas de abaixamento dos ombros ao solo apresentadas no Passo 2.

Desenvolvimento com barra

Fase de preparação

Passos fundamentais do exercício

1. Pegada pronada, mãos uniformemente espaçadas, na largura dos ombros ou um pouco mais__
2. Cabeça erguida, olhando para a frente__
3. Cotovelos sob a barra, punhos estendidos__
4. Barra descansando nas mãos, ombros e clavículas__

Passos fundamentais para o auxiliar

1. Fique diretamente atrás do parceiro__
2. Fique tão perto quanto for possível sem encostar nele__
3. Olhos observando a barra__
4. Pés separados na largura dos ombros__

a

Fase ascendente da execução

Passos fundamentais do exercício

1. Empurre a barra direto para cima__
2. Mantenha suas costas retas e na vertical__
3. Cuidado – expire durante o ponto de maior dificuldade__
4. Faça uma pausa na posição mais alta__

Passos fundamentais para o auxiliar

1. Mãos perto da barra, seguindo o movimento ascendente da barra__
2. Ajude apenas se for necessário__
3. Alerte o parceiro para não se inclinar para trás e/ou prender a respiração__

b

Figura 5.1 Passos fundamentais para o sucesso.

Fase descendente da execução

Passos fundamentais do exercício

1. Abaixe a barra lentamente__
2. Não deixe a barra bater no peito__
3. Inspire na descida__

Passos fundamentais para o auxiliar

1. Mãos perto da barra, seguindo o movimento descendente da barra__
2. Fique atento à velocidade excessiva da barra__
3. Alerte o parceiro para não deixar a barra bater no peito__

c

Colocando a barra no suporte

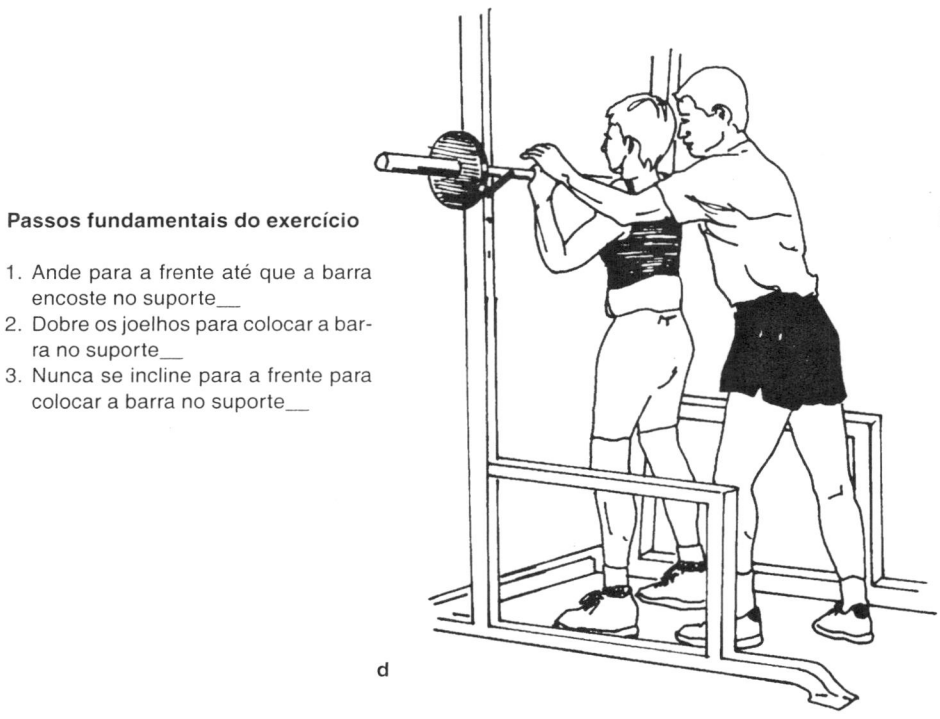

Passos fundamentais do exercício

1. Ande para a frente até que a barra encoste no suporte__
2. Dobre os joelhos para colocar a barra no suporte__
3. Nunca se incline para a frente para colocar a barra no suporte__

Passos fundamentais para o auxiliar

1. Ande com seu parceiro até que a barra esteja no suporte__
2. Avise quando a barra estiver guardada com segurança__

d

Figura 5.1 (*Continuação*).

Obstáculos ao sucesso no desenvolvimento com barra

O erro mais freqüentemente observado no desenvolvimento com barra é se inclinar excessivamente para trás. Isto deve ser evitado porque tensiona demais a região lombar. Este e outros erros comuns e sugestões para corrigi-los são apresentados a seguir.

Erro	Correção
1. A pegada está muito ampla.	1. Separe suas mãos usando as marcas na barra para referência.
2. O tronco está se inclinando muito para trás.	2. Isto ocorre normalmente no ponto mais difícil do movimento. Pense: "Tronco, cabeça e barra formam uma linha reta."
3. Os olhos estão fechados.	3. Concentre-se em focalizar algum objeto diretamente à frente, especialmente quando alcançar o ponto de maior dificuldade.
4. Você está prendendo a respiração.	4. Lembre-se de começar a expirar quando a barra alcançar o ponto mais difícil.
5. Seus braços estão estendidos de maneira desigual.	5. Mantenha a extensão dos braços igual concentrando-se e focalizando visualmente o braço que se atrasa.
6. Você começa a levantar a barra com um recuo de joelho (flexão, seguida de rápida extensão).	6. Comece com os joelhos em completa extensão, e mantenha-os assim durante o movimento ascendente e descendente da barra.

Exercícios com aparelhos

Se você tem acesso tanto a um aparelho com cam como a um aparelho de uma ou múltiplas estações, pode escolher qualquer um dos exercícios de desenvolvimento sentados para trabalhar seus ombros.

Como executar o desenvolvimento sentado (em aparelho)

Sente-se no banco de maneira que a parte anterior dos seus ombros fique diretamente abaixo dos puxadores. Faça uma pegada com as palmas das mãos para a frente com aproximadamente a largura dos ombros. Empurre os puxadores para cima até que os cotovelos se estendam por completo. Mantenha os ombros diretamente sob os puxadores durante todo o exercício e conserve a região lombar reta pela contração estática dos músculos lombares e abdominais. Expire quando os cotovelos se aproximarem da posição de extensão completa (ponto de maior dificuldade). Faça uma pausa quando os cotovelos atingirem a extensão completa e depois retorne lentamente à posição inicial (ver a Figura 5.2, a-c).

Desenvolvimento sentado
(APARELHO DE UMA OU MÚLTIPLAS ESTAÇÕES)

Fase de preparação

1. Assuma uma posição sentada no banco de maneira que a parte anterior dos ombros esteja diretamente abaixo dos pegadores__
2. Faça uma pegada com as palmas das mãos para a frente aproximadamente na largura dos ombros__
3. Os ombros devem ficar diretamente abaixo dos pegadores__
4. Mantenha a região lombar reta__

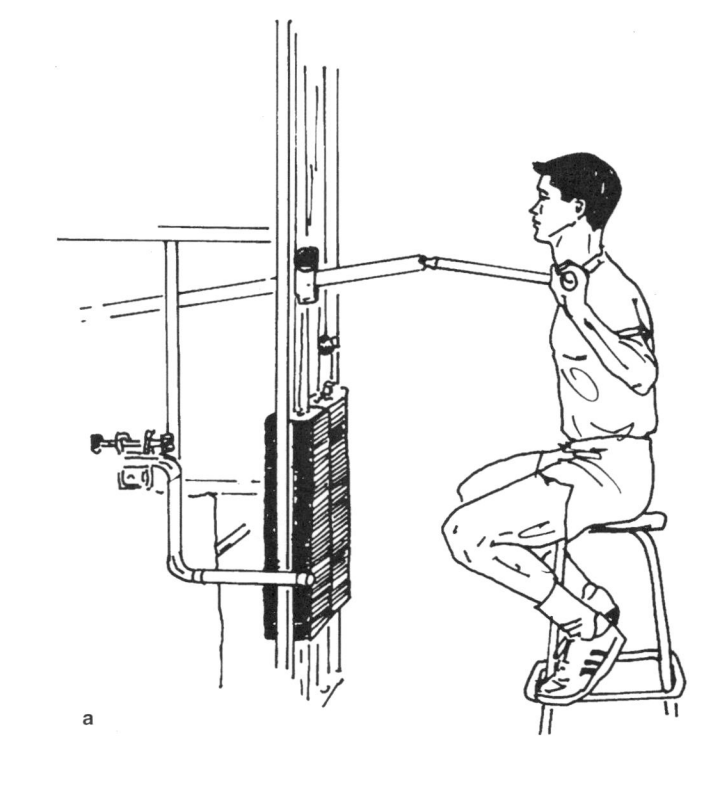

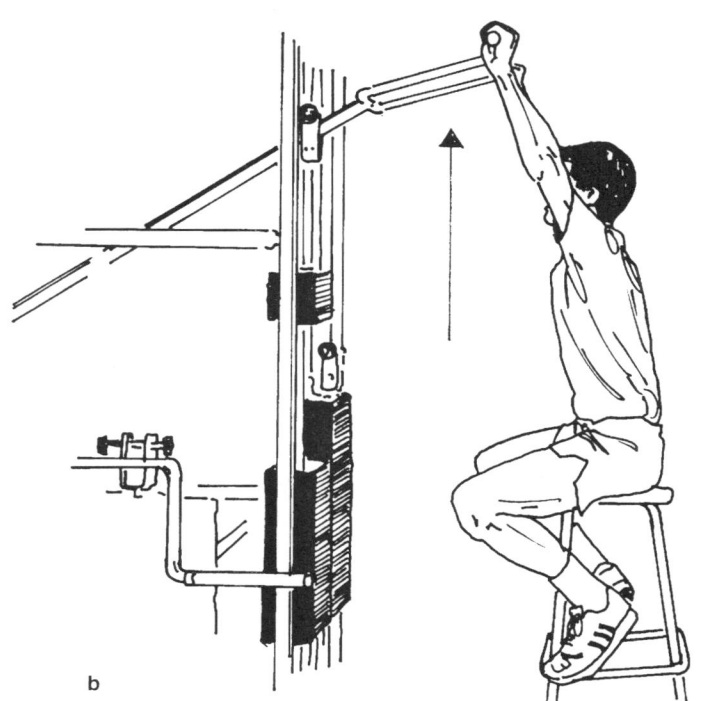

a

Fase ascendente da execução

1. Empurre para cima até a extensão completa __
2. Expire durante o movimento ascendente__
3. Faça uma pausa__

b

Figura 5.2 Passos fundamentais para o sucesso.

Fase descendente da execução

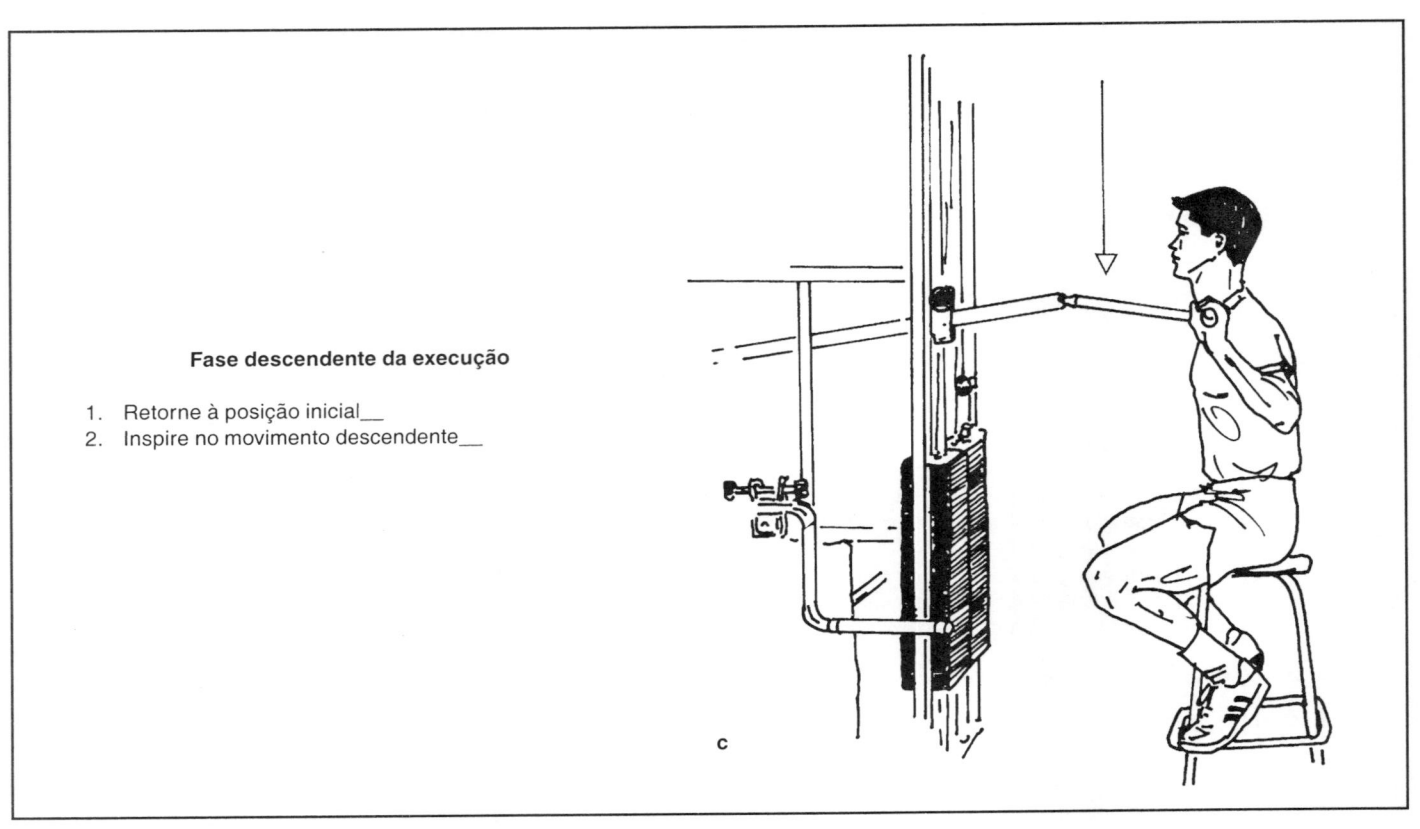

1. Retorne à posição inicial___
2. Inspire no movimento descendente___

Figura 5.2 (*Continuação*).

Obstáculos ao sucesso no desenvolvimento sentado (aparelho)

Os erros mais comumente observados neste exercício são hiperestender (arquear excessivamente) a região lombar e não abaixar os pegadores até o nível dos ombros. Essa hiperextensão submete a região lombar a uma tensão excessiva, e o não abaixamento dos pegadores reduz a amplitude ao longo da qual os músculos dos ombros trabalham, dessa maneira minimizando seu desenvolvimento. Estes e outros erros comumente observados e sugestões para corrigi-los são discutidos a seguir.

Erro	Correção
1. Você arqueia excessivamente as costas quando alcança o ponto de maior dificuldade.	1. Mantenha suas costas retas contraindo os músculos abdominais e lombares. Pense: "Cabeça, tronco e nádegas formam uma linha reta".
2. Você prende a respiração.	2. Comece a expirar assim que os pegadores alcançarem o ponto de maior dificuldade.
3. Você não traz os pegadores até o nível dos ombros.	3. Tente abaixar os pegadores o suficiente para que a placa de peso toque levemente (não bata) na coluna de pesos.
4. As placas de peso batem uma contra a outra.	4. Controle o impulso dos puxadores para baixo e pare no nível dos ombros antes de empurrar para cima.

Como executar o desenvolvimento de ombros (aparelho com cam)

Posicione-se no banco com suas costas contra a almofada e seus ombros alinhados abaixo dos pegadores. Segure os pegadores com as palmas para dentro. A partir desta posição empurre até a extensão completa do cotovelo, de modo lento e controlado (ver a Figura 5.3, a-c). Expire ao passar pelo ponto de maior dificuldade. Faça uma pausa na extensão completa e então retorne à posição inicial enquanto inspira.

Desenvolvimento de ombros (APARELHO COM CAM)

a — Fase de preparação
1. Sente-se encostando na almofada__
2. Faça uma pegada com as palmas para dentro__

b — Fase ascendente da execução
1. Empurre para cima até a extensão completa__
2. Cotovelos diretamente abaixo dos punhos__
3. Expire durante o ponto de maior dificuldade do movimento ascendente__
4. Faça uma pausa__

c — Fase descendente da execução
1. Retorne à posição inicial__
2. Inspire enquanto abaixa o peso até a posição inicial__

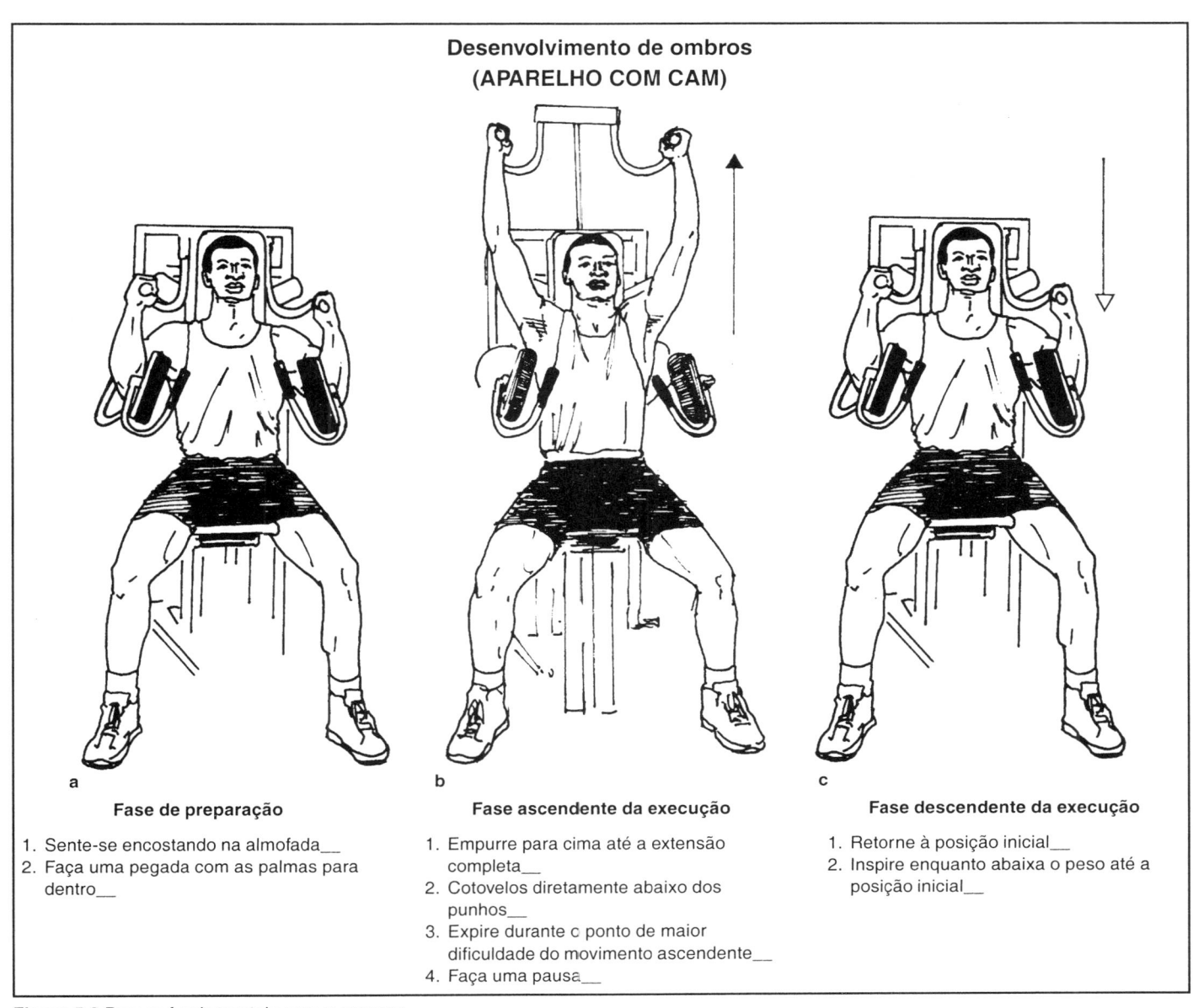

Figura 5.3 Passos fundamentais para o sucesso.

Obstáculos ao sucesso no desenvolvimento de ombros (aparelho com cam)

O erro mais comumente observado neste exercício é a tendência a arquear a região lombar quando se atinge o ponto de maior dificuldade. As costas devem ser mantidas encostadas na almofada porque as costas arqueadas fazem com que haja uma tensão inadequada na região lombar. Este e outros erros comuns no exercício de desenvolvimento de ombros são apresentados a seguir, junto com sugestões para sua correção.

Erro	Correção
1. As costas não estão contra a almofada.	1. Deslize para trás no banco até que suas costas estejam contra a almofada.
2. Suas costas se arqueiam quando é alcançado o ponto de maior dificuldade.	2. Concentre-se em conservar suas nádegas e região lombar pressionadas contra a almofada.
3. Você prende a respiração durante o ponto de maior dificuldade.	3. Comece a expirar assim que a barra se aproximar da posição de extensão do cotovelo.

Desenvolvendo os ombros

Exercícios práticos

1. Escolha um exercício

Após ler sobre as características e técnicas dos três exercícios diferentes e o tipo de equipamento exigido para cada um, você está pronto para colocar essa informação em uso. Considere a disponibilidade de equipamento e a sua situação e então selecione um dos seguintes exercícios para usar em seu programa.
- Desenvolvimento com barra
- Desenvolvimento sentado (aparelho de uma ou múltiplas estações)
- Desenvolvimento de ombro (aparelho com cam)

Por favor, passe para o Apêndice C e anote o exercício escolhido para os ombros em sua planilha de exercícios.

Objetivo = 1 exercício de ombro selecionado__

Para ter sucesso:
- Considere a disponibilidade de equipamento__
- Considere a necessidade de um auxiliar__
- Considere o tempo disponível__

2. Determine as cargas de teste e de aquecimento

Este procedimento prático responderá à questão: "Qual é o peso ou a carga que devo usar?". Usando o coeficiente associado ao exercício para os ombros selecionado e a fórmula abaixo, determine a carga de teste. A seguir, arredonde o resultado até o valor mais próximo possibilitado pelas anilhas ou pelos pesos. Assegure-se de usar o coeficiente específico para o exercício que você selecionou. Use metade da quantidade determinada para a carga de teste como carga de aquecimento.

Fórmula para determinar a carga de teste OMBROS				
Peso corporal (exercício)	x Coeficiente	=	Carga de teste	Carga de aquecimento
Mulheres				
PC = ____ (desenvolvimento PL)	x .22	=	_____	_____
PC = ____ (desenvolvimento sentado M)	x .15	=	_____	_____
PC = ____ (desenvolvimento de ombros C)	x .25	=	_____	_____
Homens				
PC = ____ (desenvolvimento PL)	x .38	=	_____	_____
PC = ____ (desenvolvimento sentado M)	x .35	=	_____	_____
PC = ____ (desenvolvimento de ombros C)	x .40	=	_____	_____

PC=peso corporal, PL=pesos livres, C=aparelho com cam e M=aparelho com uma ou múltiplas estações. *Nota:* se você é homem e pesa mais de 79,250 kg, registre seu peso como 79,250 kg. Se você é mulher e pesa mais de 63,500 kg, registre seu peso como 63,500 kg.

Objetivo = Registrar as cargas de teste e de aquecimento (estas cargas serão usadas nos dois próximos procedimentos)___

✓ **Para ter sucesso:**
- Multiplique o peso de seu corpo pelo coeficiente correto___
- Divida a carga de teste por dois para obter a carga de aquecimento___
- Arredonde para o mais próximo possível na coluna de pesos, tanto para a carga de treinamento como para de aquecimento___

3. Pratique as técnicas corretas

Neste procedimento, você deve realizar 15 repetições com a carga de aquecimento determinada no procedimento prático 2. Concentre-se em seguir as técnicas.

Veja de novo os passos fundamentais para o sucesso para uma pegada e um posicionamento do corpo adequados e visualize o padrão de movimento ao longo de toda a sua amplitude. Inspire quando estiver pronto para executar o exercício e então realize o movimento com uma velocidade lenta e controlada, lembrando-se de expirar durante o ponto de maior dificuldade. Peça a uma pessoa qualificada para observar e avaliar seu desempenho nas técnicas básicas.

Se você escolheu um exercício com aparelhos, passe para o próximo parágrafo e desconsidere as técnicas para o auxiliar a seguir.

O auxiliar no desenvolvimento com barra

Se você escolheu o desenvolvimento com barra para trabalhar os ombros, precisará de um auxiliar, bem como praticar as técnicas de auxílio. Encontre uma pessoa para fazer os exercícios com você, trocando as posições quando completar a seção de Objetivos. Alterne os papéis, de maneira que os dois tenham a chance de desenvolver as técnicas apropriadas que são exigidas na realização e no acompanhamento do desenvolvimento com barra. Peça a uma pessoa qualificada para observar e avaliar o desempenho de vocês nas técnicas básicas.

Objetivo = 15 repetições com a carga calculada de aquecimento___

✓ **Para ter sucesso:**
- Todas as repetições executadas corretamente___

4. Determine a carga de treinamento

Este procedimento prático ajudará a determinar uma carga de treinamento correta para permitir a execução de 12 a 15 repetições. Use a carga de teste calculada a partir do procedimento prático 2 e faça tantas repetições quanto for possível.

Objetivo = 12 a 15 repetições com a carga de teste calculada___

✓ **Para ter sucesso:**
- Verifique a carga correta___
- Mantenha uma boa técnica durante cada repetição___

Se você executou de 12 a 15 repetições com a carga de teste, então essa torna-se sua carga de treinamento. Registre-a como sua Carga de Treinamento para este exercício no Apêndice C. Você agora está pronto para passar para o próximo capítulo (Passo 6).

5. Faça os ajustes necessários na carga

Se você não completou de 12 a 15 repetições com a carga de teste, ela está muito pesada e deve ser diminuída. Por outro lado, se você realizou mais do que 15 repetições, ela está muito leve e deve ser aumentada. Use a fórmula e a tabela abaixo, como descrito no passo 2 (Figura 2.3), para fazer os ajustes necessários.

Tabela de adaptação de carga	
Repetições completadas	Ajustes (em quilogramas)
<7	-6,750
8-9	-4,500
10-11	-2,250
16-17	+2,250
18-19	+4,500
>20	+6,750

Fórmula para determinar a carga de treinamento			
Carga de teste (quilogramas)	+/−	Ajuste	= Carga de treinamento (quilogramas)
_____	+/−	_____	= _____

Objetivo = Ajustes necessários na carga __

✓ **Para ter sucesso:**
• Confirme o uso correto da tabela de ajuste de carga __
• Registre como a Carga de Treinamento no Apêndice C __

PASSO 6

EXERCÍCIOS PARA OS BRAÇOS: SELECIONE DOIS PARA O SEU PROGRAMA

Os exercícios que desenvolvem os braços são muito populares, especialmente entre os iniciantes no treinamento de força e os fisiculturistas. Estes músculos respondem rapidamente quando bem treinados, e as mudanças nesta área são em geral mais notadas e com mais rapidez do que as mudanças em outras partes do corpo. As partes anterior e posterior do braço são normalmente chamadas de bíceps (o músculo do tradicional "mostrar o muque", que tantos admiram) e tríceps, respectivamente.

A rosca bíceps com barra, a rosca bíceps usando o aparelho de cam e a rosca bíceps na polia baixa usando o aparelho de uma ou múltiplas estações são exercícios ideais para desenvolver a parte anterior dos braços (músculo bíceps mostrado no Apêndice B, vista anterior). Os músculos da parte anterior do antebraço também são desenvolvidos.

A rosca de tríceps com barra, aparelho com cam ou de uma ou múltiplas estações é um exercício excelente para desenvolver a parte posterior dos braços (tríceps, mostrado no Apêndice B, vista posterior). Quando desenvolvidos corretamente, os músculos bíceps e tríceps contribuem para a estabilização da articulação do cotovelo e, em menor extensão, para a estabilização do ombro (cabeça longa tanto do bíceps como do tríceps). O desenvolvimento destes músculos contribui para atividades que exigem movimentos de puxar (bíceps), ou empurrar e atirar (tríceps).

Exercícios com pesos livres

Se você tem acesso a barras e anilhas, pode escolher o exercício de rosca bíceps e a rosca francesa para desenvolver os braços. Se você prefere trabalhar com aparelhos, veja a seção "Exercícios com aparelhos".

Como executar a rosca bíceps com barra

A posição de preparação começa fazendo-se uma empunhadura supinada da barra, a uma distância aproximadamente igual à largura dos ombros. As mãos devem estar espaçadas igualmente. Mantenha os braço junto às costelas e perpendiculares ao chão. Os cotovelos devem estar em extensão completa.

Nesta posição, a barra deve estar encostando na parte anterior das coxas. As costas devem estar retas, os olhos diretamente para a frente. Os joelhos devem estar ligeiramente flexionados para reduzir a tensão na região lombar.

A fase de execução começa puxando-se a barra para cima em direção aos ombros, mantendo os cotovelos e braços perpendiculares ao chão e colados às laterais do corpo. Evite deixar que os cotovelos e braços se movam para trás ou para os lados. O corpo deve permanecer reto e sem inclinação durante todo o exercício; nenhum balanço, oscilação ou solavanco deve acontecer. Comece a expirar quando a barra se aproximar de seus ombros (ponto de maior dificuldade). Após flexionar os cotovelos o máximo possível, inspire enquanto abaixa lentamente a barra de volta às suas coxas (ver a Figura 6.1, a-c). Os cotovelos devem estar completamente estendidos e deve haver uma pausa momentânea nas coxas entre cada repetição.

Rosca bíceps com barra

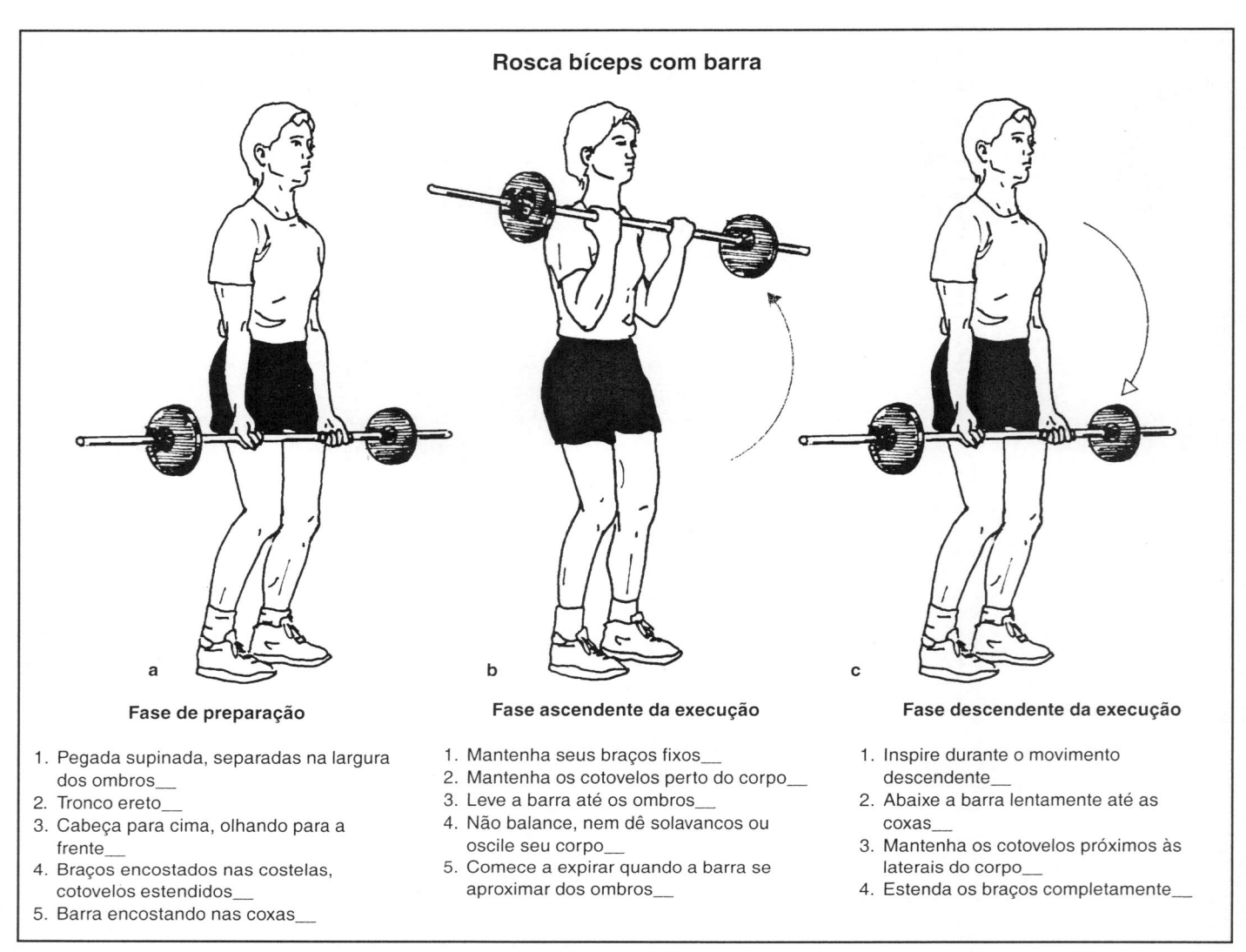

a — Fase de preparação

1. Pegada supinada, separadas na largura dos ombros__
2. Tronco ereto__
3. Cabeça para cima, olhando para a frente__
4. Braços encostados nas costelas, cotovelos estendidos__
5. Barra encostando nas coxas__

b — Fase ascendente da execução

1. Mantenha seus braços fixos__
2. Mantenha os cotovelos perto do corpo__
3. Leve a barra até os ombros__
4. Não balance, nem dê solavancos ou oscile seu corpo__
5. Comece a expirar quando a barra se aproximar dos ombros__

c — Fase descendente da execução

1. Inspire durante o movimento descendente__
2. Abaixe a barra lentamente até as coxas__
3. Mantenha os cotovelos próximos às laterais do corpo__
4. Estenda os braços completamente__

Figura 6.1 Passos fundamentais para o sucesso.

Obstáculos ao sucesso da rosca bíceps com barra

A rosca bíceps com barra provavelmente é um dos exercícios mais fáceis de realizar, mas talvez seja o que mais se realiza de forma errada. Os erros mais comuns são não estender completamente os cotovelos entre as repetições, inclinar-se para trás e usar impulso para completar as repetições.

Erro	Correção
1. Os cotovelos estão ligeiramente flexionados na posição preparatória.	1. Fique ereto, com os ombros para trás e os cotovelos estendidos.
2. Os braços se movem para trás.	2. Aperte a parte de dentro dos braços contra as costelas.
3. Você deixa seus punhos se hiperestenderem (virar para trás).	3. Concentre-se em manter seus punhos retos ou ligeiramente flexionados.
4. Você usa impulso para completar as repetições.	4. Conserve a parte superior do corpo ereta. Se este problema persistir, fique com as costas contra uma parede.
5. Seus cotovelos não se estendem completamente entre as repetições.	5. Faça uma pausa longa o suficiente para observar a extensão de seus cotovelos antes de levar a barra para cima.

Como executar a rosca bíceps em aparelho com cam

Para esta opção de exercício para bíceps, assuma uma posição sentada com o peito encostado na almofada. Coloque os cotovelos sobre a almofada em linha com os eixos dos camo. Ajuste o assento de modo que seus cotovelos fiquem ligeiramente mais baixos que os ombros. Segure a barra com uma pegada supinada. Comece o exercício em extensão completa dos cotovelos. Leve a barra para cima até onde for possível, fazendo uma ligeira pausa na posição superior. Expire quando a barra passar no ponto de maior dificuldade. Inspire ao abaixar lentamente a barra até a posição inicial, cuidando para não permitir que os cotovelos se hiperestendam (ver a Figura 6.2, a-c).

Rosca bíceps em aparelho (APARELHO COM CAM)

Fase de preparação

1. Sente-se com o peito contra a almofada __
2. Coloque os cotovelos na almofada em linha com os eixos dos camo __
3. Ajuste o assento de maneira que os cotovelos fiquem ligeiramente mais baixos do que os ombros __
4. Segure a barra com uma pegada supinada __

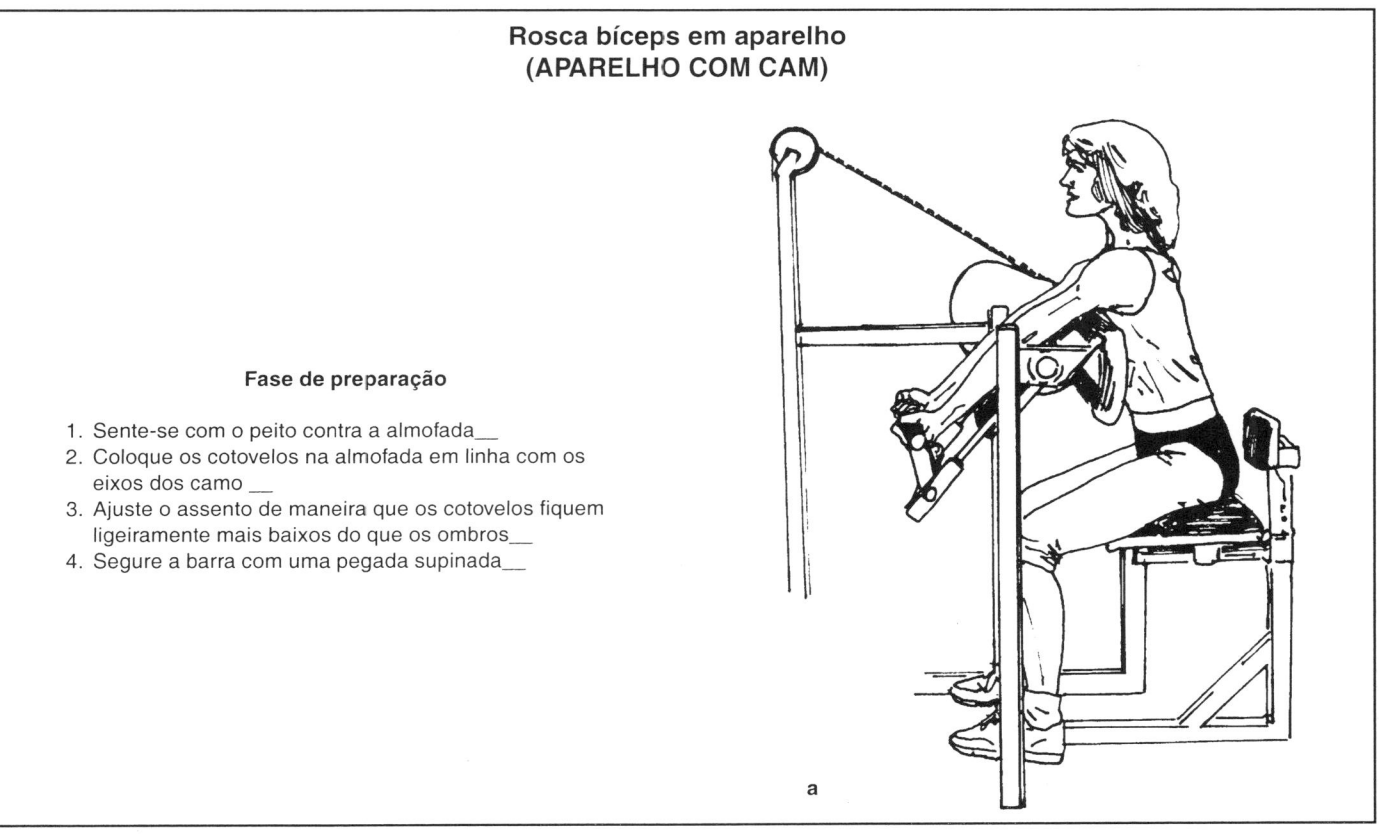

a

Figura 6.2 Passos fundamentais para o sucesso.

Fase ascendente da execução

1. Leve a barra para cima até onde for possível___
2. Expire durante o ponto de maior dificuldade___

b

Fase descendente da execução

1. Inspire enquanto abaixa lentamente a barra até a posição inicial___
2. Não deixe que os cotovelos se hiperestendam___

c

Figura 6.2 (*Continuação*).

Obstáculos ao sucesso da rosca bíceps em aparelho com cam

Os erros mais comuns neste exercício são: não conservar todo o braço sobre a almofada e não fazer uma pausa com o cotovelo em posição de extensão. Estes e outros erros observados com freqüência e suas correções são apresentados a seguir.

Erro	Correção
1. Os cotovelos não estão alinhados com o eixo do cam.	1. Reposicionar os braços.
2. Os cotovelos estão flexionados no início do exercício.	2. Iniciar o exercício com os cotovelos completamente estendidos.
3. Não se realiza a extensão completa de movimento.	3. Fazer a rosca ascendente até que as mãos quase toquem os ombros e abaixar até que os cotovelos estejam completamente estendidos.
4. Deixar o peso cair com muita rapidez.	4. Abaixar lentamente a barra, tendo cuidado para não hiperestender os cotovelos.
5. A respiração não está correta.	5. Expirar quando passar pelo ponto de maior dificuldade do movimento para cima; inspirar quando abaixar a barra.
6. Usar o movimento da parte superior do tronco para completar o exercício.	6. Conservar o peito contra a almofada e os cotovelos alinhados com o aparelho.

Como executar a rosca bíceps no aparelho com roldana baixa

Assuma uma posição de frente para o aparelho com os pés a aproximadamente 45 cm de distância. Mantenha o tronco ereto, com a cabeça levantada e olhando para a frente. Os joelhos devem estar levemente flexionados, os ombros inclinados para trás. Segure a barra com um pegada supinada e comece o exercício com a barra tocando a frente das coxas e os cotovelos completamente estendidos. Puxe a barra até que ela quase toque os ombros. Não deixe que os braços se movam para trás ou para os lados. Expire quando estiver no ponto de maior dificuldade e inspire enquanto estiver abaixando a barra (ver a Figura 6.3, a-c).

Rosca bíceps na roldana baixa
(APARELHO DE UMA OU MÚLTIPLAS ESTAÇÕES)

a
Fase de preparação
1. Tronco ereto__
2. Joelhos levemente flexionados__
3. Cabeça para cima, olhando para a frente, ombros para trás__
4. Pegada supinada __
5. Cotovelos completamente estendidos __
6. Barra descansando sobre as coxas__

b
Fase ascendente da execução
1. Puxe a barra até o nível dos ombros__
2. Mantenha os braços imóveis__
3. Expire quando a barra se aproximar dos ombros__
4. Faça uma pausa__

c
Fase descendente da execução
1. Lentamente abaixe a barra até a posição inicial__
2. Mantenha a cabeça alta, olhando para a frente, os ombros para trás__
3. Inspire quando abaixar a barra__

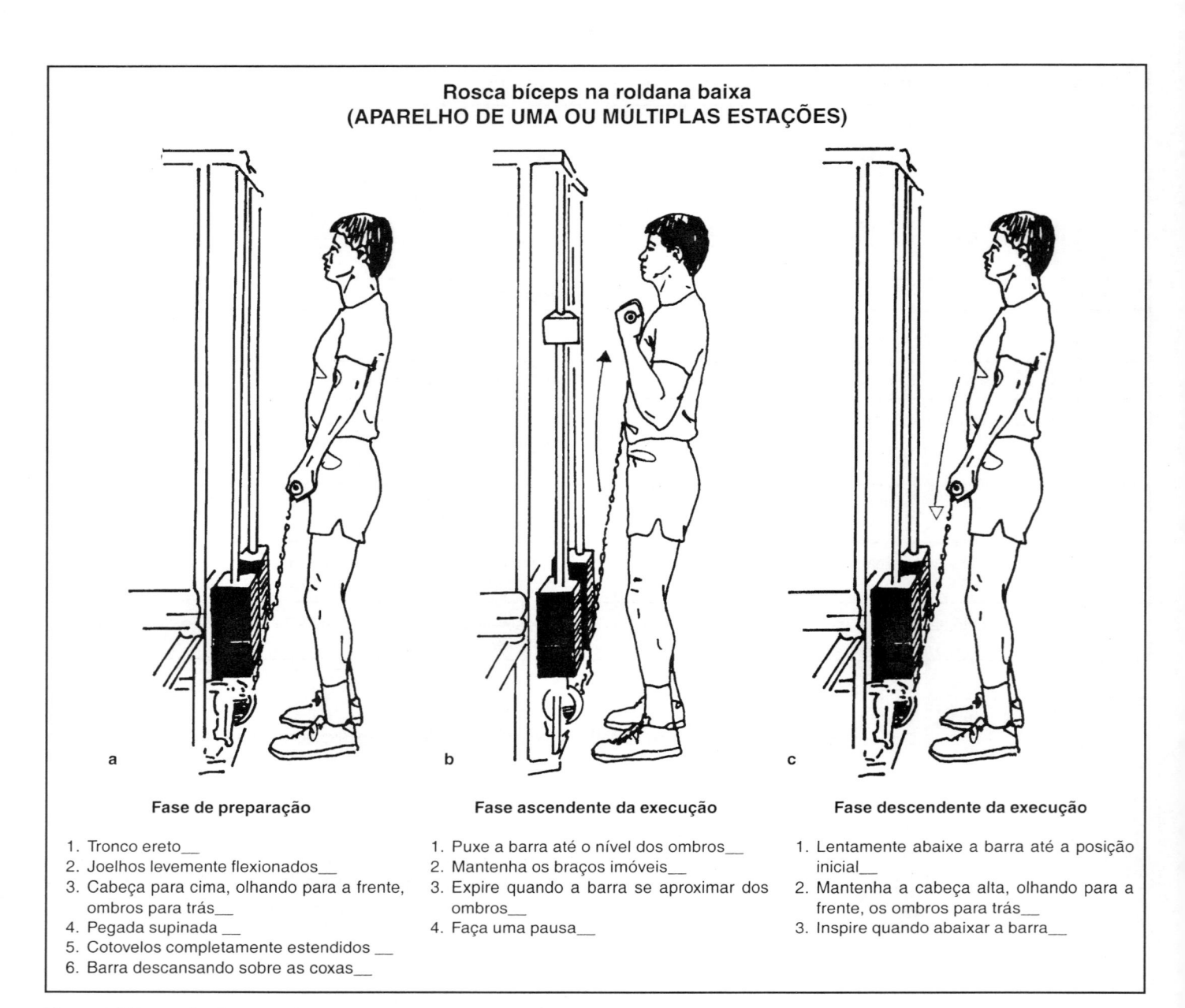

Figura 6.3 Passos fundamentais para o sucesso.

Obstáculos ao sucesso na rosca bíceps no aparelho de roldana baixa

O erro que se observa com mais freqüência na rosca bíceps no aparelho com roldana baixa é não permitir que os cotovelos se estendam completamente no início de cada repetição. Este e outros erros comuns neste exercício e suas correções são apresentados a seguir.

Erro	Correção
1. O tronco se inclina para a frente.	1. Mantenha o tronco ereto e os ombros inclinados para trás.
2. Os joelhos ficam encaixados.	2. Quando puxar a barra para cima, você será puxado para a frente. Mantenha os joelhos ligeiramente flexionados e os ombros inclinados para trás.
3. A cabeça fica baixa, olhando para o chão, e os ombros vão para a frente.	3. Mantenha a cabeça alta, olhando um pouco para cima do nível dos olhos, com os ombros para trás e o peito para fora.
4. Os cotovelos estão flexionados no início do exercício.	4. Estenda seus cotovelos completamente antes de iniciar e entre cada repetição.
5. A extensão do movimento não é completa.	5. Levante a barra até que ela quase toque os ombros e estenda completamente seus cotovelos.
6. As placas de peso descem com muita rapidez na coluna de pesos.	6. Abaixe lentamente o peso, deixando que o peso apenas toque e não bata contra a coluna de pesos.

Como realizar a rosca francesa com pesos livres

A posição de preparação envolve segurar a barra com uma pegada pronada estreita, com uma distância de aproximadamente 15 cm entre as mãos. Use as técnicas fundamentais de levantamento apresentadas no Passo 2 para levar a barra do solo até os ombros, e aquelas do Passo 5 para levantar a barra até uma posição completamente estendida sobre a cabeça.

A fase de execução é iniciada abaixando-se a barra de um modo lento e controlado por trás da cabeça até o nível dos ombros, flexionando os cotovelos. Os braços mantêm uma posição vertical conforme a barra é abaixada, com os cotovelos apontando diretamente para cima.

A partir de uma posição completamente flexionada, empurre a barra de volta para uma posição completamente estendida. Durante o movimento ascendente, seus cotovelos terão a tendência de se mover para frente e curvar para fora. Mantenha seus braços perto das orelhas e os cotovelos apontando direto para cima, o que ocorre quando a barra se aproxima da posição mais alta. Inspire enquanto a barra está sendo abaixada. Não mova as pernas ou corpo de nenhum modo para ajudar no movimento ascendente da barra (ver a Figura 6.4, a-c).

Rosca francesa com pesos livres

a Fase de preparação

1. Pegada pronada, mãos afastadas 15 cm___
2. Tronco ereto___
3. Cabeça levantada, olhando para a frente___
4. Pés separados na largura dos ombros___
5. Cotovelos perto das orelhas e apontando diretamente para cima___

b Fase descendente da execução

1. Abaixe a barra por trás da cabeça até a parte de cima dos ombros___
2. Conserve os cotovelos apontados para cima___
3. Controle o movimento descendente___
4. Inspire conforme a barra estiver sendo abaixada___

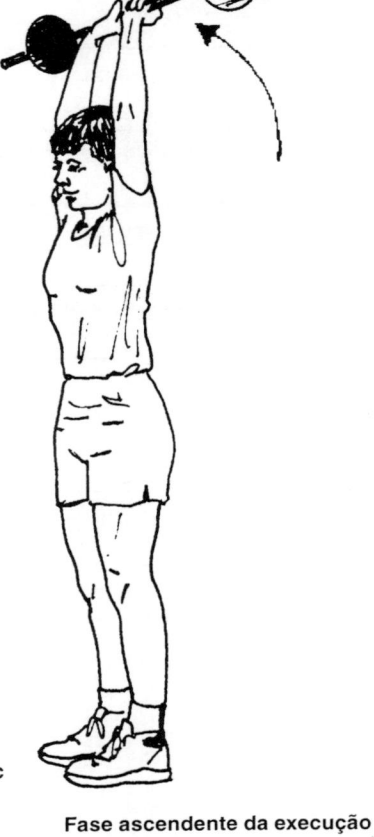

c Fase ascendente da execução

1. Empurre a barra para a extensão completa___
2. Mantenha os cotovelos para trás, perto das orelhas e apontando para cima___
3. Expire no momento em que a barra passar pelo ponto de maior dificuldade do movimento___

Figura 6.4 Passos fundamentais para o sucesso.

Obstáculos ao sucesso da rosca francesa com pesos livres

A maioria dos erros associados com a rosca francesa envolve o movimento dos braços para fora da posição. Quando são usados pesos livres, os cotovelos tendem a se mover para a frente e curvar-se durante a fase ascendente. Devemos nos concentrar em conservar os cotovelos perto das orelhas e apontá-los diretamente para cima. Este e outros erros comuns e sua correção estão descritos a seguir.

Erro	Correção
1. As mãos estão muito separadas.	1. Não separe as mãos mais de 15 cm.
2. A barra é derrubada ao invés de ser abaixada.	2. Pense "Abaixar" e não "Derrubar." Controle o impulso descendente da barra e faça uma pausa na altura dos ombros, antes de empurrar para cima.
3. Os cotovelos se movem para a frente durante a fase ascendente.	3. Concentre-se em manter os cotovelos apontando diretamente para cima.
4. Os cotovelos se curvam para longe da cabeça.	4. Concentre-se em manter os braços perto das orelhas.
5. A barra não é abaixada para cima dos ombros.	5. Realize o exercício na frente de um espelho e abaixe a barra até a altura dos ombros, durante cada repetição.

Exercícios com aparelhos

Se você tem acesso tanto a um aparelho de cam como a um aparelho de uma ou múltiplas estações, pode escolher ou o exercício de rosca bíceps ou a rosca bíceps na roldana baixa para desenvolver os músculos bíceps, e a extensão de tríceps ou o exercício de rosca tríceps na roldana alta para desenvolver os músculos tríceps.

Como executar a extensão de tríceps

Assuma uma posição sentada com as costas firmemente contra a almofada. Ajuste o assento de maneira que os ombros estejam quase da mesma altura que os cotovelos. Os cotovelos devem estar em linha com os eixos do cam. Coloque as mãos, os braços e os cotovelos nas almofadas apropriadas. Partindo desta posição, empurre com as mãos até que os cotovelos estejam completamente estendidos. Não deixe que os braços se afastem das almofadas. Faça uma pausa na posição de extensão e a seguir retorne lentamente à posição inicial. Ao empurrar, deve-se expirar no ponto de maior dificuldade, e inspirar durante o retorno (ver a Figura 6.5, a-c).

Extensão de tríceps
(APARELHO COM CAM)

a — Fase de preparação

1. Posicione as costas firmemente contra a almofada__
2. Ajuste o assento de maneira que os ombros estejam quase da mesma altura que os cotovelos__
3. Coloque os braços e as mãos sobre as almofadas__

b — Fase ascendente da execução

1. Estenda os cotovelos completamente__
2. Os braços ficam para trás e os cotovelos apontam para a frente__
3. Expire no ponto de maior dificuldade_

c — Fase descendente da execução

1. Retorne lentamente à posição inicial__
2. Inspire durante o retorno à posição inicial__

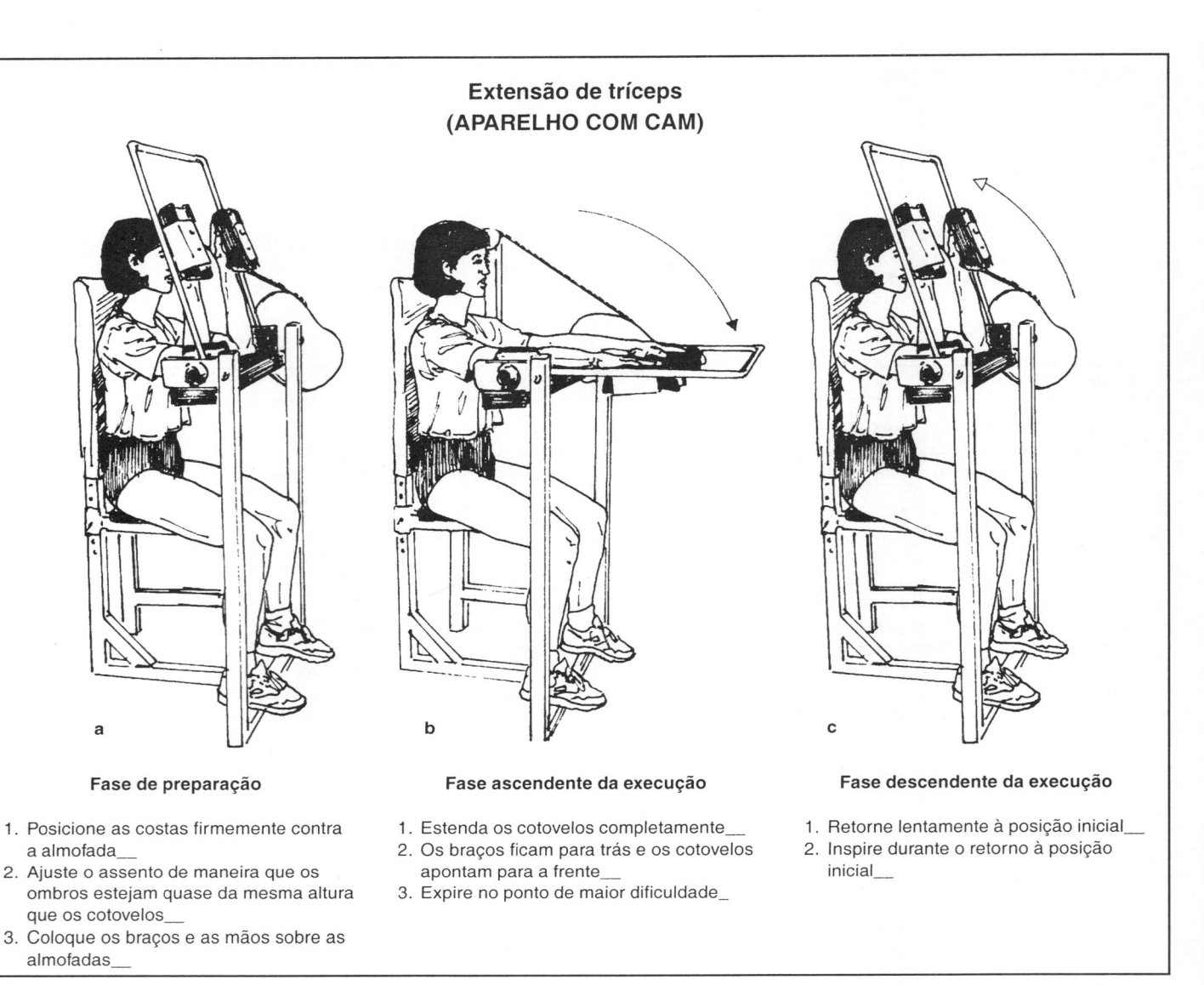

Figura 6.5 Passos fundamentais para o sucesso.

Obstáculos ao sucesso da extensão de tríceps

Os erros mais comuns na extensão de tríceps estão relacionados com a obtenção e manutenção da posição correta do corpo. A seguir estão exemplos e sugestões específicos para corrigir este e outros erros.

Erro	Correção
1. Os cotovelos estão mais altos do que os ombros.	1. Ajuste o assento para deixar os cotovelos no mesmo nível dos ombros.
2. Os braços e cotovelos levantam-se das almofadas.	2. Continue a pressionar os braços e cotovelos contra as almofadas – diminua a carga se necessário.
3. Os cotovelos não estão em linha com o eixo do cam.	3. Ajuste o posicionamento dos braços.
4. A respiração não está correta.	4. Expire quando passar pelo ponto de maior dificuldade do movimento e inspire durante o retorno.

Como executar a rosca tríceps

Assuma uma posição ereta de frente para o aparelho, com os pés separados aproximadamente na mesma largura dos ombros. Segure a barra com uma pegada pronada, com as mãos separadas no máximo em 15 cm. Inicie o exercício com a barra na altura do peito e os braços apertados firmemente contra suas costelas.

A partir desta posição, estenda totalmente os cotovelos, até que a barra toque suas coxas. Faça uma pausa e a seguir retorne lentamente a barra até a altura do peito sem movimentar seus braços e tronco. Expire após passar pelo ponto de maior dificuldade e inspire durante o retorno (ver a Figura 6.6, a-c).

Rosca tríceps na roldana alta
(APARELHO DE UMA OU MÚLTIPLAS ESTAÇÕES)

Fase de preparação

1. Fique ereto__
2. Pés afastados na largura dos ombros__
3. Pegada pronada__
4. Mãos afastadas no máximo 15 cm__
5. Começar com a barra na altura do peito__
6. Aperte os braços contra as costelas__

Fase descendente da execução

1. Estenda os antebraços até que a barra toque as coxas__
2. Não mova os braços ou o tronco__
3. Expire quando passar pelo ponto de maior dificuldade__
4. Faça uma pausa__

Fase ascendente da execução

1. Inspire quando retornar lentamente a barra até a altura do peito__
2. Conserve os punhos retos durante todo o exercício__

Figura 6.6 Passos fundamentais para o sucesso.

Obstáculos ao sucesso da rosca tríceps

Os erros mais comuns na rosca tríceps realizada na roldana alta estão associados com a adoção e manutenção da posição correta dos braços e a velocidade da barra. Seguem-se exemplos e sugestões específicos para sua correção.

Erro	Correção
1. As mãos estão muito separadas.	1. Não afaste as mãos mais do que 15 cm.
2. Deixar a barra se mover acima dos ombros.	2. A barra deve iniciar na altura do peito e não deve ir acima da altura dos ombros – pense: "Punhos abaixo dos ombros".
3. Os braços afastam-se das costelas durante o exercício.	3. Aperte os braços contra as costelas e faça uma pausa nas posições de cotovelos completamente estendidos e completamente flexionados.
4. Os cotovelos não se estendem completamente.	4. Continue a pressionar para baixo até que os cotovelos estejam completamente estendidos e a barra toque as coxas.
5. Deixar a barra se mover rapidamente para cima, até a altura do peito. Isto causa muitos dos erros na localização da barra e na posição do braço apresentados aqui e submete os cotovelos, músculos e articulações a uma tensão não planejada.	5. Retorne a barra lentamente até a altura do peito.
6. O tronco se move para trás e para a frente.	6. Mantenha uma posição estável e ereta na qual a cabeça, os ombros, os quadris e os pés formem uma linha reta. Diminua a carga se for necessário.

Desenvolvendo o bíceps e o tríceps

Exercícios práticos

1. Escolha dois exercícios

Após ler sobre as características e técnicas dos três exercícios diferentes e o tipo de equipamento exigido para cada um, você está pronto para colocar esta informação em uso. Considere a disponibilidade de equipamento e a sua situação e então selecione um dos seguintes exercícios para usar em seu programa.
- Rosca bíceps e rosca francesa (pesos livres)
- Rosca bíceps e extensão de tríceps (aparelho de cam)
- Rosca bíceps na roldana baixa e rosca tríceps na roldana alta (aparelho de uma ou múltiplas estações)

Por favor, passe para o Apêndice C e anote os dois exercícios escolhidos para os braços em sua planilha de treinos.

Objetivo = 2 exercícios de braço selecionados__

Para ter sucesso:
- Considere a disponibilidade de equipamento__

2. Determine as cargas de teste e de aquecimento

Este procedimento prático responderá à questão: "Qual é o peso ou a carga que devo usar?". Usando os coeficientes associados aos exercícios selecionados para os braços e a fórmula abaixo, determine a carga de teste. A seguir, arredonde o resultado até o valor mais próximo possibilitado pelas anilhas e pelos pesos. Use metade da quantidade determinada para a carga de teste como carga de aquecimento.

Fórmula para determinar a carga de teste
BRAÇO-BÍCEPS

Peso corporal	(exercício)	x	Coeficiente	=	Carga de teste	Carga de aquecimento
			Mulheres			
PC = ____	(rosca bíceps PL)	x	.23	=	_____	_____
PC = ____	(rosca bíceps C)	x	.12	=	_____	_____
PC = ____	(rosca bíceps na roldana baixa M)	x	.15	=	_____	_____
			Homens			
PC = ____	(rosca bíceps PL)	x	.30	=	_____	_____
PC = ____	(rosca bíceps C)	x	.20	=	_____	_____
PC = ____	(rosca bíceps na roldana baixa M)	x	.25	=	_____	_____

PC = peso corporal, PL = pesos livres, C = cam, e M = aparelho com uma ou múltiplas estações. *Nota:* se você é homem e pesa mais de 79,250 kg, registre seu peso como 79,250 kg. Se você é mulher e pesa mais de 63,500 kg, registre seu peso como 63,500 kg.

Fórmula para determinar a carga de teste
BRAÇO-TRÍCEPS

Peso corporal	(exercício)	x	Coeficiente	=	Carga de teste	Carga de aquecimento
			Mulheres			
PC = ____	(rosca francesa PL)	x	.12	=	_____	_____
PC = ____	(extensão tríceps C)	x	.13	=	_____	_____
PC = ____	(rosca tríceps na roldana alta – M)	x	.19	=	_____	_____
			Homens			
PC = ____	(rosca francesa PL)	x	.21	=	_____	_____
PC = ____	(extensão tríceps C)	x	.35	=	_____	_____
PC = ____	(rosca tríceps na roldana alta – M)	x	.32	=	_____	_____

PC = peso corporal, PL = pesos livres, C = cam, e M = aparelho com uma ou múltiplas estações. *Nota:* se você é homem e pesa mais de 79,250 kg, registre seu peso como 79, 250 kg. Se você é mulher e pesa mais de 63,500 kg, registre seu peso como 63,500 kg.

Objetivo = Registrar tanto a carga de teste como de aquecimento (Estas duas cargas serão usadas nos dois próximos exercícios.)__

Para ter sucesso:
- Multiplique seu peso corporal pelo coeficiente correto__
- Divida a carga de teste por dois para a carga de aquecimento__
- Arredonde para o mais próximo possível das anilhas ou dos pesos tanto para a carga de treinamento como para de aquecimento__

3. Pratique as técnicas corretas

Neste procedimento, você deve realizar 15 repetições com a carga de aquecimento determinada no procedimento prático 2. Concentre-se nas técnicas a seguir.

Veja de novo os passos fundamentais para o sucesso para uma pegada e o posicionamento de corpo adequados e visualize o padrão de movimento ao longo de toda a amplitude de deslocamento. Inspire quando estiver pronto para executar o exercício e então realize o movimento com uma velocidade lenta e controlada, lembrando de expirar durante o ponto de maior dificuldade. Verifique sua técnica com o auxílio de um espelho ou peça a uma pessoa qualificada para observar e avaliar seu desempenho nas técnicas básicas.

Objetivo = 15 repetições com carga calculada de aquecimento__

Para ter sucesso:
- Todas as repetições realizadas corretamente__

4. Determine a carga de treinamento

Este procedimento prático ajudará a determinar uma carga de treinamento correta para permitir a execução de 12 a 15 repetições. Use a carga de teste calculada a partir do procedimento prático 2 e faça tantas repetições quanto for possível com esta carga.

Objetivo = 12 a 15 repetições com a carga calculada de teste__

Para ter sucesso:
- Verifique a carga correta__
- Mantenha uma boa técnica durante cada repetição__

Se você executou de 12 a 15 repetições com a carga de teste, então essa torna-se sua carga de treinamento. Registre-a como sua Carga de Treinamento para este exercício no Apêndice C. Você agora está pronto para passar para o próximo capítulo (Passo 7).

5. Faça os ajustes necessários na carga

Se você não realizou de 12 a 15 repetições com a carga de teste, ela está muito pesada e deve ser diminuída. Por outro lado, se você realizou mais do que 15 repetições, ela está muito leve e deve ser aumentada. Use a fórmula e a tabela abaixo para fazer os ajustes necessários.

Tabela de adaptação de carga	
Repetições completadas	Ajustes (em quilogramas)
<7	-6,750
8-9	-4,500
10-11	-2,250
16-17	+2,250
18-19	+4,500
>20	+6,750

Fórmula para determinar a carga de treinamento				
Carga de teste (quilogramas)	+/-	Ajuste	=	Carga de treinamento (quilogramas)
_____	_____	_____		_____

Objetivo = Ajustes necessários na carga__

Para ter sucesso:
- Confirme o uso correto da tabela de ajuste de carga__
- Registre como a Carga de Treinamento no Apêndice C__

PASSO 7

EXERCÍCIOS PARA AS PERNAS: SELECIONE UM PARA O SEU PROGRAMA

Devido à grande área muscular envolvida, os exercícios que desenvolvem a parte superior da perna são considerados como de grande exigência física. Os exercícios selecionados são o agachamento à frente (pesos livres) e a pressão de pernas (aparelho). Estes exercícios são excelentes para os músculos da parte da frente da coxa (quadríceps), mostrados no Apêndice B, vista anterior, da parte de trás da coxa (isquiotibiais) e os quadris (glúteos), mostrados no Apêndice B, vista posterior. São exercícios multiarticulares que envolvem simultaneamente a extensão das articulações do joelho e do quadril. O quadríceps estende a articulação do joelho, enquanto os isquiotibiais a flexionam e, com a ajuda dos glúteos, estendem a articulação do quadril. Os exercícios que você fará contribuirão para a estabilização das articulações do joelho e do quadril, para a proteção muscular do quadril e para "esculpir" a parte inferior do corpo. A força muscular obtida com estes exercícios nas pernas e nos quadris é especialmente benéfica para os que se dedicam a atividades atléticas.

A área do corpo trabalhada por estes exercícios algumas vezes é chamada de "zona de potência". Estes grupos musculares (quadríceps, isquiotibiais e glúteos), os três maiores do corpo, são responsáveis pela nossa capacidade de correr, pular e fazer partidas rápidas e paradas súbitas, assim como movimentos rápidos laterais, para trás, de empurrar, puxar, rotar e chutar. Eles também estabilizam a parte superior do tronco na maioria dos movimentos. A importância de desenvolver estes grupos musculares é óbvia e não deve ser negligenciada em favor dos músculos da parte superior do corpo, de maior visibilidade.

Exercícios com pesos livres

Se você tem acesso a barras e anilhas, pode escolher o exercício de agachamento unilateral para desenvolver as pernas. Se prefere trabalhar com aparelhos, veja a seção "Exercícios com aparelhos".

Como executar o agachamento à frente

O agachamento à frente é um exercício relativamente difícil de realizar devido ao equilíbrio exigido. Primeiro deve-se tentar o agachamento unilateral sem pesos, para desenvolver o equilíbrio necessário. Quando estiver mais à vontade com os movimentos para trás e para a frente e com o equilíbrio, comece a usar halteres. A fase de preparação começa com os pés separados na largura dos ombros, olhos fixos para a frente, cabeça levantada, ombros para trás, peito para frente e costas retas. Esta postura ereta deve ser mantida durante todo o exercício (ver a Figura 7.1a)

A fase para a frente da execução começa com um passo para a frente, lento e controlado (Figura 7.1b) sobre sua perna de preferência, tendo cuidado para não dar um passo muito largo. Como foi mostrado na Figura 7.1c, os quadris são abaixados o suficiente de maneira que a parte superior da coxa (que está à frente) esteja quase paralela ao chão e o joelho esteja diretamente sobre o tornozelo. O pé dianteiro deve estar diretamente à frente e o joelho de trás relativamente estendido para alongar os músculos flexores do quadril. O joelho que está atrás não deve tocar o chão.

A fase para trás da execução começa movendo-se o pé da frente e retornando suavemente à posição inicial sem usar o impulso do tronco (ver a Figura 7.1, d-f). Dê um passo para a frente com o outro pé na próxima repetição e continue alternando até que a série seja completada. No começo, você pode ter que deslizar ("passo gago") o pé no chão para retornar para a posição inicial. À medida que você ganhar força e desenvolver um equilíbrio melhor, isto não será mais necessário.

Agachamento à frente
(HALTERES)

Fases de preparação e fase da execução para a frente

1. Pegada pronada com os braços retos para baixo__
2. Tronco ereto, cabeça levantada, olhos fixos para a frente__
3. Pés separados na largura dos ombros__
4. Tronco permanece ereto__
5. Inspire e inicie o movimento com um dos pés__
6. Passo para a frente, lento e controlado__
7. Coloque o pé da frente diretamente à frente__
8. Abaixe os quadris até que a coxa à frente fique quase paralela ao chão__
9. Conserve a joelho da frente sobre o tornozelo__
10. Joelho de trás relativamente estendido, sem tocar o solo__

Fase para trás da execução

1. Expire e movimento o pé da frente para retornar à posição inicial__
2. Mantenha o tronco ereto__
3. Conserve os olhos fixos diretamente à frente__

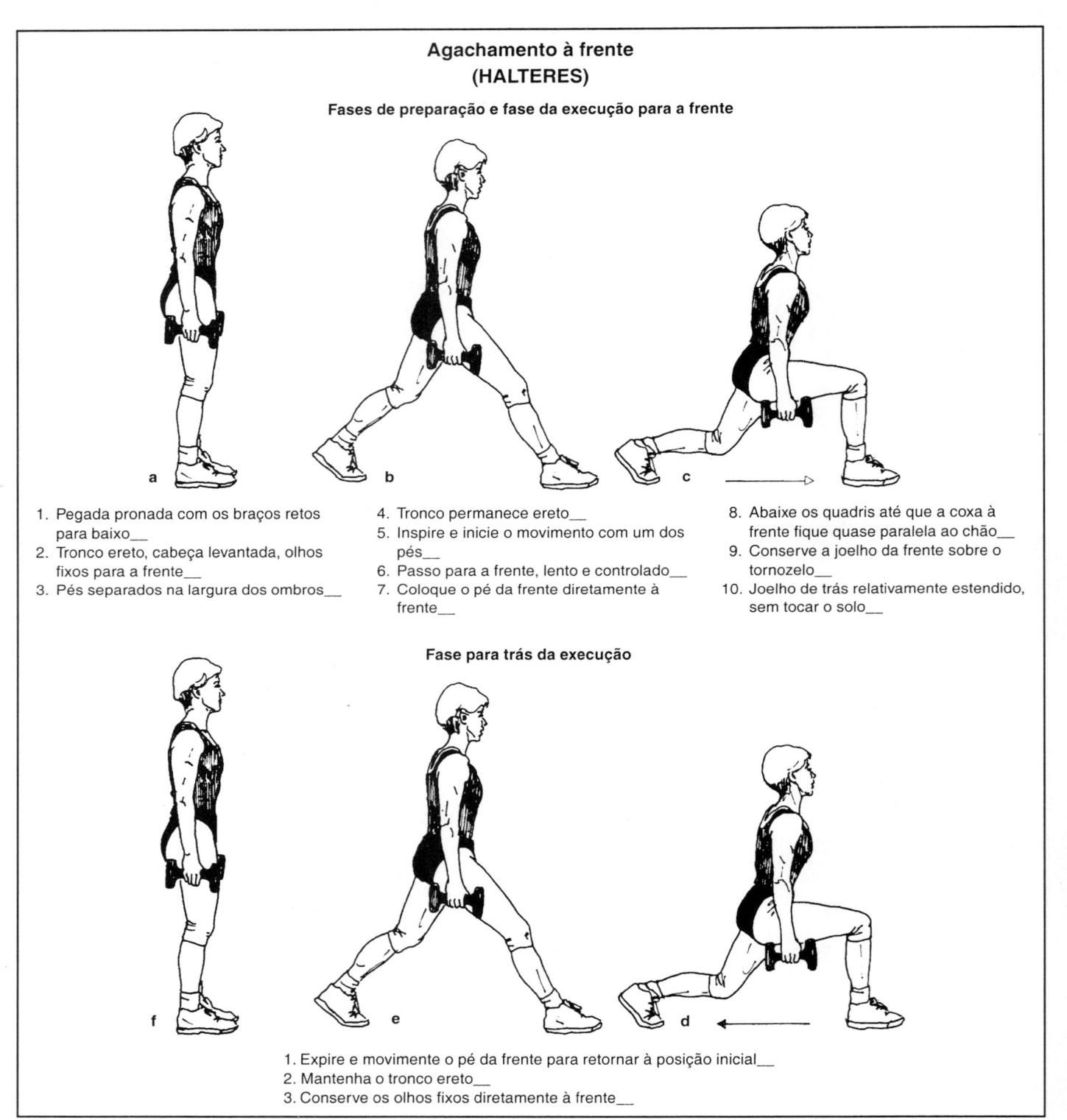

Figura 7.1 Passos fundamentais para o sucesso.

Obstáculos ao sucesso do agachamento à frente	

A maioria dos erros associados com o agachamento à frente são o resultado da largura do passo e do movimento do tronco. Você tenderá a dar um passo muito largo ou muito curto. Também é comum usar o impulso da parte superior do tronco para retornar à posição inicial.

Erro	Correção
1. O pé da frente aponta para fora.	1. Pratique caminhar sobre uma linha, com as coxas, os joelhos e os pés formando uma linha reta.
2. O joelho de trás está muito flexionado.	2. Use um espelho para determinar as mudanças necessárias na posição do quadril e do joelho.
3. A parte superior do tronco se inclina para a frente.	3. Conserve a cabeça e os ombros levantados para trás e o peito para frente.

Exercícios com aparelhos

Se você tem acesso tanto a um aparelho de cam com a um aparelho de uma ou múltiplas estações, pode escolher o exercício de pressão de pernas para desenvolver suas pernas.

Como executar o exercício de pressão de pernas

Este exercício envolve o uso de um aparelho de pressão de pernas, seja do tipo roldana/alavanca ou tipo cam. A fase de preparação começa ajustando-se o assento de maneira que haja um ângulo de 90 graus ou menos nos joelhos. Os joelhos devem estar separados para que não sejam apertados para trás contra o abdômen e o peito, o que poderia criar dificuldades quando se tentar inspirar. Sente ereto, com sua região lombar contra o assento, os pés apontados ligeiramente para fora e bem apoiados na superfície do pedal. Segure o punho do aparelho para estabilizar o corpo (ver a Figura 7.2 a)

A fase para a frente da execução (Figura 7.2b) é iniciada empurrando-se as pernas para a posição de joelho estendido, mantendo-se uma posição vertical. Os joelhos devem se aproximar um do outro à medida que se estendem. Evite girar o corpo quando estender as pernas. Não "encaixe" os joelhos em nenhum momento. Expire durante o movimento para a frente e inspire no retorno à posição inicial.

A fase para trás da execução (Figura 7.2c) envolve deixar as pernas se moverem para trás em direção ao corpo, tanto quanto for possível, sem que os glúteos se levantem e/ou que os pesos encostem na coluna de pesos. Este movimento deve ser realizado de modo muito lento e controlado. Deixar que os pesos caiam rapidamente de volta à coluna e segurá-los pouco antes que batam pode causar lesão na região lombar.

Pressão de pernas
(APARELHO DE UMA OU MÚLTIPLAS ESTAÇÕES)

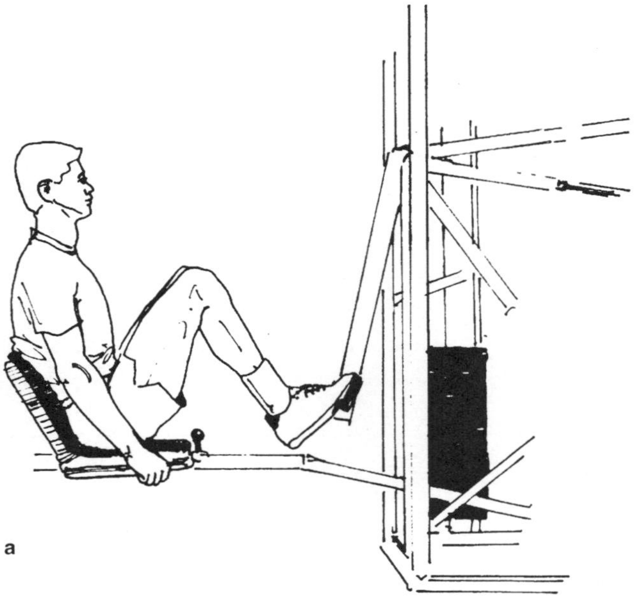

Fase de preparação

1. Tronco ereto, costas contra a almofada do assento___
2. Pernas flexionadas em um ângulo de 90 graus ou menos___
3. Braços retos, segurando as empunhaduras do aparelho___

Fase para a frente da execução

1. Empurre os pedais para uma posição de joelhos estendidos___
2. Mantenha o corpo em posição ereta___
3. Não "encaixe" os joelhos___
4. Evite girar o corpo no movimento para a frente___
5. Expire durante o movimento para a frente ___

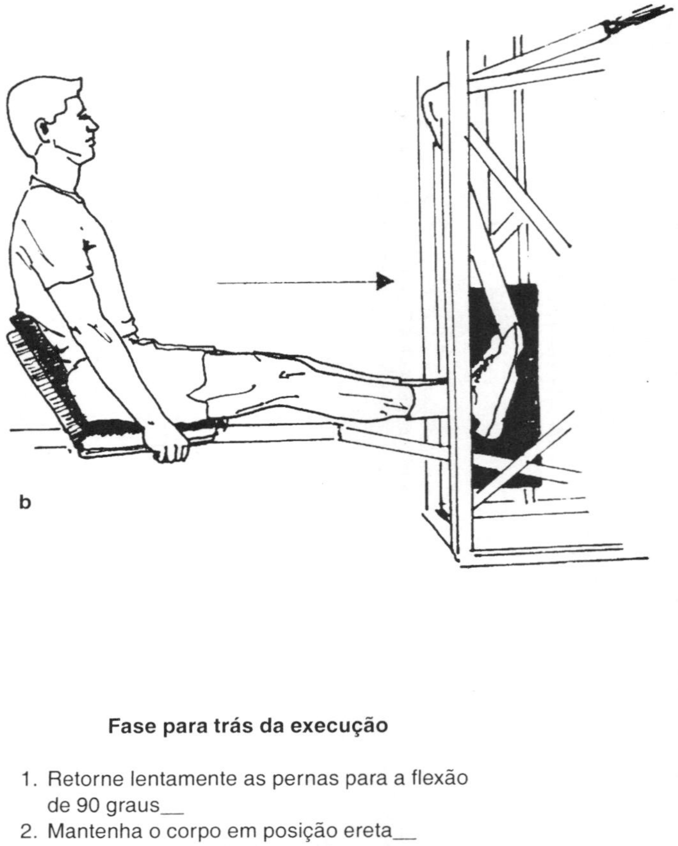

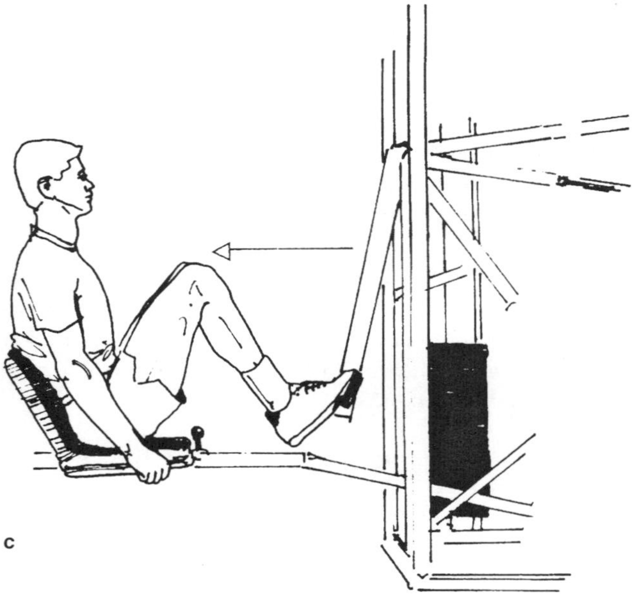

Fase para trás da execução

1. Retorne lentamente as pernas para a flexão de 90 graus___
2. Mantenha o corpo em posição ereta___
3. Inspire quando os joelhos estiverem se flexionando___

Figura 7.2 Passos fundamentais para o sucesso.

Obstáculos ao sucesso do exercício de pressão de pernas

A maioria dos erros associados com o exercício de pressão de pernas estão relacionados com a velocidade da extensão e flexão e o encaixe dos joelhos. Existe uma tendência para pressionar com muita rapidez, fazendo os joelhos encaixarem. O perigo disto é que você pode hiperestender os joelhos, causando lesão. Um outro erro comum é deixar o pedal do aparelho voltar em "queda livre" à posição inicial. Desse modo, o primeiro passo na correção dos erros é estender os joelhos lentamente e a seguir fazer um movimento lento e controlado de volta à posição inicial.

Erro	Correção
1. Os pés não estão bem colocados sobre a superfície do pedal.	1. Pense em empurrar com o meio ou a metade de trás dos pés.
2. As pernas não estão flexionadas em 90 graus ou menos.	2. Use um espelho ou peça a alguém para ajudar a estabelecer um ângulo de 90 graus.
3. O tronco se inclina para a frente.	3. Sente-se com as costas e quadris empurrados contra o assento.
4. Os joelhos estão completamente encaixados no final da fase para a frente da execução.	4. Controle a velocidade para a frente e concentre-se em parar um pouco antes que os joelhos se encaixem.

Desenvolvendo as pernas

Exercícios práticos

1. Escolha um exercício

Depois de ler sobre as características e técnicas destes dois exercícios e o tipo de equipamento exigido para cada um deles, você está pronto para colocar em uso o que aprendeu. Levando em consideração a disponibilidade de equipamento na sua situação, selecione um dos seguintes exercícios para usar no seu programa.
• Agachamento à frente (pesos livres)
• Pressão de pernas (aparelho de uma ou múltiplas estações)
Por favor, passe para o Apêndice C e anote seu exercício de perna na planilha de treino.

Objetivo = 1 exercício de perna selecionado___

✓ **Para ter sucesso**
• Considere a disponibilidade de equipamento___
• Considere o tempo disponível___

2. Determine as cargas de teste e de aquecimento

Este procedimento prático responderá à questão: "Qual é o peso ou a carga que devo usar?". Usando o coeficiente associado ao exercício de perna selecionado e a fórmula abaixo, determine a carga de teste. A seguir, arredonde o resultado até o valor mais próximo possibilitado pelas anilhas ou pelos pesos. Use metade da quantidade determinada para a carga de teste como carga de aquecimento neste exercício.

Com o exercício de agachamento à frente

Pratique sem os pesos até desenvolver o equilíbrio necessário. A seguir comece a adicionar peso segurando halteres. As mulheres devem fazer acréscimos de 4,5 kg (2,250 kg em cada mão), e os homens devem fazer acréscimos de 9 kg (4,5 kg em cada mão). Continue a colocar peso lentamente até estabelecer uma carga de treinamento que produza de 12 a 15 repetições.

Fórmula para determinar a carga de teste PERNAS					
Peso corporal (exercício)		x Coeficiente	=	Carga de teste	Carga de aquecimento
		Mulheres			
PC = ____	(agachamento à frente – PL)	x .20	=	_____	_____
PC = ____	(pressão de pernas – M)	x 1.0	=	_____	_____
		Homens			
PC = ____	(agachamento à frente – PL)	x .20	=	_____	_____
PC = ____	(pressão de pernas – M)	x 1.3	=	_____	_____
PC= peso corporal, PL = pesos livres e M = aparelho de uma ou de múltiplas estações. *Nota*: se você é homem e pesa mais de 79,250 kg, registre seu peso como 79,250 kg. Se você é mulher e pesa mais de 63,500 kg, registre seu peso como 63,500 kg.					

Objetivo = Registrar tanto a carga de teste como a de aquecimento (estas cargas serão usadas nos dois próximos procedimentos).__

✓**Para ter sucesso:**
- Multiplique o peso do corpo pelo coeficiente correto__
- Divida a carga de teste por dois para a carga de aquecimento__
- Arredonde para o mais próximo possível dos pesos e anilhas para as cargas de treinamento e de aquecimento__

3. Pratique a técnica correta

Neste procedimento, você vai realizar 15 repetições com a carga de aquecimento determinada no procedimento prático 2. Concentre-se nas técnicas seguintes.

Veja de novo os passos fundamentais para o sucesso no que se refere ao posicionamento adequado do corpo e visualize o padrão de movimento ao longo de toda a sua amplitude. Inspire quando estiver pronto para executar o exercício e então realize o movimento com uma velocidade lenta e controlada, lembrando de expirar durante o ponto de maior dificuldade. Peça a uma pessoa qualificada para observar e avaliar seu desempenho nas técnicas básicas.

Objetivo = 15 repetições com a carga calculada de aquecimento__

✓**Para ter sucesso:**
- Todas as repetições realizadas corretamente__

4. Determine a carga de treinamento

Este procedimento prático o ajudará a determinar uma carga de treinamento adequada com o objetivo de permitir a execução de 12 a 15 repetições. Se você selecionou o exercício de pressão de pernas, use a carga de teste calculada a partir do procedimento prático 2 e faça tantas repetições quanto for possível. Se selecionou o exercício de agachamento à frente, deve aumentar gradualmente o peso dos halteres até que o objetivo de 12-15 repetições seja alcançado. Homens começam com halteres de 4,5 kg e mulheres com halteres de 2,250 kg (um em cada mão).

Objetivo = 12 a 15 repetições com carga calculada de teste__

✓**Para ter sucesso:**
- Verifique a exatidão da carga__
- Mantenha uma boa técnica durante cada repetição__

5. Faça os ajustes necessários na carga

Se você realizou menos de 12 a 15 repetições com a carga de teste, ela está muito pesada e deve ser diminuída. Por outro lado, se realizou mais do que 15 repetições, ela está muito leve e deve ser aumentada. Use a fórmula e a tabela abaixo (descrita no Passo 2) para fazer os ajustes necessários para o exercício de pressão de pernas. Se você selecionou o exercício de agachamento à frente, aumente a carga de treinamento gradualmente até que o objetivo de 12 a 15 repetições seja alcançado.

Tabela de adaptação de carga	
Repetições completadas	Ajustes (em quilogramas)
<7	-6,750
8-9	-4,500
10-11	-2,250
16-17	+2,250
18-19	+4,500
>20	+6,750

Fórmula para determinar a carga de treinamento				
Carga de teste (quilogramas)	+/–	Ajuste	=	Carga de treinamento (quilogramas)
_____		_____		_____

Objetivo = Ajustes necessários na carga___

Para ter sucesso:
- Verifique o uso correto da tabela de ajuste de carga___
- Registre-a como "Carga de treinamento" no Apêndice C___

PASSO 8

EXERCÍCIOS ABDOMINAIS: SELECIONE UM PARA O SEU PROGRAMA

Os músculos abdominais são os maiores músculos de sustentação na área da cintura abdominal. Eles não apenas sustentam e protegem os órgãos internos, mas também ajudam os músculos da região lombar a alinhar e apoiar a coluna para uma boa postura e nas atividades de levantamento. Músculos abdominais corretamente desenvolvidos servem como uma cinta biológica para diminuir a cintura. Embora não exista algo como o emagrecimento localizado (redução de gordura em apenas uma área), músculos abdominais fortes fazem a área parecer menor e mais magra mesmo que a gordura ainda esteja lá. Os músculos abdominais (mostrados no Apêndice B, vista anterior) incluem o reto abdominal, que faz com que o tronco possa se curvar ou flexionar para a frente, e os oblíquos externos, que ajudam o reto abdominal a fazer a rotação do tronco e a inclinação lateral.

Os exercícios descritos aqui serão o abdominal oblíquo (com rotação) e o abdominal sentado com aparelho. Estes exercícios devem ser realizados regularmente, três a cinco vezes por semana. O exercício abdominal com as pernas retas não está incluído aqui porque se baseia nos flexores do quadril (reto femoral e iliopsoas) e não enfatiza o trabalho dos músculos abdominais; também pode contribuir para problemas na região lombar.

Exercício sem pesos (com rotação)

Você pode selecionar o exercício abdominal oblíquo para desenvolver os músculos abdominais. Ou, se preferir trabalhar com aparelhos, veja a seção Exercícios com Aparelhos.

Como executar o abdominal oblíquo (com rotação)

Prepare-se para este exercício deitando com as costas no chão e os pés em um banco ou cadeira. Cruze os braços sobre o peito, com as mãos nos ombros do lado contrário.

A execução para cima começa quando você inspira, puxa o queixo contra o peito e depois contrai os músculos abdominais para movimentar o tronco para cima. Alternadamente, leve os ombros em direção ao joelho oposto e expire quando se aproximar do ponto de maior flexão (posição superior). Este movimento deve ser lento e controlado sem usar o impulso de jogar a cabeça, os braços e os ombros para a frente. Faça uma pausa breve neste ponto.

A execução para baixo segue-se à pausa no ponto mais alto. Comece a inspirar. Assegure-se de conservar o queixo sobre o peito até que os ombros toquem o chão (ver Figura 8.1, a-c). A seguir deixe que a cabeça toque o chão. Esta parte do exercício também deve ser lenta e controlada (mantendo os abdominais contraídos), para que você se beneficie tanto da fase ascendente como da descendente. A região lombar e os quadris devem permanecer em contato com o chão durante todo o exercício. Deve-se fazer um número grande de repetições para promover tônus, resistência muscular, força e definição muscular. Não se deve, no entanto, sacrificar qualidade por quantidade. Se você praticar técnicas corretas, os números gradualmente melhorarão com o tempo e o recompensarão com os resultados desejados.

Depois que tiver realizado este exercício com sucesso durante algum tempo e achar que ele se tornou muito fácil, você pode querer aumentar a dificuldade das seguintes maneiras: (1) Coloque suas mãos atrás da cabeça ou toque levemente as orelhas para usar o peso adicional dos braços. Assegure-se de nunca puxar a cabeça para cima, pois isto poderia causar dor ou lesão nos músculos do pescoço. (2) Use uma prancha inclinada, mas tenha em mente que, conforme a resistência aumenta, torna-se mais e mais importante seguir estritamente as técnicas corretas mencionadas anteriormente. O grau de inclinação da prancha aumenta a resistência da parte superior do corpo; assim, quanto maior a inclinação, maior a resistência. Use a prancha cuidadosamente e não tente aumentar o ângulo de inclinação muito rápido.

Abdominal oblíquo (com rotação)

Fase da preparação

1. Costas apoiadas no chão__
2. Pés no banco ou cadeira__
3. Braços dobrados cruzados no peito__
4. Inspire__

Fase ascendente da execução

1. Em primeiro lugar, queixo sobre o peito__
2. Alternadamente curve os ombros e a região dorsal em direção ao joelho oposto__
3. Expire quando se aproximar da posição mais alta__
4. Faça uma pausa breve__

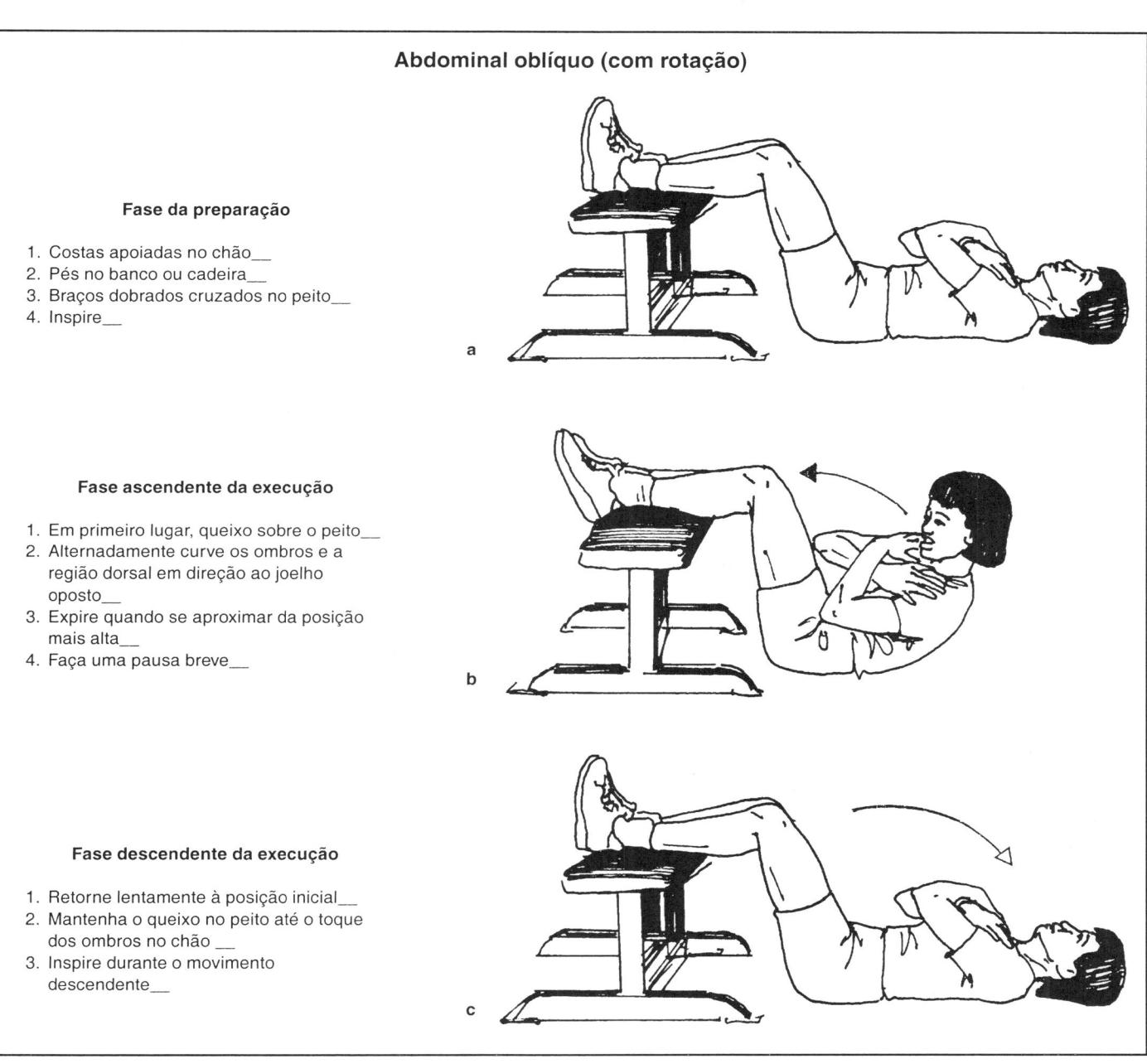

Fase descendente da execução

1. Retorne lentamente à posição inicial__
2. Mantenha o queixo no peito até o toque dos ombros no chão __
3. Inspire durante o movimento descendente__

Figura 8.1 Passos fundamentais para o sucesso.

Obstáculos ao sucesso da abdominal oblíquo

A maioria dos erros associados a este exercício envolvem a velocidade do movimento. A tendência é arremeter para a frente e depois cair para trás rapidamente, de volta à posição inicial. Mantenha os movimentos lentos e controlados nas fases de movimentação ascendente e descendente.

Erro	Correção
1. Os glúteos se levantam do chão um pouco antes do movimento ascendente.	1. Inicie o exercício com a cabeça, os ombros e a região dorsal, enquanto a lombar permanece em contato com o chão. Mantenha a região lombar e os glúteos em contato com o chão durante todo o movimento de cada repetição.
2. O queixo não está no peito.	2. Incline o queixo sobre o peito para iniciar o movimento ascendente.
3. Você usa o impulso para completar o movimento.	3. Concentre-se em usar apenas os abdominais para completar o movimento.
4. Os ombros abaixam rapidamente, seguidos por uma ação de rebater para cima.	4. Lentamente abaixe a região dorsal, os ombros e a cabeça para a posição inicial. Faça uma pausa no chão antes de iniciar outra repetição.

Exercícios com aparelho

Se você tem acesso a um aparelho com cam, pode selecionar o exercício de abdominal sentado para desenvolver os músculos abdominais.

Como executar o abdominal sentado

Assuma uma posição sentada ereta, com os ombros e braços firmemente contra as almofadas. Ajuste a altura do assento de maneira que o eixo de rotação esteja nivelado com a parte mais baixa do esterno (meio do peito). Coloque os tornozelos atrás da almofada de rolo, com os joelhos separados e as mãos cruzadas à sua frente (ver a Figura 8.2a). Enquanto mantém esta posição, encurte a distância entre a caixa torácica e o umbigo contraindo apenas os abdominais (ver a Figura 8.2b). Faça uma pausa na posição de contração completa e então retorne lentamente à posição inicial (ver a Figura 8.2c). Expire durante a contração e inspire durante o relaxamento. Você pode encontrar alguns aparelhos com cam, que têm uma almofada de rolo à frente do tórax, para segurar.

Abdominal sentado
(APARELHO COM CAM)

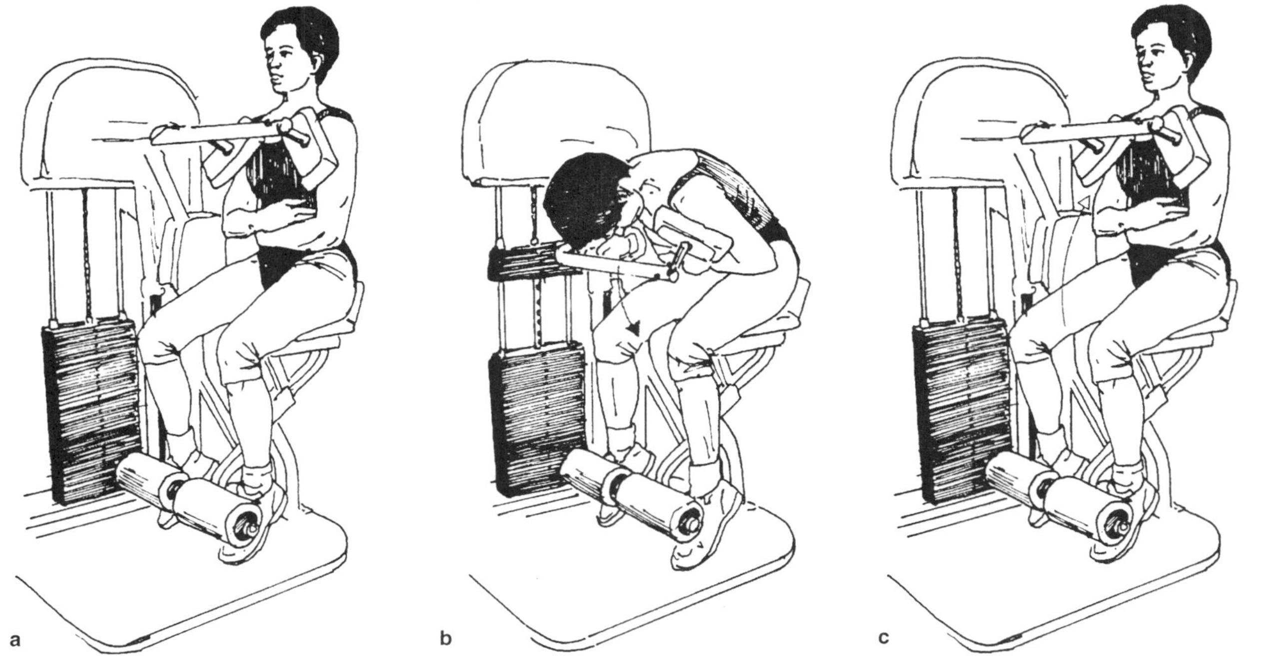

a

Fase da preparação

1. Sente-se com os ombros e os braços firmemente contra as almofadas___
2. Ajuste o assento de maneira que o eixo de rotação esteja no mesmo nível da parte mais baixa do esterno___
3. Coloque os tornozelos atrás das almofadas de rolo___
4. Separe os joelhos e sente-se ereto___
5. Cruze os braços___

b

Fase descendente da execução

1. Encurte a distância entre a caixa torácica e o umbigo contraindo apenas os abdominais___
2. Mantenha as pernas relaxadas enquanto o peito é abaixado___
3. Expire durante a contração___
4. Faça uma pausa na posição de contração___

c

Fase ascendente da execução

1. Lentamente retorne à posição inicial___
2. Inspire enquanto retorna à posição inicial___

Figura 8.2 Passos fundamentais para o sucesso.

Obstáculos ao sucesso do abdominal sentado

Os erros comumente observados no exercício de abdominal sentado se relacionam com o posicionamento do corpo e o uso das mãos e dos ombros ao invés de contar apenas com os músculos abdominais para trazer a parte superior do corpo para a frente. Exemplos específicos destes erros e como corrigi-los são apresentados a seguir.

Erro	Correção
1. Os ombros e os braços não estão nas almofadas.	1. Pense: "Ombros e braços firmemente contra as almofadas durante todo o exercício".
2. O eixo de rotação não está nivelado com a parte mais baixa do esterno.	2. Ajuste o assento de maneira que o eixo de rotação fique nivelado com a parte mais baixa do esterno.
3. Você puxa com as mãos e os ombros.	3. Concentre-se em contrair apenas os abdominais.

Desenvolvendo os abdominais

Exercícios práticos

1. Escolha um exercício

Após ler sobre as características e técnicas dos dois exercícios diferentes e o tipo de equipamento exigido para cada um, você está pronto para colocar esta informação em uso. Considere a disponibilidade de equipamento e então selecione um dos seguintes exercícios para usar em seu programa.
- Abdominal oblíquo (sem peso)
- Abdominal sentado (aparelho de cam)

Por favor, passe para o Apêndice C e registre sua escolha.

Objetivo = 1 exercício abdominal selecionado

✓ **Para ter sucesso:**
- Considere a disponibilidade de equipamento__
- Considere o tempo disponível__

2. Determine as cargas de teste e aquecimento

Este procedimento prático responderá à questão: "Qual o peso ou a carga que devo usar?". Para o abdominal sentado (aparelho com cam), use a fórmula abaixo.

Se você escolheu o abdominal oblíquo, não necessitará estabelecer cargas de aquecimento, de teste e treinamento. Continue com os procedimentos práticos a seguir e ignore os comentários relacionados com cargas de aquecimento e treinamento. Se você escolheu o abdominal sentado em aparelho, siga os procedimentos como são descritos.

Fórmula para determinar a carga de teste ABDOMINAIS					
Peso corporal	(exercício)	x	Coeficiente	= Carga de teste	Carga de aquecimento
Mulheres					
PC = ____	(abdominal oblíquo)	x		= sem carga	sem carga
PC = ____	(abdominal sentado – C)	x	.20	= _____	_____
Homens					
PC = ____	(abdominal oblíquo)	x		= sem carga	sem carga
PC = ____	(abdominal sentado – C)	x	.20	= _____	_____

PC = peso corporal e C = aparelho com cam. *Nota:* se você é homem e pesa mais de 79,250 kg registre seu peso como 79,250 kg. Se você é mulher e pesa mais de 63,500 kg, registre seu peso como 63,500 kg.

Objetivo = Registrar as cargas de aquecimento e de teste (estas cargas serão usadas nos dois próximos procedimentos)__

✓ **Para ter sucesso:**
- Multiplique o peso do corpo pelo coeficiente correto__
- Divida a carga de teste por dois para a carga de aquecimento__
- Arredonde para o mais próximo possível das anilhas e dos pesos, tanto para a carga de treinamento como para a de aquecimento__

3. Pratique as técnicas corretas

Neste procedimento, você deve realizar 15 repetições com a carga de aquecimento determinada no procedimento prático 2. Concentre-se em seguir as técnicas.

Veja de novo os passos fundamentais para o sucesso para um posicionamento de corpo adequado e visualize o padrão de movimento ao longo de toda a sua amplitude. Inspire quando estiver pronto para executar o exercício e então realize o movimento com uma velocidade lenta e controlada, lembrando-se de expirar durante o ponto de maior dificuldade. Peça a uma pessoa qualificada para observar e avaliar seu desempenho nas técnicas básicas.

Objetivo = 15 repetições com a carga calculada de aquecimento__

Para ter sucesso:
• Todas as repetições executadas corretamente__

4. Determine a carga de treinamento

Este procedimento prático o ajudará a determinar uma carga de treinamento correta para permitir a execução de 12 a 15 repetições. Use a carga de teste calculada a partir do procedimento prático 2 e faça tantas repetições quanto for possível com esta carga. Se você selecionou o abdominal oblíquo, não é necessário nenhum cálculo. Simplesmente faça abdominais oblíquos quanto for possível.

Objetivo = 12 a 15 repetições com a carga calculada de teste__

Para ter sucesso:
• Verifique a carga correta__
• Mantenha uma boa técnica durante cada repetição__

Se você executou de 12 a 15 repetições com a carga de teste, então essa torna-se sua carga de treinamento. Registre-a como sua Carga de Treinamento para este exercício no Apêndice C. Você agora está pronto para passar para o próximo capítulo (Passo 9).

5. Faça os ajustes necessários na carga

Se você não completou de 12 a 15 repetições com a carga de teste, ela está muito pesada e deve ser diminuída. Por outro lado, se você realizou mais do que 15 repetições, ela está muito leve e deve ser aumentada. Use a fórmula e a tabela abaixo como descrito no Passo 2 (Figura 2.3) para fazer os ajustes necessários para o abdominal sentado.

Tabela de adaptação de carga	
Repetições completadas	Ajustes (em quilogramas)
<7	-6,750
8-9	-4,500
10-11	-2,250
16-17	+2,250
18-19	+4,500
>20	+6,750

Fórmula para determinar a carga de treinamento				
Carga de teste (quilogramas)	+/−	Ajuste	=	Carga de treinamento (quilogramas)
_____	_____	_____		_____

Objetivo = Ajustes necessários na carga__

Para ter sucesso:
• Confirme o uso correto da tabela de ajuste de carga__
• Registre como a Carga de Treinamento no Apêndice C__

PASSO 9
O PROGRAMA BÁSICO: REGISTRANDO SEUS TREINOS

Agora realmente começa a diversão, porque é quando você começa a treinar! Este passo o leva através de uma série de tarefas necessárias para completar seu primeiro treino e para fazer as mudanças necessárias nos que se seguem. Cada treino deve ter três partes: um aquecimento correto, um exercício para cada um dos grandes grupos musculares (conforme você selecionou nos Passos 3-8) e uma volta à calma adequada.

O programa básico é bem equilibrado e coloca você em um esquema de treinamento. Você não precisa se preocupar com os exercícios a incluir, a ordem para fazê-los, quantas repetições ou séries fazer ou quando mudar de cargas – essas decisões já foram feitas por você. Você precisa seguir este programa básico por pelo menos seis semanas antes de adaptá-lo de algum modo. Este programa é planejado para lentamente aumentar sua resistência muscular e dar ao seu corpo tempo para se adaptar às novas exigências.

Por que seguir o programa básico?

Para ter o máximo de benefícios, comprometa-se a treinar três vezes por semana e permita-se um dia para descansar entre os treinos; treine às segundas, quartas e sextas-feiras ou terças, quintas e sábados, por exemplo. Se você pode treinar apenas duas vezes por semana, não deixe mais do que três dias entre os treinos, ou seja, segundas e quintas, terças e sábados ou quartas e sábados. Com persistência, você notará que, à medida que sua resistência muscular melhora em resposta ao treinamento, sua capacidade para se recuperar da fadiga de cada série também melhorará.

O programa básico é formado por 12 a 15 repetições por exercício, com uma série durante o primeiro treino, duas séries do 2º ao 4º treino e três séries do 5º ao 18º treino. Os quatro primeiros treinos proporcionam estímulo suficiente para preparar seu corpo para os treinos mais cansativos (do 5º até o 18º).

O tempo de recuperação entre cada série é de 1 minuto até o 5º, a partir do qual você pode pensar na diminuição dos períodos de descanso de 1 minuto para 45 ou 30 segundos. Períodos de descanso mais curtos do que 30 segundos não proporcionam tempo suficiente de recuperação. A vantagem de encurtar os períodos de descanso é que se reduz a quantidade de tempo necessária para completar uma sessão de treinamento. Isso também ajuda a melhorar o nível de resistência muscular. A desvantagem é que se você não dá o descanso adequado, o número de repetições completadas será menor. Isto significa que você não está cumprindo o que se dispôs a fazer (isto é, fazer mais repetições em cada exercício). Preste atenção à duração dos períodos de descanso e tente ser coerente entre as séries e as sessões de exercício. Dê a você mesmo tempo para se recuperar completamente entre as séries.

Quando for capaz de realizar duas ou mais repetições acima do número pretendido (isto é, 17 ou mais) na última série, em dois dias consecutivos de treinamento (a regra 2/2), é tempo de aumentar a carga. Ou, se não for capaz de realizar 12 repetições em duas sessões consecutivas de treinamento, é tempo de diminuir a carga. Volte ao Diagrama de Ajuste de Carga, no procedimento prático 5, no Passo 2, e faça as mudanças apropriadas na carga de treinamento. Tenha em mente dois pontos muito importantes enquanto treina. Primeiro, todas as repetições devem ser realizadas com excelente técnica – não sacrifique a técnica por repetições adicionais. A qualidade (técnica usada) na realização de cada repetição é mais importante do que o número realizado. Dê a cada repetição, em cada série, seu melhor esforço e aplique a regra 2/2 para manter o número de repetições entre 12 e 15, em cada série.

Registre seus treinos como um exercício do programa básico

Nota: faça três cópias da Planilha de Treinamento no Apêndice C para poder registrar os resultados do programa básico de 6 semanas. Lembre-se de fazer o aquecimento correto antes de cada treino e depois, voltar à calma adequadamente (veja de novo as orientações gerais do Passo 2). Use os seguintes exercícios para determinar quando e como fazer as mudanças necessárias em seus treinos.

1. Treino número 1

Para seu primeiro treino, faça uma série de cada um dos exercícios na ordem listada na sua Planilha de Treinamento no Apêndice C. Se as cargas de treinamento estão corretas, você deve ser capaz de realizar de 12 a 15 repetições em cada série; se não, faça ajustes como descritos no procedimento prático 5, no Passo 2.

Após completar uma série de um exercício, descanse aproximadamente por 1 minuto, antes de iniciar o exercício seguinte. Na sua Planilha de Treinamento, registre as repetições em cada série sob o título apropriado, isto é, para o dia 1, a Figura 9.1 mostra onde anotar as cargas e repetições realizadas.

Planilha de treinamento de força (3 dias por semana)

Nome: Tom Brown
Semana nº _____
Dias de treinamento

Seqüência	Área muscular	Exercício	Carga de treinamento	Série	Dia 1			Dia 2			Dia 3		
					1	2	3	1	2	3	1	2	3
1	Peito	Supino	40,5	Carga	40,5								
				Repetições	13								
2	Costas	Remada curvada	36	Carga	36								
				Repetições	12								
3	Ombros	Desenvolvimento	27	Carga	27								
				Repetições	15								
4	Braços (anterior)	Rosca bíceps	34	Carga	34								
				Repetições	15								
5	Braços (posterior)	Rosca tríceps	13,5	Carga	13,5								
				Repetições	12								
6	Pernas	Pressão de pernas	75	Carga	75								
				Repetições	15								
7	Abdômen	Abdominal oblíquo	—	Carga	–								
				Repetições	20								

Série número 1 — Carga vai aqui — Número de repetições vai aqui

Figura 9.1 Registrando cargas e repetições.

Objetivo = 1 série de cada exercício é realizada e registrada na planilha do treino __

✓ **Para ter sucesso:**
- Verifique que a seleção de carga esteja correta e as barras estejam carregadas uniformemente__
- Prenda os pesos e anilhas e o pino de seleção nas colunas de peso__
- Use as técnicas de exercício e de ajuda (com pesos livres) corretos__
- Faça os ajustes de cargas corretos__

2. Treinos de número 2 até 4

Se está treinando com um parceiro, organize seus treinos de maneira que vocês se alternem fazendo um exercício até que ambos tenham completado o número desejado de séries. Faça duas séries de cada um dos exercícios na ordem listada na sua Planilha de Treinamento no Apêndice C. Outra vez, se as cargas de treinamento estiverem corretas, você deve ser capaz de realizar de 12 a 15 repetições dentro de uma série; se não, precisará fazer ajustes como descrito no procedimento prático 5, no Passo 2. Depois de completar uma série de um exercício, descanse 1 minuto antes de iniciar a série seguinte. Em sua Planilha de Treinamento, registre as repetições e as séries completadas sob os títulos adequados, isto é, para o Dia 2, Dia 3, Dia 4. Veja a Figura 9.2 para um exemplo de como registrar suas repetições e séries para os treinos de número 2 até o número 4 e para as sessões de número 5 até 18 (veja o próximo exercício).

Planilha de treinamento com pesos (Programa de 3 dias por semana)

Nome: Tom Brown

Ordem	Área muscular	Exercício	Carga de treinamento	Série	Semana nº Dia 1			Dia 2			Dia 3			Semana nº Dia 1			Dia 2		
					1	2	3	1	2	3	1	2	3	1	2	3	1	2	3
1	Peito	Supino	40,5	Carga	40,5			40,5	40,5		40,5	40,5		40,5	40,5		40,5	40,5	40,5
				Repetições	13			12	12		14	12		15	14		16	15	12
2	Costas	Remada curvada	36	Carga	36			36	36		36	36		36	36		36	36	36
				Repetições	12			13	12		14	13		14	14		15	14	12
3	Ombros	Desenvolvimento	27	Carga	27			27	27		27	27		27	27		27	27	27
				Repetições	15			15	13		16	15		17	17		15	12	12
4	Braços (anterior)	Rosca bíceps	34	Carga	34			34	34		34	34		34	34		34	34	34
				Repetições	15			14	14		15	14		16	15		17	16	15
5	Braços (posterior)	Rosca tríceps	13,5	Carga	13,5			13,5	13,5		13,5	13,5		13,5	13,5		13,5	13,5	13,5
				Repetições	12			12	11		14	12		15	15		17	15	13
6	Pernas	Pressão de pernas	75	Carga	75			75	75		75	75		75	75		75	75	75
				Repetições	15			17	17		14	13		16	15		18	16	15
7	Abdômen	Abdominal oblíquo	–	Carga	–														
				Repetições	20			25	20		25	23					30	30	25
8				Carga															
				Repetições							2 séries nos treinos números 2,3,4						inicia 3 séries nos treinos número 5 e continua até o treino número 18		
9				Carga															
				Repetições															
10				Carga															
				Repetições															
11				Carga															
				Repetições															
12				Carga															
				Repetições															
	Peso corporal				63			63,700			63			64			63,700		
	Data				23/9			25/9			27/9			30/9			2/10		
	Comentários				uma série no primeiro treino			2 séries nos treinos 2,3,4			3 séries iniciando no treino 5								

Figura 9.2 Amostra de registro de treinos do número 2 até 4, seguidos pelos treinos de 5 até 18.

Objetivo = 2 séries de cada exercício no programa básico realizadas e registradas no diagrama de treino___

✓ **Para ter sucesso**:
• Monitore seus períodos de descanso entre os treinos___
• Use técnicas corretas de exercício e de ajuda ___

TREINAMENTO DE FORÇA / 121

3. Treinos de 5 até 18

Começando o treino número 5, realize 3 (ao invés de 2) séries de cada exercício. O desafio outra vez é manter as cargas pesadas ou leves o suficiente de maneira que você realize de 12 a 15 repetições com técnica excelente! Peça ao seu parceiro de treinamento para usar os itens dos Passos Fundamentais para o Sucesso (dentro dos Passos 3 até o 8) como uma lista de verificação para avaliar a técnica usada para seus exercícios selecionados. Use esta avaliação para melhorar sua técnica. Preocupe-se especialmente com a respiração e o controle da velocidade durante toda a amplitude do movimento de cada exercício. Pense em encurtar os períodos de descanso para 45 ou 30 segundos.

Registre todas as 3 séries na sua Planilha de Treinamento (veja de novo a Figura 9.2). Use as orientações gerais resumidas na Tabela 9.1 para quando fizer as mudanças necessárias.

Tabela 9.1 Fazendo mudanças nos treinos Sumário		
Variáveis	Treinos de 2 a 4	Treinos de 5 a 18
Repetições	12 a 15	12 a 15
Séries	2	2
Períodos de descanso	1 minuto	30 segundos até 1 minuto
Cargas		Continue a fazer mudanças nas cargas de maneira que elas fiquem suficientemente pesadas/leves para produzir de 12 a 15 repetições.

Objetivo = 3 séries de cada exercício no programa básico realizadas e registradas na Planilha de Treinamento __

Para ter sucesso:
- Qualidade (técnica usada) das repetições é mais importante do que o número das repetições__
- Use a regra 2/2 (para manter as repetições entre 12 e 15 em cada série)__

Planejando o futuro

Quando o treino de número 18 for completado (em um programa de três dias por semana, em seis semanas), você deve iniciar uma nova abordagem de treinamento. Para se preparar para isto, deve agora começar a ler e completar as tarefas descritas nos Passos 10, 11 e 12. Estes passos descrevem maneiras para modificar seu programa atual para atender às suas necessidades e aos seus interesses específicos e proporcionar maneiras de estimular um aperfeiçoamento contínuo.

PASSO 10

CONSIDERAÇÕES SOBRE PLANEJAMENTO DE PROGRAMAS: MANIPULAÇÃO DAS VARIÁVEIS DE TREINAMENTO

Neste passo, você será levado a entender melhor os "porquês" e "comos" dos programas bem concebidos de treinamento com pesos. Os elementos da seleção de exercícios, organização de exercícios, cargas, repetições, séries, períodos de recuperação e freqüência de treinamento, chamados de *variáveis de planejamento de programas,* são as variáveis centrais de programas bem concebidos. Estas sete variáveis de planejamento de programas estão agrupadas nas três seções seguintes, cada uma das quais será discutida.
1. Seleção e organização dos exercícios
2. Determinação do treinamento
   - Cargas
   - Repetições e séries
   - Duração do período de descanso
3. Decisão da freqüência de treinamento

Por que é tão importante aprender sobre conceitos de planejamento de programas?

Assim como certos ingredientes no seu prato favorito devem ser incluídos em quantidades corretas e no tempo certo, assim também devem ser as séries, repetições e cargas em seus treinos. A "receita" do seu treino, referida como *planejamento de programa,* é o que (junto com seu compromisso para treinar) basicamente determina o sucesso de seu programa de treinamento de força. O que é interessante em desenvolver um conhecimento relacionado à seleção e à organização de exercícios, cargas para usar, repetições e séries para fazer e freqüência de treinamento é que você pode planejar a seguir seus próprios programas.

Seleção e organização dos exercícios

Os exercícios que você seleciona determinarão quais de seus músculos se tornarão mais fortes, mais resistentes e maiores e a sua distribuição afetará a intensidade de seus treinos. A discussão seguinte é planejada para ajudá-lo a entender melhor os temas associados com a seleção de exercícios e é seguida por outra que explica como combinar os exercícios que você seleciona.

Seleção de exercícios

Um programa avançado pode incluir até 20 exercícios. Entretanto, um programa básico ou inicial (que é o que você está seguindo) precisa apenas incluir um exercício para cada uma das grandes áreas musculares. As áreas musculares de importância particular são o peito (peitorais maior e menor), braços – bíceps (bíceps braquial e braquial) e tríceps, ombros (deltóide), costas (grande dorsal, trapézio, rombóides), coxas (quadríceps e isquiopoplíteos) e abdômen (reto abdominal e oblíquos interno e externo).

No Passo 3 até o 8, você selecionou um exercício para cada uma destas áreas musculares. Agora você está sendo estimulado a avaliar a inclusão de exercícios para o antebraço, região lombar e panturrilhas porque isso lhe dará um programa mais completo que inclui exercícios para os grupos musculares maiores e a maioria dos "menores". Se você está treinando para melhorar seu desempenho atlético, deve considerar seriamente a inclusão de um ou mais dos exercícios para o corpo todo descritos no Apêndice A. Tais exercícios envolvem vários grupos musculares maiores, tornando-os mais exigentes fisicamente do que aqueles do programa básico. Atletas de luta e de futebol americano deveriam também acrescentar um ou mais exercícios para o pescoço.

Agora também é o momento de considerar a inclusão de exercícios para uma área muscular específica que você considere fraca ou na qual gostaria de aumentar o tônus ou tamanho muscular. O Apêndice A, Exercícios Alternativos, inclui exercícios que ajudarão nisto. Você poderia também considerar a troca de um exercício por um outro que seja mais agradável ou eficiente. O Apêndice A, que inclui exercícios classificados pela área muscular que trabalham, e o Apêndice B (Músculos do Corpo), que o ajudará a reconhecer os nomes e as localizações de áreas musculares e de músculos específicos, ajudarão no processo de seleção. Antes de tomar uma decisão final sobre quais exercícios escolher, você deve entender os conceitos e princípios que são apresentados a seguir.

Aplicar o conceito de especificidade

Sua tarefa é determinar os grupos musculares do Apêndice B que você realmente quer desenvolver e a seguir determinar quais exercícios reforçarão aqueles músculos. Isto envolve a aplicação de um conceito muito importante, o *conceito de especificidade*. Este conceito refere-se ao treinamento em uma maneira própria para produzir resultados que são específicos para o método de treinamento escolhido. Por exemplo, desenvolver o peito exige exercícios que recrutam os músculos do peito, ao passo que desenvolver a coxa exige exercícios que recrutam os músculos da coxa.

Até mesmo o ângulo específico no qual o músculo é trabalhado determina se e em qual extensão o músculo ou músculos serão estimulados. Por exemplo, a Figura 10.1 ilustra como uma mudança na posição do corpo muda o ângulo específico no qual a barra é abaixada e empurrada para cima a partir do peito. O ângulo no qual a barra é empurrada indica se os músculos dos ombros ou os da parte média ou baixa do peito se tornam mais ou menos envolvidos no exercício.

O tipo e a largura da pegada são igualmente importantes, porque eles também mudam o ângulo no qual os músculos são trabalhados e desse modo influenciam o efeito sobre os músculos. Por exemplo, uma pegada larga no supino resulta em um desenvolvimento maior no peito do que uma pegada estreita. Por isso, é tão importante realizar os exercícios exatamente como eles são descritos neste texto.

Avaliar a necessidade de equilíbrio

Selecione "pares" de exercícios para ajudar a equilibrar a força e o tamanho de grupos musculares opostos. A primeira é mais importante para criar articulações fortes e o último para desenvolver um físico proporcional e uma boa postura.

Faça pares de exercícios para grupos musculares opostos como estes:
- Peito com região dorsal
- Parte anterior do braço com sua parte posterior
- Parte anterior do antebraço (palma da mão) com a posterior (costas da mão)
- Abdominais com a região lombar
- Parte anterior com a posterior da coxa
- Parte anterior com a posterior da perna

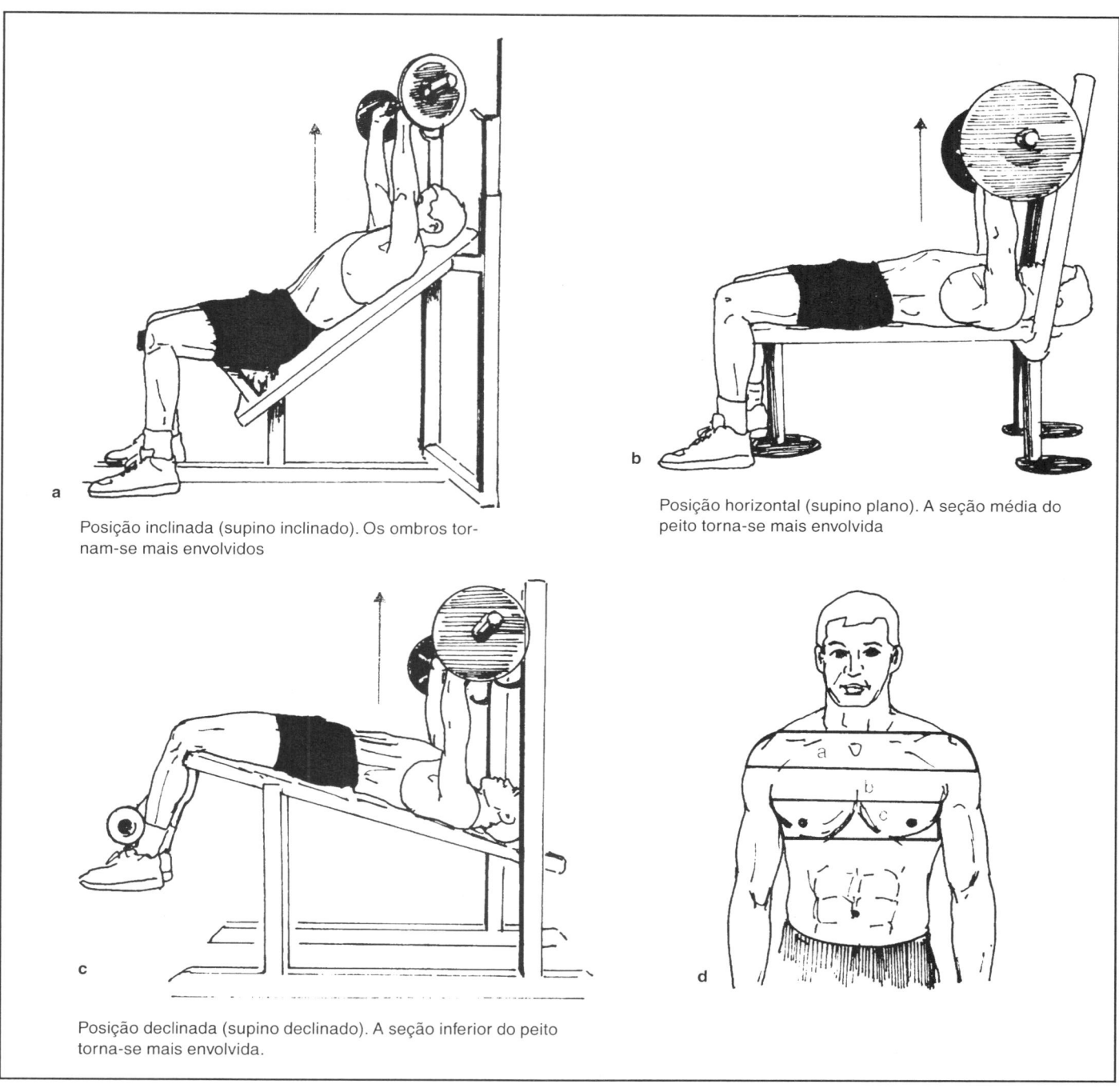

a Posição inclinada (supino inclinado). Os ombros tornam-se mais envolvidos

b Posição horizontal (supino plano). A seção média do peito torna-se mais envolvida

c Posição declinada (supino declinado). A seção inferior do peito torna-se mais envolvida.

Figura 10.1 Efeito de mudar a posição do corpo para alterar o envolvimento muscular. As mudanças na posição do corpo afetam o ângulo no qual a barra é abaixada e levantada a partir do peito (a-c), desse modo influenciando o envolvimento de uma área muscular específica (d).

Avaliar a necessidade de aparelhos

Considere qual aparelho é necessário. Determine a necessidade do aparelho para cada exercício antes de tomar a decisão final. Você pode não ter os aparelhos necessários.

TREINAMENTO DE FORÇA / 125

Avaliar a necessidade de um auxiliar

Determine se há necessidade de um auxiliar no exercício que você está considerando. Se existe essa possibilidade e se não houver um auxiliar qualificado disponível, escolha um exercício diferente para trabalhar o mesmo grupo muscular.

Avaliar o tempo exigido

Esteja ciente de que quanto mais exercícios decidir incluir em seu programa, mais longo será seu treino. É um erro comum incluir exercícios demais! Planeje séries de exercícios de 2 minutos aproximadamente, a não ser que projete fazer um programa especificamente para desenvolver força. Se a força é seu objetivo, você precisará planejar séries de exercícios de 4 minutos. Não se esqueça também de considerar o número de séries para determinar o tempo total de treino.

Isto é discutido mais adiante, em maiores detalhes.

Organização dos exercícios

Existem várias maneiras de distribuir os exercícios numa sessão. A ordem dos exercícios afeta a intensidade do treinamento e é, por isso, uma consideração muito importante. Por exemplo, alternar exercícios para parte superior e inferior do corpo não produz um nível de intensidade tão alto como realizar primeiro todos os exercícios para a parte inferior do corpo. Exercícios que incluem múltiplos músculos e articulações (referidos como exercício multiarticulares) são mais intensos do que aqueles que incluem apenas uma articulação e menos músculos (referidos como exercícios monoarticulares).

A lista seguinte apresenta as duas organizações mais comuns.
* Exercitar os grandes grupos musculares antes dos músculos pequenos
* Alternar exercícios de empurrar com os de puxar

Exercitar os grandes grupos musculares primeiro (G/P)

Exercitar os grandes(G) grupos musculares antes dos grupos pequenos (P) é uma abordagem aceita por muitos. Por exemplo, em vez de exercitar a panturrilha (um grupo muscular pequeno) e depois a coxa (um grupo muscular grande), os exercícios para a coxa seriam realizados primeiro. Observe que embora a área muscular dos braços seja considerada uma área muscular grande, a parte anterior e posterior são vistas individualmente e são referidas como grupos musculares pequenos. Um exemplo do método de organizar exercício com grupos musculares grandes primeiro é mostrado na Tabela 10.1.

Tabela 10.1 Organização de exercício: Grandes grupos musculares primeiro		
Exercício	Tipo (G/P)	Grupo muscular
Agachamento à frente	Grande	Coxa e quadril
Flexão plantar	Pequeno	Panturrilha
Supino	Grande	Peito
Extensão de tríceps	Pequeno	Braço (posterior)
Puxada pela frente	Grande	Região dorsal
Rosca bíceps	Pequeno	Braço (anterior).

Alternar exercícios de empurrar com os de puxar (E/P)

Você também pode organizar exercícios de maneira que aqueles que resultam na extensão de articulações sejam alternados com os que flexionam as articulações. Os exercícios de extensão exigem que você "empurre", enquanto os exercícios de flexão exigem que você "puxe"– por isso, o nome desta combinação, empurre (E) com puxe (P). Um exemplo seria a rosca francesa (empurre), seguida pela rosca bíceps (puxe). Esta é uma boa organização porque o mesmo músculo não é trabalhado duas ou mais vezes em sucessão. Este arranjo deve dar a seus músculos tempo suficiente para se recuperar. Um exemplo deste método de organização de exercícios é mostrado na Tabela 10.2

Tabela 10.2 Organização de exercício: alternar empurrar com puxar

Exercício	Tipo (E/P)	Grupo muscular
Supino	Empurrar	Peito
Puxada pela frente	Puxar	Costas
Desenvolvimento sentado	Empurrar	Ombros
Rosca bíceps	Puxar	Braço (anterior)
Extensão de tríceps	Empurrar	Braço (posterior)
Rosca de perna	Puxar	Coxa (posterior)
Extensão de joelho	Empurrar	Coxa (anterior).

Considerações adicionais de organização

Duas outras questões sobre a organização de exercícios devem ser consideradas, sendo que ambas afetam a intensidade do treino.

Séries feitas em seqüência *versus* séries alternadas

Quando mais de uma série de um tipo de exercício está sendo realizada, você precisa decidir se realizará todas as séries de um exercício uma após a outra (em seqüência) ou se as alternará com outros exercícios. Arranjos de exercícios realizados com 3 séries em seqüência e alternadas são mostrados abaixo:

Em seqüência = **desenvolvimento de ombros, desenvolvimento de ombros, desenvolvimento de ombros**

Alternados = **desenvolvimento de ombros**, rosca bíceps, **desenvolvimento de ombros**, agachamento à frente, **desenvolvimento de ombros**, abdominal sentado em aparelho

Alternados = **desenvolvimento de ombros**, rosca bíceps, agachamento à frente, abdominal (repetir três vezes)

Em cada uma destas combinações, são feitas três séries de desenvolvimento de ombros, cada uma com um período de descanso entre elas. A organização "em sucessão" é a abordagem preferida pela maioria.

Exercícios de tríceps e bíceps depois de outros exercícios da parte superior do corpo

Quando for organizar exercícios em seu programa, *não* deixe que as extensões de tríceps, a rosca tríceps e outros exercícios de extensão de cotovelos sejam realizados antes dos exercícios de empurrar, tais como o supino ou desenvolvimento. Estes exercícios de empurrar se baseiam na ajuda da força dos tríceps para a extensão dos cotovelos. Quando os exercícios de tríceps precedem os exercícios de empurrar, eles cansam os tríceps, reduzindo o número de repetições e o efeito desejado nos músculos do peito e dos ombros, respectivamente. A mesma lógica se aplica aos exercícios dos bíceps. Os exercícios de puxar que envolvem flexão do cotovelo, tais como a puxada pela frente, são dependentes da força vinda dos músculos bíceps. Fazer a rosca bíceps antes do exercício de puxada pela frente irá fadigar estes músculos, reduzindo o número de repetições da puxada pela frente e o efeito desejado do exercício nos músculos dorsais.

Seleção e organização de exercícios

Exercícios

1. Questionário de auto-avaliação de conceito de especificidade

Este exercício exige uma revisão dos exercícios dos Passos 3 até o 8 e do Apêndice A. Demonstre sua compreensão do conceito de especificidade marcando na coluna à esquerda um *C* (correto) onde um exercício e a área muscular primária desenvolvida estão alinhadas corretamente, e um *I* (incorreto) onde elas não estão. Você pode achar as quatro que estão incorretas?

Questionário de auto-avaliação de conceito de especificidade

Exercício	*Área muscular primária desenvolvida*
__ 1. Extensão da coluna	Região lombar
__ 2. Tríceps supinado	Parte posterior do braço
__ 3. Desenvolvimento com barra	Costas
__ 4. Flexão plantar	Panturrilha
__ 5. Agachamento à frente	Coxas e quadris
__ 6. Remada curvada	Região dorsal
__ 7. Abdominal sentado	Abdômen
__ 8. Elevação dos ombros	Ombros
__ 9. Remada alta	Peito
__10. Rosca concentrada	Parte anterior do braço
__11. Flexão do punho	Parte anterior do antebraço
__12. Puxada pela frente	Região lombar
__13. Levantamento terra com a perna flexionada	Região lombar
__14. Arranque	Antebraços
__15. Agachamento	Coxas e quadris

Objetivo = Localizar e corrigir os 4 pares incorretos entre os exercícios e o músculo desenvolvido__

Para ter sucesso:
- Aplicar seu conhecimento das localizações dos músculos no Apêndice B__
- Aplicar o conhecimento dos exercícios nos Passos 3-8 e no Apêndice A__

Respostas ao questionário de auto-avaliação

Os quatro pares incorretos estão listados abaixo:

1. 3 (deve ser ombros)
2. 9 (deve ser ombros)
3. 12 (deve ser região dorsal)
4. 14 (exercício para todo o corpo; veja o Apêndice A).

2. Questionário de auto-avaliação em exercícios equilibrados (em pares)

Identificar os dois exercícios agrupados em pares de forma correta e incorreta no questionário a seguir. Use a letra *C* para identificar aqueles que estão corretos e a letra *I* para aqueles que estão incorretos, a seguir corrija os pares incorretos.

Questionário de auto-avaliação de exercícios emparelhados

a. ___Extensão de coluna ___ levantamento terra com pernas flexionadas
b. ___Flexão de joelho ___extensão de joelho
c. ___Rosca concentrada___extensão de tríceps
d. ___Crucifixo frontal___abdominais curtos com joelhos flexionados

Objetivo = 4 pares de exercícios são marcados corretamente___

Para ter sucesso:
- Aplicar conhecimento de equilíbrio muscular em todos os 4 exemplos___

Respostas ao questionário de auto-avaliação

A seguir, os dois pares incorretos e corretos dos exercícios:

1. a (deveria ser a extensão de coluna combinada com exercícios abdominais, abdominal sentado ou abdominal oblíquo)
2. b está correto
3. c está correto
4. d (deveria ser crucifixo frontal com os exercícios de remada curvada, puxada pela frente ou remada)

3. Questionário de auto-avaliação de organização de exercícios

Antes de ser totalmente capaz de organizar exercícios para um treino, você precisa ser capaz de reconhecer as características deles. Considere o tamanho dos músculos, os padrões de movimentos de puxar e empurrar e as partes do corpo envolvidas em cada um dos exercícios seguintes. Depois preencha os espaços no questionário, usando as letras *G* (exercício com músculos grandes) ou *P* (exercício com músculos pequenos) e *E* (exercício de empurrar) ou *P* (exercício de puxar).

Questionário de auto-avaliação em reconhecer características de exercício

Exercício	Tipo de exercício	
	G/P	E/P
1. Crucifixo frontal	——	——
2. Flexão do punho	——	——
3. Tríceps supinado	——	——
4. Agachamento	——	——
5. Abdominal sentado	——	——
6. Rosca bíceps	——	——
7. Rosca concentrada	——	——
8. Flexão plantar	——	——
9. Remada alta	——	——
10. Extensão do joelho	——	——

Objetivo = Características de 20 exercícios são identificadas corretamente como se segue:
a. 10 tipos de exercícios sob a coluna G/P ___
b. 10 tipos de exercícios sob a coluna E/P ___

✓ **Para ter sucesso:**
- Aplicar os conhecimentos de tamanho muscular ___
- Aplicar o conhecimento das características de empurrar–puxar dos exercícios ___

Respostas do questionário de auto-avaliação

A seguir, as características corretas de exercício:

Exercício	Tipo de exercício	
	G/P	E/P
1. Crucifixo frontal	G	P
2. Flexão do pulso	P	P
3. Tríceps supinado	P	E
4. Agachamento	G	E
5. Abdominal sentado	G	P
6. Rosca bíceps	P	P
7. Rosca concentrada	P	P
8. Flexão plantar	P	E
9. Remada alta	G	P
10. Extensão no joelho	G	E

Determinar cargas de treinamento, repetições e séries

Agora que você tem um conhecimento maior da seleção e organização de exercícios, o próximo passo no planejamento de seu próprio programa é decidir sobre as cargas a usar. Há muitas opiniões discordantes em relação a esta variável de planejamento de programa; entretanto, há um consenso geral de que as decisões devem ser baseadas no conceito de especificidade e no que é chamado de *princípio da sobrecarga*. O princípio da sobrecarga afirma que cada treino deve fazer uma exigência ao músculo ou músculos que seja maior do que a da sessão anterior. O treinamento que incorpora este princípio desafia o corpo a enfrentar e se adaptar a uma exigência fisiológica maior do que a normal. Quando isso acontece, um novo patamar é estabelecido, o que exige uma demanda ainda maior para produzir uma sobrecarga. Introduzir sobrecargas de uma maneira sistemática algumas vezes é chamado de *sobrecarga progressiva*.

Métodos para determinação das cargas

A determinação da carga a ser usada é um dos aspectos mais confusos, ainda que provavelmente *o* mais importante no planejamento de um programa. Isso é importante porque a carga selecionada determina o número de repetições que você será capaz de realizar e a quantidade de descanso que você precisa entre as séries e exercícios, e também influencia suas decisões em relação ao número de séries e a freqüência na qual deve treinar. São descritas a seguir duas abordagens que podem ser seguidas quando se decide a quantidade de carga para usar no treinamento.

Método 12-15 RM

Nos Passos 3 até o 8, seu peso foi usado para determinar as cargas iniciais de treinamento. Os cálculos foram feitos para produzir cargas leves de maneira que você pudesse se concentrar em desenvolver técnicas corretas e evitar tensão desnecessária nos ossos e nas estruturas articulares. Seu objetivo era identificar uma carga que resultasse entre 12 e 15 repetições. Este método de determinar uma carga que produzirá falha muscular entre 12 e 15 repetições é referido como um método 12-15 RM para prescrever cargas. A letra R é uma abreviação para "repetição" e M para "máxima", significando a quantidade máxima de carga que você conseguiu levantar para fazer de 12 a 15 repetições.

Método 1 RM

Um outro método que poderia ter sido usado é o 1 RM – uma única (1) repetição (R) com o máximo (M) esforço. Dito de outra maneira, esta é a quantidade máxima de carga que se pode conseguir para uma repetição em um exercício. Embora este não seja um método perfeito para se usar, é mais acurado do que usar o próprio peso, especialmente quando você desenvolveu boas técnicas de exercício e está condicionado para lidar em segurança com cargas mais pesadas. Este não é um método apropriado para um iniciante, no entanto, porque exige uma técnica melhor e um nível de condicionamento desenvolvido apenas através de treinamento. Além disso, este método não é apropriado para todos os exercícios.

Este método de determinar cargas deve ser usado apenas com exercícios que envolvem mais de uma articulação e recrutam grandes grupos musculares que podem resistir a cargas de treinamento pesadas. Os exercícios com estas características são referidos algumas vezes como exercícios *essenciais*. O termo "essencial" também indica que estes exercícios são o ponto central de seu treinamento (isto é, você está construindo seu programa ao redor dele). Exemplos de exercícios essenciais em sua sessão de exercício incluem os apresentados para peito e ombros (Passos 3 e 5) e agachamento e arranque (exercícios de corpo inteiro) no Apêndice A.

Logo você será instruído a determinar 1 RM para vários exercícios essenciais, mas primeiro compreenda que deve manter o número de séries em 3 e o número de repetições entre 12 e 15 nos outros exercícios. Aumente gradualmente o número de repetições de 15 para 30 por série nos exercícios abdominais (feitos sem pesos). O fundamento lógico para o número maior de repetições sugerido aqui para exercícios abdominais é que você está usando uma carga leve (parte superior do corpo), que deve tornar mais fácil realizar um número maior.

Cuidado: antes de tentar um esforço para prever 1 RM, certifique-se de que aperfeiçoou a técnica de seu exercício e tem pelo menos cinco semanas de treinamento de experiência.

Procedimento para prever 1 RM

Para você conseguir experiência no uso do método 1 RM, foram-lhe dados oito procedimentos para determinar 1 RM com o exercício de peito que você selecionou no Passo 3. Preencha a informação solicitada conforme você aprendeu durante os procedimentos de 1 até o 8. Os mesmos procedimentos podem ser usados para determinar seus 1 RMs para outros exercícios essenciais.

1. O exercício que peito que você selecionou é_____.
2. Faça aquecimento com 1 série de 10 repetições com sua carga atual de 12-15 RM. Sua carga atual de 12-15 RM é de _____kg.
3. Adicione 4,5 kg, ou um peso com anilhas que seja o mais aproximado para igualar 4,5 kg, e realize 3 repetições. Sua carga para 12-15 repetições (+) 4,5 kg =_____. Faça 3 repetições com esta carga.
4. Adicione mais 4,5 kg ou o próximo peso mais pesado nas anilhas e, após descansar 2-5 minutos, faça quantas repetições for possível. Dê o seu melhor esforço! A carga no procedimento 3 = ___+ 4,5 kg = _____ Faça tantas repetições quanto for possível com esta carga.
5. Usando a Tabela 10.3, preencha no nome do exercício envolvido, a carga usada e as repetições completadas.
6. Veja a Tabela 10.4, "Predição do 1 RM." Obtenha e circule o "fator repetição" associado com o número de repetições que você completou com aquela carga no exercício de peito.
7. Registre o fator repetição marcado para o seu exercício de peito na Tabela 10.3.
8. Multiplique o fator repetição pela carga nesta tabela para obter o 1 RM previsto para este exercício.

A Figura 10.2 ilustra como a Tabela 10.3 pode ser usada com a Tabela 10.4 para predizer o 1 RM nos três próximos procedimentos. No exemplo, 6 repetições são realizadas com 54,200 kg no exercício supino. O fator repetição para as 6 repetições corretas é 1.20, o que multiplicado por 54,200 é igual a 65,100 kg, ou 65 kg (arredondado para cima para o peso mais próximo nos halteres ou anilhas).

Usando 1 RM para determinar cargas de treinamento

Para usar 1 RM para determinar uma carga de treinamento, multiplique 1 RM por uma porcentagem. Por exemplo, se sua 1 RM no desenvolvimento com barra é 45,200 kg e você decide usar uma carga de 75%, a carga de treinamento igualaria 1 RM x 0,75 ou 45,360 x 0,75 = 34. Isto será discutido mais adiante, neste Passo.

Tabela 10.3 Desenvolvendo a carga prevista para 1 RM para o peito

Nome do exercício essencial = __Supino__
Repetições completadas = __6__
Fator repetição
Carga usada x a partir da Tabela 10.4 = 1RM prevista __45,200__ x __1,20__ = __65,100__
1 RM prevista arredondada para o mais próximo do peso das anilhas = 1 RM de __65 kg__

Tabela 10.4 Previsão de 1 RM

Repetições completadas		Fator repetição
Número de repetições realizadas	1	1,00
	2	1,07
	3	1,10
	4	1,13
	5	1,16
	6	1,20
	7	1,23
	8	1,27
	9	1,32
	10	1,36

Nota: adaptada com permissão. The Safe and Effective Way (p. 201) by V. P. Lombardi, 1989, Dubuque, IA: Brown. Copyright 1989 by William C. Brown.

Questionário de auto-avaliação de carga do 1 RM

Responda às seguintes questões, conferindo a resposta correta:

1. A carga selecionada influencia o [____número,____tipo] de repetições que são possíveis.
2. A carga que você seleciona deve também influenciar o [____número de____ duração dos] períodos de descanso entre as séries.
3. 1 RM refere-se a [____1-repetição máxima;____1-minuto de descanso mínimo].

Respostas ao questionário de auto-avaliação

1. número
2. duração dos
3. 1-repetição máxima

Quando e quanto aumentar as cargas

É importante que você assuma cargas mais pesadas assim que for capaz de completar o número exigido de repetições. Não obstante, as mudanças não devem ser feitas muito depressa. Espere até que possa completar 2 ou mais repetições acima do número pretendido na última série de dois treinos consecutivos (a regra 2/2, Passo 9). Quando alcançar a regra 2/2, ao invés de olhar as tabelas de Ajustes de Cargas nos Passos 3 até 8, simplesmente aumente as cargas em 1 ou 2 kg. As tabelas de ajustes de cargas foram usados no início para ajudar primordialmente com grandes flutuações no número de repetições realizadas. Entretanto, você agora descobrirá que as flutuações são muito menores e que usar a regra 2/2 com um aumento de 1 a 2 kg funciona muito bem. Existem duas exceções. Nos exercícios envolvendo grandes músculos (desenvolvimento de ombros, supino, agachamento), você pode precisar fazer aumentos maiores. Contudo, é sempre melhor subestimar do que superestimar o aumento necessário. A outra exceção refere-se ao uso de aumentos menores (1 kg) nos exercícios de braço (bíceps, tríceps e antebraço) e pescoço (usando anilhas de 0,500 kg) É correto usar aumentos menores de carga nos exercícios que envolvem músculos menores. Conforme o treinamento progride, você pode escolher variar as cargas usadas de uma maneira diferente (e/ou repetições e séries realizadas).

Questionário de auto-avaliação de aumento de cargas

Responda às seguintes questões, verificando a resposta correta:

1. A regra 2/2 refere-se a [_____descanso de 2 minutos depois de cada dois exercícios____completar 2 ou mais repetições acima do objetivo na última série em dois treinos consecutivos antes de aumentar a carga de treinamento].
2. Os aumentos de cargas para os exercícios supino e agachamento são mais prováveis de ser [_____mais pesadas_____mais leves] do que aquelas para os exercícios de bíceps e tríceps.

Respostas ao questionário de auto-avaliação

1. completar 2 ou mais repetições acima do objetivo na última série, em dois treinos consecutivos, antes de aumentar a carga de treinamento
2. mais pesadas

Número de repetições

O número de repetições que você será capaz de fazer está diretamente relacionado à carga que você seleciona. Conforme as cargas tornam-se mais pesadas, o número de repetições possíveis torna-se menor, e, conforme as cargas tornam-se mais leves, o número de repetições possíveis torna-se maior. Assumindo que um grande esforço é feito em cada série de exercícios, o fator que dita o número de repetições é a carga selecionada.

Questionário de auto-avaliação do número de repetições

Responda às seguintes questões, verificando a resposta correta:

1. Cargas mais pesadas estão associadas com um [_____maior_____menor] número de repetições.
2. O fator que dita o número de repetições completadas é [_____a carga_____o exercício] selecionado/a.

Respostas ao questionário de auto-avaliação

1. menor
2. a carga

Número de séries

Existe alguma controvérsia quanto ao fato de séries múltiplas (2 ou mais) serem melhores do que séries únicas para desenvolver força, hipertrofia e/ou resistência muscular. Enquanto o treinamento de 1 série funciona excepcionalmente bem durante os primeiros estágios (10 semanas), existe uma crescente evidência a favor de séries adicionais nos estágios mais avançados do treinamento. Parece razoável esperar que a abordagem de séries múltiplas para treinamento proporcione um estímulo melhor para o desenvolvimento continuado. O princípio explicativo é que uma série única de um exercício não recrutará todas as fibras em um músculo e que realizar séries adicionais recrutará mais fibras. Isto acontece porque as fibras musculares que estão envolvidas na primeira série não estarão suficientemente recuperadas, e por isso dependerão da ajuda das fibras "frescas" (não estimuladas anteriormente). Isto é especialmente evidente se uma carga adicional é acrescentada nas séries subseqüentes.

Quando 3 ou mais séries são realizadas, a probabilidade de recrutar fibras adicionais torna-se até maior. Um reforço adicional a favor das séries múltiplas vem de observações de programas seguidos por levantadores de pesos, praticantes de levantamentos básicos e fisiculturistas bem sucedidos e competitivos. Sabe-se que estes competidores se baseiam em séries múltiplas para alcançar altos graus de desenvolvimento. Como veremos mais tarde, os seus objetivos de treinamento devem influenciar no número de séries que você realiza.

Há mais uma coisa a considerar. Quanto tempo você tem para treinar? Por exemplo, se você escolhe descansar por 1 minuto entre os exercícios no seu programa (o objetivo é hipertrofia), você deve supor um mínimo de 2 minutos por exercício (um mínimo de 60 segundos para completar as repetições no exercício mais 60 segundos de descanso). Desse modo, seu programa de 7 exercícios, no qual se realiza 1 série de cada, deve ter 14 minutos. Se você aumentar o número de séries para 2, e depois para 3, a duração do treino aumentará para 28 e 42 minutos, respectivamente. Isto presume um período de descanso de 60 segundos após cada série. O tempo real para descanso entre séries, como você lerá logo, pode variar entre 30 segundos e 5 minutos.

Questionário de auto-avaliação para número de séries

Responda às seguintes questões, conferindo a resposta correta:

1. O menor número de séries recomendado para desenvolvimento continuado é [___1___2].
2. A base para o treinamento de múltiplas séries é que as séries adicionais são concebidas para [_____recrutar_____relaxar] um número maior de fibras musculares.

Respostas ao questionário de auto-avaliação

1. 2
2. recrutar

Duração do período de descanso

O impacto do período de descanso entre as séries na intensidade do treinamento normalmente não é reconhecido, mas deveria ser. Períodos de descanso mais longos proporcionam tempo para que os "energizantes" (fosfatos) da contração muscular se reconstruam, possibilitando que os músculos exerçam força maior. Se a quantidade de trabalho é a mesma e os períodos de descanso são encurtados, a intensidade de treinamento aumenta. Como você logo lerá, a extensão de tempo entre os exercícios ou séries tem um impacto direto nos resultados do treinamento. Cuidado, entretanto: movimentar-se muito rápido de um exercício ou série para um outro com freqüência reduz o número de repetições que você é capaz de fazer (devido ao tempo incorreto de recuperação) e pode provocar tontura e náusea.

Questionário de auto-avaliação da duração dos períodos de descanso

Responda às questões seguintes, conferindo a resposta correta:

1. Períodos de descanso mais longos permitem que você exerça [_____maior_____menor] força.
2. A duração dos períodos de descanso tem [___um efeito___nenhum efeito] no resultado do treinamento.

Respostas ao questionário de auto-avaliação

1. maior
2. um efeito

Aplicação do conceito de especificidade

A discussão anterior do conceito de especificidade abordava apenas o tema da seleção de exercício, mas este conceito é mais amplo, relacionando-se ao planejamento de programa. A Tabela 10.5 mostra como cargas, repetições, séries e períodos de descanso são manipulados usando-se o conceito de especificidade no planejamento de três programas diferentes: resistência muscular, hipertrofia e força. Esta tabela ilustra uma seqüência onde são apresentadas as variáveis para o percentual de 1 RM, número de repetições e séries e duração dos períodos de descanso. Isso revela que os programas de resistência muscular (quando comparados com outros programas) devem incluir cargas mais leves (≤ 70 por cento de 1 RM), permitir de 12 a 20 repetições, envolver menos séries (2 ou 3) e ter períodos de descanso mais curtos (20 a 30 segundos). Em contraste, programas planejados para desenvolver força devem incluir cargas mais pesadas (80 a 100 por cento de 1 RM) com menos repetições (1 a 8), mais séries (3 a 5 ou mais) e períodos de descanso mais longos entre as séries (2 a 5 minutos). Programas planejados para desenvolver hipertrofia (aumento do tamanho do músculo) devem incluir repetições, séries e tempos de descanso variáveis, dentro das orientações para resistência e força muscular.

Os programas baseados nestas orientações gerais e planejados especificamente para desenvolver força, resistência muscular ou hipertrofia são discutidos e ilustrados nas páginas seguintes. São programas introdutórios básicos que você vai querer rever quando completar o Passo 12.

Programa de resistência muscular

O programa que você tem seguido é planejado para desenvolver a resistência muscular. Você notará algumas semelhanças entre seu programa e o programa de resistência muscular na Tabela 10.5. As cargas que você está usando agora permitem que faça 15 repetições, mas não 20. Seus períodos de repouso estão perto dos 30 segundos sugeridos, se você fez um esforço para encurtá-los. Se você escolher no Passo 12 continuar com seu programa de resistência muscular, não aumente a carga até ser capaz de realizar 20 repetições na última série em dois treinos consecutivos e conserve os períodos de descanso em 20 a 30 segundos. Exceto para situações específicas, tais como treinamento para eventos competitivos de resistência, períodos de descanso menores do que 30 segundos não são recomendados.

Questionário de auto-avaliação do programa de resistência muscular

Responda às seguintes perguntas:

1. As orientações gerais para seguir quando planejar seu programa para resistência muscular são as seguintes:
   a) Nível de esforço (intensidade)___
   b) Percentual do 1 RM___
   c) Repetições ___
   d) Número de séries___
2. A não ser que haja uma razão específica, o tempo correto de descanso entre as séries e os exercícios no programa de resistência muscular é [___45 segundos, ___30 segundos].

Respostas ao questionário de auto-avaliação

1. a. leve b. 60 a 70% c. 12 a 20 d. 2 ou 3
2. 30 segundos

Programas de hipertrofia

Se você decidir no Passo 12 acentuar a hipertrofia, veja de novo as orientações gerais na Tabela 10.5 e considere o exemplo na Tabela 10.6, onde 1RM = 45,200 kg, quando modificar seu programa.

Os passos fundamentais de um programa bem-sucedido de hipertrofia parecem estar associados com o uso de cargas moderadas – 70 a 80% de 1 RM; um número médio de repetições (8-12) por série; entre 3-6 séries; e períodos de descanso moderados – 30-90 segundos entre as séries de exercícios. Um método simples para estabelecer cargas de 70-80% é acrescentar 2 kg à carga que você está usando. Faça isto apenas com os exercícios essenciais; mantenha as mesmas cargas para outros exercícios e aplique a regra 2/2 quando fizer ajustes de cargas. Você observará que fisioculturistas bem-sucedidos normalmente não fazem longos descansos entre as séries e que eles realizam muitas séries. Desse modo, eles combinam o programa de série múltipla descrito anteriormente neste passo com o período de descanso e orientação geral de carga apresentados na Tabela 10.5 para promover aumentos na hipertrofia.

Dois métodos singulares implementados nos programas de hipertrofia são a *supersérie* e a série composta. Uma *supersérie* ocorre quando o indivíduo realiza dois exercícios que treinam grupos musculares opostos sem descanso entre os dois exercícios – por exemplo, 1 série de rosca bíceps seguida imediatamente por 1 série de extensão de tríceps. Fazer consecutivamente dois exercícios que treinam o mesmo grupo muscular sem descanso entre eles é chamado de *série composta*. Um exemplo disto é realizar 1 série de rosca bíceps com halteres seguida imediatamente por rosca bíceps com barra. O fato de que estas abordagens divergem dos períodos de descanso mostradas na Tabela 10.5 certamente não significa que tais abordagens não sejam eficazes. As estruturas de tempo indicadas são apenas orientações. Há muitas maneiras de manipular variáveis de planejamento de programa para produzir resultados positivos.

Tabela 10.5 Conceito de especificidade aplicado às variáveis de planejamento de programa

Intensidade relativa	Resultado de treinamento	%1 RM	Repetições	Número de séries	Descanso entre séries
Leve	Resistência muscular	60-70	12-20	2-3	20-30 segundos
Moderada	Hipertrofia	70-80	8-12	3-6	30-90 segundos
Pesada	Força	80-100	1-8	3-5+	2-5 minutos

Questionário de auto-avaliação de programa de hipertrofia

Responda às seguintes questões:

1. As orientações gerais a serem usadas quando planejar seu programa, de maneira que a hipertrofia seja o resultado, são as seguintes:
   a. Intensidade relativa = ___
   b. Percentual do 1 RM = ___
   c. Repetições = ___
   d. Número de séries = ___
   e. Período de descanso = ___
2. Dada 1 RM de 45,200 kg, uma carga de 34 kg é associada com o objetivo de alcançar um programa de [____força____ hipertrofia____resistência muscular].
3. Quando grupos musculares opostos são exercitados sem repouso, esta organização é referida como uma [_____super série_____série múltipla].

Respostas ao questionário de auto-avaliação

1. a. moderado b. 70 a 80% c. 8 a 12 d. 3 a 6 e. 30 a 90 segundos

2. hipertrofia

3. supersérie

Tabela 10.6 Exemplo: Programa de hipertrofia Série múltipla = Treinamento com a mesma carga (1 RM = 45,200 kg)			
Série	%1 RM	Peso/resistência em quilogramas	Repetições
1	34kg (75%)	34kg (75%)	8-12
2		mesma % de carga;	8-12
3		mesma % de carga;	8-12
Duração do descanso entre as séries = 30– 90 segundos			

Programas de força

Há muitas maneiras de abordar programas planejados para produzir significativos ganhos em força. Os dois apresentados aqui são normalmente usados por levantadores de peso e praticantes de levantamentos básicos bem-sucedidos, e se aplicam mais aos exercícios de grandes músculos (essenciais).

Treinamento em pirâmide

Se você decidir no Passo 12 mudar seu programa para acentuar o desenvolvimento da força, um método de aplicar as orientações gerais apresentadas na Tabela 10.5 pode ser visto na Tabela 10.7. O exemplo usa 1 RM prevista de 68 kg no exercício supino. Para conseguir a intensidade correta para produzir o objetivo de 6 a 8 repetições na primeira série, use 80% da 1 RM. Esta porcentagem igualará 54,400 kg (68 x 0,80 = 54,400). Um outro método que deixará você perto de 80% de uma carga de 1 RM é acrescentar de 4,500 a 6,800 kg ao que você está usando em seus exercícios essenciais. Lembre-se de manter as mesmas cargas do outro exercício e aplicar a regra de 2/2 quando fizer os ajustes de carga.

Agora, para incorporar o conceito de sobrecarga progressiva, você pode usar o que é chamado de pirâmide de treinamento de leve para pesado, onde cada série subseqüente torna-se mais pesada. Aumente 80% da carga de 1 RM (55 kg) para aproximadamente 85% da carga de 1 RM (60 kg) na segunda série e para 90% da carga de 1 RM (61 kg) na terceira série. Note que algumas vezes você precisará arredondar as cargas para o ponto mais próximo das anilhas, como foi feito com a carga de 85% na série 2. Se 5 séries devem ser feitas, aumente a carga para 95% do 1 RM para a quarta e a quinta série. Entre cada série, descanse 2 minutos ou mais. Não se surpreenda quando o número de repetições diminuir conforme você continua da série 1 para a 2, série 2 para a 3 e assim por diante. De fato, os aumentos de carga são planejados para diminuir o número de repetições: de 6 para 8 na série 1, 4 para 7 na série 2, 1 para 3 na série 3 (e 1 ou 2 nas séries 4 e 5, em programas de treinamento mais avançados). Use esta abordagem com exercícios (essenciais) de músculos grandes, enquanto realiza 3 séries de 8-12 repetições em outros exercícios. Cargas pesadas tendem a produzir tensão exagerada nos músculos menores e nas articulações.

Forçar-se a treinar até o ponto da falha muscular, usando pesos maiores progressivamente de série para série (princípio de sobrecarga progressiva), proporcionará o estímulo para ganhos dramáticos de força. Conforme os treinos continuam, a necessidade de acrescentar peso para uma ou mais séries sucessivas será um resultado natural. Enquanto o treinamento continua e a intensidade dos treinos aumenta, chegará uma hora em que o treinamento para a falha muscular é apropriado apenas em certos exercícios e em dias planejados. Isto é discutido no Passo 12.

Treinamento de séries múltiplas–mesma carga

Uma outra abordagem popular usada para desenvolver força é realizar 3 a 5 séries de 2 a 8 repetições com a mesma carga nos exercícios essenciais e 3 séries de 8 a 12 repetições em

Tabela 10.7 Exemplo: Programa de Treinamento de Força em Pirâmide e uso de 1 RM (1 RM no supino = 68 kg)

Série	1 RM x % 1 RM = Carga	Meta de repetições
Aquecimento	Use carga de treinamento atual	10
1	68 × 80% = 55 kg Carga de treinamento = 54,400 kg	6-8
2	68 × 85% = 58 kg Carga de treinamento = 59 kg	4-7
3	68 × 90% = 61 kg Carga de treinamento = 61 kg	2-3
	Duração de descanso entre as séries = 2-5 minutos.	

outros exercícios, como é mostrado na Tabela 10.8. O programa pode tornar-se mais agressivo diminuindo-se a meta das repetições – o que significa que você deve usar cargas mais pesadas (6 repetições = 85%, 4 = 90%, 2 = 95% da 1 RM). Preste atenção em como a porcentagem da 1 RM está associada a meta das repetições de 6, 4 e 2 no final desta tabela. Você descobrirá que completar o número especificado de repetições na série 1 normalmente é fácil, a série 2 é mais difícil e a série 3 é muito difícil, se não impossível. Com treinamento continuado, as séries 2 e 3 ficarão mais fáceis e no final você necessitará aumentar as cargas. Como já foi mencionado, manter as mesmas cargas em várias séries do mesmo exercício também é uma abordagem popular de treinamento entre os fisiculturistas. A diferença aqui é que as cargas usadas para desenvolver força são mais pesadas e os períodos de descanso mais longos.

Tabela 10.8 Exemplo: Programa de Treinamento de Força–série múltipla – mesma carga (1 RM no supino = 68 kg)

Série	1RM	x	% 1 RM	=	Carga	Meta de repetições
			Exercícios essenciais			
1	150	x	80%	=	55 kg	8
2	150	x	80%	=	55 kg	8
3	150	x	80%	=	55 kg	8
	Use 85% de 1 RM para meta de 6 repetições Use 90% de 1 RM para meta de 4 repetições Use 95% de 1 RM para meta de 2 repetições (Outros exercícios: 3 séries de 8 a 12 repetições)					

Questionário de auto-avaliação de programa de força

Responda às seguintes questões (confira duas respostas para a questão 4):

1. As orientações gerais para usar quando planejar seu programa de maneira que a força seja o resultado são as seguintes:
   a. Intensidade relativa = ___
   b. Percentual do 1 RM = ___
   c. Repetições = ___

d. Número de séries = ___
   e. Períodos de descanso = ___
2. Dada 1 RM de 90,400 kg e um objetivo de desenvolvimento de força, a carga mais leve para uma primeira série deve ser [___72,300 kg ___63,200 kg].
3. O uso de pesos progressivamente mais pesados em cada série na abordagem de treinamento em pirâmide demonstra o uso do princípio [___2/2___ da sobrecarga].
4. Os dois programas de desenvolvimento de força descritos aqui tem sido chamados de [___1 RM___pirâmide___série multipla-mesma carga___sobrecarga].
5. Cargas mais pesadas não são usadas com grupos musculares [___ menores___maiores] porque este método de treinamento impõe uma exigência muito grande sobre os músculos envolvidos e nas estruturas articulares.

Respostas ao questionário de auto-avaliação

1. a. pesada b. 80 a 100% c. 1 a 80 d. 3 a 5 e. 2 a 5 minutos
2. 72,300 kg
3. princípio de sobrecarga
4. pirâmide, série múltipla-mesma carga
5. menor

Manipulação das variáveis de planejamento de programa

Exercícios

1. Cargas, repetições, séries e períodos de descanso

Você teve a oportunidade de aprender sobre como o conceito de especificidade e o princípio de sobrecarga são usados para determinar cargas, as implicações dessas cargas no número de repetições e séries e a duração dos períodos de descanso entre exercícios e séries. Como uma revisão, preencha os espaços vazios na Tabela 10.9

Tabela 10.9 Conceito de especificidade aplicado às variáveis de planejamento de programas

Intensidade relativa	Resultado de treinamento	% 1 RM	Repetições	Numero de séries	Descanso entre as séries
_____	Força	_____	1-8	_____	2-5 minutos
Moderada	_____	70-80	_____	3-6	_____
_____	Resistência muscular	_____	12-20	_____	20-30 segundos

Objetivo = 9 espaços na Tabela 10.9 são preenchidos corretamente___

Para ter sucesso:
- Aplique o conceito de especificidade e o princípio de sobrecarga na determinação das respostas sobre o percentual do 1 RM__
- Aplique o conceito de especificidade para determinar as respostas para as questões de repetição__
- Aplique o princípio de sobrecarga para determinar as respostas às questões sobre o número de séries___
- Aplique o conceito de especificidade e o princípio de sobrecarga para determinar respostas para o número de séries___
- Aplique o conceito de especificidade para determinar a duração dos períodos de descanso__

2. Determinar os limites de carga

Este exercício lhe dá experiência em determinar cargas de treinamento usando o 1 RM previsto ou real e em aplicar o conhecimento que você obteve em relação aos limites de carga de treinamento. Usando 36 kg como 1 RM e o exemplo mostrado para um programa de hipertrofia, determine os limites de cargas de treinamento para um programa de força e resistência. Lembre-se de arredondar os números até o valor mais próximo possibilitado pelas anilhas e pelos pesos. Escreva suas respostas nos espaços em branco, abaixo do título Limites de Carga de Treinamento.

Objetivo	1 RM	x	Carga de treinamento (%)	=	Limites de carga de treinamento*
Hipertrofia: *Exemplo*:	36	x	70 a 80%	=	25 a 30 quilogramas
Força	36		____%	=	____ a ____ quilogramas
Resistência muscular	36		____%	=	____ a ____ quilogramas

*Arredondado para o valor mais próximo possibilitado pelas anilhas ou pelos pesos

Objetivo =
a. 2 percentuais de cargas de treinamento são registradas corretamente___
b. 4 cargas de treinamento são registradas corretamente___

Para ter sucesso:
- Lembre-se das porcentagens relativas para resultados específicos de treinamento___
- Arredonde o valor até o mais próximo possibilitado pelas anilhas ou pelos pesos___

Respostas ao questionário de auto-avaliação

Força: 80 a 100; 30 a 36 kg
Resistência muscular: 60 a 70; 22 a 25 kg

Decidir a freqüência de treinamento

A freqüência de treinamento e a variação de programa são as últimas variáveis no planejamento de programa para serem incluídas antes de você ser desafiado a planejar seu próprio programa. Essencialmente, as questões que precisam ser respondidas são: (a) Com quanta freqüência você deve treinar?; e (b) Como deve mudar o programa de maneira que o desenvolvimento continue?

Freqüência de treinamento

A freqüência de seu treinamento, assim como a aplicação do princípio de sobrecarga, é um elemento essencial para estabelecer a intensidade correta em programas bem-sucedidos. Para ser eficaz, o treinamento deve ocorrer em uma base regular. Treinos esporádicos prejudicam a capacidade de seu corpo se adaptar. Compreenda também que o descanso entre os dias de treinamento é tão importante como o treino em si! Seu corpo necessita de tempo para se recuperar, que é o tempo para colocar os resíduos indesejáveis do exercício para fora dos músculos e os nutrientes para dentro, de modo que os músculos cansados pelo treinamento possam se reconstruir e desse modo aumentar em tamanho e força. Descanso e ingestão de alimentos nutritivos são essenciais para o crescimento continuado do músculo. Freqüentemente, os iniciantes no treinamento de força tornam-se tão entusiasmados com as mudanças em sua força e aparência que treinam até nos dias marcados para descanso. *Mais nem sempre é melhor*, especialmente durante os estágios iniciais de seu programa!

Programas de 3 dias por semana

Dê pelo menos 48 horas de intervalo antes de treinar o mesmo músculo de novo, o que normalmente significa treinar 3 dias por semana. Normalmente, isto significa treinar nas segundas, quartas e sextas-feiras; terças, quintas e sábados; ou domingos, terças e quintas. Em um programa de 3 dias por semana, todos os exercícios são realizados em cada dia de treinamento.

Programas divididos

Um programa dividido é um método mais avançado de treinamento que normalmente implica dividir um programa de exercícios e realizar parte deles 2 dias por semana (por exemplo, segunda e quinta) e o resto em 2 dias diferentes (por exemplo, terça e sexta). Um programa dividido normalmente envolve mais exercícios e séries e é feito em 4 dias por semana, como mostrado na Tabela 10.10.

Tabela 10.10 Programa de treinamento divididos em 4 dias por semana

OPÇÃO A		OPÇÃO B	
Exercício	Tipo	Exercício	Tipo
Segunda e quinta (Parte superior do corpo)		**Segunda e quinta** (Peito, ombros e braços)	
Supino	Empurrar	Supino	Empurrar
Puxada pela frente	Puxar	Rosca bíceps	Puxar
Crucifixo direto	Empurrar	Desenvolvimento completo	Empurrar
Rosca bíceps	Puxar	Abdominal	Puxar
Desenvolvimento completo	Empurrar	Extensão de tríceps	Empurrar
Abdominal	Puxar		
Extensão de tríceps	Empurrar		
Terça e sexta (Parte inferior do corpo)		**Terça e sexta** (Pernas e costas)	
Agachamento à frente	Empurrar	Remada curvada	Puxar
Rosca de pernas	Puxar	Pressão de pernas	Empurrar
Extensão de joelho	Empurrar	Rosca de pernas	Puxar
Abdominal curto com joelhos flexionados	Puxar	Extensão de joelho	Empurrar
Flexão plantar sentado	Empurrar	Abdominal curto com joelhos flexionados	Puxar

Na metade da esquerda desta tabela (Opção A), os exercícios são divididos entre as partes superior e inferior do corpo, com exercícios abdominais em todos os dias de treinamento. A opção B, na metade à direita ilustra uma outra opção comum de programa dividido, onde os exercícios para o peito, ombros e braços são "divididos" dos exercícios para pernas e costas e são realizados em dias diferentes. Os exercícios abdominais são feitos em todos os dias de treinamento. Note que foi feito um esforço nas duas opções para organizar exercícios de maneira que os de puxar e empurrar estejam alternados e os de tríceps e bíceps estejam localizados, respectivamente, após os exercícios de empurrar e puxar para a parte superior do corpo.

O programa dividido oferece muitas vantagens. Ele distribui os exercícios em seu treino por 4 dias ao invés de 3, com isso reduzindo normalmente o tempo exigido para completar cada treino. Isto dá a oportunidade de acrescentar mais exercícios e séries e ao mesmo tempo mantém o tempo do treinamento razoável. Como você pode acrescentar mais exercícios, é capaz de acentuar o desenvolvimento muscular em grupos musculares específicos, se decidir fazê-lo. Sua desvantagem é que você deve treinar 4 dias por semana ao invés de 3.

Questionário de auto-avaliação da freqüência de treinamento

Responda às questões seguintes, verificando a resposta correta:

1. Estabelecer um estímulo correto para o desenvolvimento depende do uso do princípio de sobrecarga e do treinamento [___regular___ esporádico].
2. Comparado a um programa dividido, o programa de 3 dias por semana normalmente inclui um número de exercícios [___maior___menor].
3. Comparado ao programa de 3 dias por semana, os treinos em um programa dividido normalmente levam [___menos___mais] tempo para serem completados.
4. O programa [dividido____de 3 dias por semana___] oferece a melhor oportunidade para acentuar o desenvolvimento de áreas musculares específicas.

Respostas ao questionário de auto-avaliação

1. regular
2. menor
3. menos
4. dividido

Resumo das considerações sobre o sucesso do planejamento de programa

Um conhecimento claro de como aplicar o conceito de especificidade e o princípio de sobrecarga é a base para programas bem concebidos. Entender e incorporar as orientações gerais para cargas, repetições, séries e duração dos períodos de descanso para resistência muscular, hipertrofia e força são os passos fundamentais para desenvolver programas que satisfaçam suas necessidades específicas. Quando selecionar exercícios, tenha em mente o conceito de especificidade, as exigências de equipamento e a de auxiliares para cada exercício. Inclua também pelo menos um exercício para cada área de músculos grandes e lembre-se da necessidade de selecionar exercícios equilibrados em pares. Inclua exercícios adicionais se você quiser acentuar o desenvolvimento de certas áreas musculares, mas não muitos para que os treinos não sejam muito longos. Por último, lembre-se de que a forma de ordenar os exercícios e a ordem na qual você realmente os realiza também têm um impacto direto no seu sucesso.

Treinar de uma maneira regular é essencial para o sucesso do seu programa de treinamento de força. Os programas iniciais normalmente começam com 2 ou 3 dias de treinos por semana e podem evoluir para programas divididos de 4 dias por semana. O compromisso de maior tempo em programas divididos é compensado pelas vantagens de ser capaz de acentuar certas partes do corpo (devido ao tempo extra de treinamento). Sua capacidade para se recuperar das sessões de treino é crítica para o sucesso dos seus futuros treinamentos; *mais* nem sempre é *melhor*. Por último, os músculos precisam ser nutridos, especialmente após um treino desafiador. Alimentar-se com refeições nutritivas é essencial para a regeneração do músculo e os aumentos de tamanho e de força.

PASSO 11

MAXIMIZAÇÃO DOS RESULTADOS DO TREINAMENTO: AJUSTANDO AS INTENSIDADES

Este passo aborda a discussão das variáveis de seleção de exercícios, cargas, repetições, períodos de descanso e freqüência do treinamento citadas no Passo 10 e descreve como estas variáveis de programa podem ser manipuladas para maximizar os resultados do treinamento.

Por que ajustar a intensidade do treinamento?

Se você fizer o mesmo número de séries e de repetições nos mesmos dias a cada semana e com as mesmas cargas, semana após semana, ocorrerá um platô no desenvolvimento da força e seus objetivos de treinamento não serão alcançados. Assim, as variáveis no planejamento dos programas devem ser sistematicamente alteradas ou manipuladas para promover um desenvolvimento contínuo e evitar o excesso de treinamento (discutido na seção Considerações Fisiológicas, página 13).

Mesmo que exista a necessidade de fazer cada vez mais repetições e séries e usar cargas cada vez mais pesadas para manter um desenvolvimento continuado, repetições e séries demais feitas com cargas agressivas e sem os períodos adequados de descanso podem resultar em períodos aumentados de dor muscular, agravar problemas articulares já existentes e levar a lesões. O objetivo, assim, é planejar programas que variem a intensidade total do treinamento, proporcionando tanto a sobrecarga quanto o descanso necessário para se chegar aos ganhos máximos sem lesões.

Variação do treinamento

A variação do treinamento envolve a manipulação sistemática das variáveis:
- freqüência de treinamento
- exercícios selecionados
- organização dos exercícios
- número de repetições por série
- número de séries
- extensão dos períodos de repouso entre os treinos

As abordagens de programas planejados para variar a intensidade do treinamento dão atenção especial às cargas assumidas pelos grandes grupos musculares (pernas, ombros, peito) nos exercícios essenciais (discutidos no Passo 10). Acredita-se que a maior massa muscular e as estruturas articulares dos maiores grupos musculares os tornem mais bem adaptados a suportar os rigores do treinamento do que os grupos menores. Você pode se lembrar do passo anterior, que os grupos musculares maiores eram identificados como sendo adequados para as cargas mais pesadas no programa pirâmide (desenvolvimento de força muscular) pela mesma razão.

Algumas das estratégias normalmente usadas para variar a intensidade dos treinos são:
- usar cargas pesadas, leves e intermediárias em dias diferentes da semana;
- aumentar as cargas de uma semana para outra; ou
- alterar as cargas de modo cíclico a cada 2 ou mais semanas.

As estratégias aqui referem-se *apenas* aos exercícios essenciais e são mais aplicáveis aos programas que envolvem 3 ou mais séries e para aqueles planejados para o desenvolvimento de força muscular e hipertrofia. As cargas usadas nos exercícios acessórios devem possibilitar de 8 a 12 repetições, e estas cargas devem ser gradualmente aumentadas, usando-se a regra 2/2. Apesar da discussão aqui centrar-se sobre as cargas usadas, você deve lembrar que o número de séries e repetições também pode ser manipulado (e normalmente é) para variar a intensidade do treinamento.

Variações na mesma semana

Seguem-se três diferentes maneiras de aumentar as cargas na mesma semana.

Mesma carga nas séries, 3 dias por semana

A Tabela 11.1 mostra exemplo de um programa de treinos 3 vezes por semana no qual as cargas pesadas (P), leves (L) e intermediárias (I) são alternadas dentro da mesma semana. As cargas usadas num treino específico permanecem as mesmas (elas não são aumentadas, daí o nome "mesma carga nas séries"). A notação 2 x 8-12 significa 2 séries de 8 a 12 repetições; 3 séries de 8 a 10 repetições seria escrito como 3 x 8-10. Se você faz 3 séries de 8-10 repetições com 55 kg, você escreveria assim: 55 x 3 x 8-10.

Note que nestas tabelas apenas os exercícios para os músculos maiores (essenciais) estão associados às letras P, L ou I, designando o uso de cargas pesadas (85% do 1 RM), leves (70% do 1 RM) e intermediárias (80% do 1 RM), respectivamente. Outros exercícios envolvem cargas que permitem de 8 a 12 repetições. Mesmo que você seja capaz, não faça mais do que 10 repetições no seu dia leve (L) (quarta-feira) e 8 repetições no dia intermediário (sexta-feira). Observe que a segunda-feira, o dia de treino mais intenso, é seguido pelo dia de treino mais leve, o qual é seguido então pelo dia de intensidade média, para que seu corpo tenha a chance de se recuperar. Este padrão será repetido em todos os exemplos de programas de treinamento apresentados neste passo.

Pirâmide 3 dias por semana

No passo 10 você aprendeu a respeito do uso da estratégia da pirâmide, onde os aumentos progressivos de carga ocorrem de uma série para outra até que todas as séries de um exercício específico sejam completadas. Na Tabela 11.2, você irá reconhecer estes aumentos progressivos, mas também vai observar que as cargas usadas variam de 80 a 90% do 1 RM na

Tabela 11.1 Variação na carga de treinamento na mesma semana
(estratégia de mesma carga nas séries, 3 dias por semana)

Exercício	Segunda-feira	Quarta-feira	Sexta-feira
Supino**	P 3 x 3-8	L 3 x 10	I 3 x 6-8
Remada curvada	2 x 8-12	2 x 8-12	2 x 8-12
Desenvolvimento com barra**	P 3 x 3-8	L 3 x 10	I 3 x 6-8
Rosca bíceps	2 x 8-12	2 x 8-12	2 x 8-12
Extensão de tríceps	2 x 8-12	2 x 8-12	2 x 8-12
Agachamento**	P 3 x 3-8	L 3 x 10	I 3 x 6-8
Abdominal	2 x 15-30 repetições por dia		

Explicação das cargas: P (pesada) = 85% do 1 RM, L (leve) = 70% do 1 RM, I (intermediária) = 80% do 1 RM
** Exercícios essenciais, 3-5 séries.

Tabela 11.2 Métodos de variação das cargas na mesma semana, estratégia de pirâmide, 3 dias por semana (1RM previsto = 68 kg)

	Segunda-feira, pesado (P)					Quarta-feira, leve (L)					Sexta-feira, intermediário (I)			
% 1 RM	Carga (kg)		Nº séries	Repetições	% 1 RM	Carga (kg)		Nº séries	Repetições	% 1 RM	Carga (kg)		Nº séries	Repetições
80	55	x	1 x	6-8	70	47,5	x	1 x	10	75	52	x	1 x	8
85	58	x	1 x	4-7	75	52	x	1 x	8	80	56,5	x	1 x	6
90	61	x	1 x	1-3	80	55	x	1 x	6	85	58	x	1 x	4

segunda-feira (P), de 70 a 80% na quarta-feira (L) e de 75 a 85% na sexta-feira (I). O exemplo utiliza 1 RM de 68 kg.

Programa dividido de 4 dias por semana, pesado-leve

As Tabelas 11.3 a e b mostram como um programa dividido de 4 dias por semana pode ser organizado para variar cargas leves e pesadas na mesma semana. A Tabela 11.3a mostra a escolha de cargas na segunda e na quinta-feiras para os exercícios de peito, ombros e braços. A Tabela 11.3b mostra a escolha de cargas na terça e na sexta-feiras para os exercícios de costas e pernas.

Tabela 11.3a Programa dividido segunda/quinta-feira (peito, ombros e braços)

Exercício	Segunda-feira	Quinta-feira
Supino em aparelho**	P	L
Rosca bíceps	4 x 8-12	4 x 8-12
Desenvolvimento com barra**	P	L
Extensão de tríceps	4 x 8-12	4 x 8-12
Abdominal	2 x 15-30 repetições por dia	

P = 80-90% 1 RM, L = 60-70% 1 RM, I = 70-80% 1 RM;
** = exercícios essenciais.

Tabela 11.3b Programa dividido terça/sexta-feira (costas e pernas)

Exercício	Terça-feira	Sexta-feira
Agachamento**	P	L
Remada inclinada	4 x 8-12	4 x 8-12
Abdominal	2 x 15-30 repetições por dia	

P = 80-90% 1 RM, L = 60-70% 1 RM, I = 70-80% 1 RM
** = exercícios essenciais.

Variações de semana para semana

Na Tabela 11.4 são mostradas duas maneiras de aumentar as cargas semanalmente. A opção A envolve simplesmente programar um aumento de 3% na carga de treinamento a cada semana. A opção B também mostra um aumento de 3% (segunda-feira) a cada semana, seguido pelo uso de cargas leves e intermediárias na quarta e na sexta-feiras, respectivamente.

Variações cíclicas

As estratégias previamente explicadas proporcionam variações na intensidade do treinamento. Se, no entanto, você continuar seguindo estes programas por um período longo de tempo, o resultado mais provável será um platô ou uma lesão por excesso de treino. Você vai se lembrar da ênfase anterior na necessidade de um descanso adequado. Os programas que continuam a aumentar as cargas (e as repetições ou as séries) sem programar períodos de repouso não produzirão ganhos ótimos. O termo *cíclico* aqui refere-se à alternância de ciclos de alta intensidade com períodos de treinamento de baixa intensidade.

A Tabela 11.5 representa um ciclo de 7 semanas que inclui variações de carga dentro de cada semana e aumentos de cargas e de séries a cada 3 semanas de treinamento. Segue-se à Tabela 11.5 uma explicação do ciclo de 7 semanas. Observe que a sétima semana envolve cargas mais leves e menos séries (treinos menos intensivos), dando uma oportunidade ao

Tabela 11.4 Variações na carga na mesma semana e de uma semana para outra

Opção A – Mesmas cargas na semana, aumentos de uma semana para outra			
Semana	Segunda-feira % 1 RM	Quarta-feira % 1 RM	Sexta-feira % 1 RM
1	80	80	80
2	83	83	83
3	86	86	86

Opção B – Variações dentro de cada semana e de uma semana para outra			
Semana	Segunda-feira % 1 RM	Quarta-feira % 1 RM	Sexta-feira % 1 RM
1	80	70	75
2	83	73	78
3	86	76	81

Tabela 11.5 Ciclo de treinamento semanal

Semana	Séries	Segunda-feira	Quarta-feira	Sexta-feira
1	3	P*	L	I
2	3	P	L	I
3	3	I	L	Teste
4	4	P	L	I
5	4	P	L	I
6	4	I	L	Teste
7	2	L	L	L
8-14	Repetir o ciclo de 7 semanas com novas cargas de treinamento			

P = 80 1 RM, L = 60-70% 1 RM, I = 75% 1 RM
*Indica que são usadas novas cargas; 12– Teste.

corpo de se recuperar e ultrapassar os níveis anteriores de força muscular em semanas sucessivas. Os aumentos de carga que ocorrem após a terceira e a sexta semanas são determinados pelo número de repetições feitas durante os treinos de sexta-feira nestas semanas. O número de séries pode também ser aumentado depois de cada período de 3 semanas. Um programa de treinos de 4 vezes por semana também pode ser periodizado de maneira semelhante. A decisão de aumentar o número de séries para 5 ou 6 depois de um ciclo de 7 semanas deve basear-se em sua capacidade de recuperação e no tempo disponível para o treinamento.

Um novo valor para 1 RM é determinado para os exercícios essenciais, usando-se o método descrito na página 149 para determinar as cargas que devem ser usadas nos treinos das semanas seguintes. Nos outros exercícios, continue a usar a regra 2/2 para os aumentos necessários nas cargas.

Explicação do ciclo de treinamento de 7 semanas

Semanas 1 e 2
Exercícios essenciais:
Treinos de segunda-feira – faça tantas repetições quanto for possível.
Treinos de quarta e sexta-feiras – as repetições devem ficar nas faixas recomendadas.
Outros exercícios:
Faça tantas repetições quanto for possível, e aumente as cargas usando a regra 2/2.
Exercícios abdominais – faça 15 a 30 repetições por treino.
Semana 3
Exercícios essenciais:
Treinos de segunda-feira – use cargas intermediárias.
Quarta-feira – use cargas leves.
Sexta-feira – faça um teste na terceira série e calcule a nova carga de treinamento.
Outros exercícios:
Faça tantas repetições quanto for possível, e aumente as cargas usando a regra 2/2.
Exercícios abdominais – faça 15 a 30 repetições por treino.
Semanas 4 e 5
Comece como na primeira semana, mas com novas cargas.
Semana 6
Teste novamente e calcule as novas cargas de treinamento.
Semana 7
Use cargas leves (novas) para 2 séries em todos os exercícios desta semana.
Semana 8
Repita o ciclo de 7 semanas com novas cargas de treinamento.

Procedimentos para teste na terceira e na sexta semanas do ciclo de 7 semanas

Use os seguintes procedimentos na sexta-feira de cada terceira semana do período de treinamento para determinar novas cargas. Observe que também é explicado um atalho para identificar as cargas de treinamento.

1. Faça o aquecimento normal e a seguir use as cargas de sexta-feira nas séries 1 e 2, fazendo apenas 5 e 3 repetições, respectivamente.
2a. Se você está usando o método da pirâmide, faça tantas repetições quanto for possível com a carga mais pesada utilizada até o momento naquele ciclo.
2b. Se você está usando o método "mesma carga em cada série", aumente a carga em 5 kg e faça tantas repetições quanto conseguir.
3. Determine o 1 RM, usando os procedimentos aprendidos no Passo 10.

Atalho para determinar as cargas de treinamento

Ao invés de multiplicar o 1 RM previsto pelo percentual desejado de treinamento, como você fez no Passo 10 para determinar as cargas de treinamento, utilize a Tabela 11.6, seguindo os procedimentos descritos abaixo:

1. Localize e marque na coluna da esquerda da Tabela 11.6 seu valor previsto para o 1 RM.
2. Identifique a coluna de percentual de treinamento desejado (50 a 95%).
3. Acompanhe a coluna de percentual para baixo até encontrar a linha do seu valor previsto para o 1 RM.
4. Marque o ponto de encontro. O número assinalado é a sua carga de treinamento.

O exemplo da Figura 11.1 é o de alguém que completou 7 repetições com 41 kg e quer uma carga de treinamento que represente 85% do 1RM. Fazer 7 repetições com 41 kg equivale a um 1 RM de 49,750 kg, usando a "Previsão de 1 RM" do Passo 10. Observe que na Tabela 11.6, na

Tabela 11.6 Determinação das cargas de treinamento

	1 RM	Percentuais de carga de treinamento							
		50%	60%	70%	75%	80%	85%	90%	95%
1	13,50	6,75	8,10	9,45	10,13	10,80	11,48	12,15	12,83
2	18	9,00	10,80	17,30	13,50	14,40	15,30	16,20	17,10
3	22,50	11,25	13,50	15,75	16,88	18,00	19,13	20,25	21,38
4	27	11,25	13,50	15,75	16,88	18,00	19,13	20,25	21,38
5	31,75	15,88	19,05	22,22	23,81	25,40	26,99	28,58	30,16
6	36,25	18,13	21,75	25,38	27,19	29,00	30,81	32,63	34,44
7	40,75	20,38	24,45	28,53	30,56	32,60	34,64	36,68	38,71
8	45,25	22,63	27,15	31,67	33,94	36,20	38,46	40,73	42,99
9	49,75	24,88	29,85	34,82	37,31	39,80	42,29	44,78	47,26
10	54,25	27,13	32,55	37,97	40,69	43,40	46,11	48,83	51,54
11	58,75	29,38	35,25	41,13	44,06	47,00	49,94	52,88	55,81
12	63,50	31,75	38,10	44,45	47,63	50,80	53,98	57,15	60,32
13	68	34,00	40,80	47,60	51,00	54,40	57,80	61,20	64,60
14	72,50	36,25	43,50	50,75	54,38	58,00	61,63	65,25	68,88
15	77	38,50	46,20	53,90	57,75	61,60	65,45	69,30	73,15
16	81,50	40,75	48,90	57,05	61,13	65,20	69,27	73,35	77,43
17	86	43,00	51,60	60,20	64,50	68,80	73,10	77,40	81,70
18	90,50	45,25	54,30	63,35	67,88	72,40	76,93	81,45	85,98
19	95,25	47,63	57,15	66,68	71,44	76,20	80,96	85,73	90,49
20	99,75	49,88	59,85	69,82	74,81	79,80	84,79	89,78	94,76
21	104,25	52,13	62,55	72,97	78,19	83,40	88,61	93,83	99,04
22	108,75	54,38	65,25	76,13	81,56	87,00	92,44	97,88	103,31
23	113,25	56,63	67,95	79,27	84,94	90,60	96,26	101,93	107,59
24	117,75	58,88	70,65	82,43	88,31	94,20	100,09	105,98	111,86
25	122,25	61,13	73,35	85,57	91,69	97,80	103,91	110,03	116,14
26	127	63,50	76,20	88,90	95,25	101,60	107,95	114,30	120,65
27	131,50	65,75	78,90	92,05	98,63	105,20	111,77	118,35	124,93
28	136	68,00	81,60	95,20	102,00	108,80	115,60	122,40	129,20
29	140,50	70,25	84,30	98,35	105,38	112,40	119,43	126,45	133,48
30	145	72,50	87,00	101,50	108,75	116,00	123,25	130,50	137,75
31	149,50	74,75	89,70	104,65	112,13	119,60	127,08	134,55	142,03
32	154	77,00	92,40	107,80	115,50	123,20	130,90	138,60	146,30
33	158,75	79,38	95,25	111,13	119,06	127,00	134,94	142,88	150,81
34	163,25	81,63	97,95	114,27	122,44	130,60	138,76	146,93	155,09
35	167,75	83,88	100,65	117,43	125,81	134,20	142,59	150,98	159,36
36	172,25	86,13	103,35	120,57	129,19	137,80	146,41	155,03	163,64
37	176,75	88,38	106,05	123,73	132,56	141,40	150,24	159,08	167,91
38	181,25	90,63	108,75	126,87	135,94	145,00	154,06	163,13	172,19

Tabela 10.4 Previsão de 1 RM

Repetições completadas	Fator repetição
1	1,00
2	1,07
3	1,10
4	1,13
5	1,16
6	1,20
(7) repetições = →	(1,23) → x 41 = 50 kg (arredondado)
8	1,27
9	1,32
10	1,36

Nota: adaptada com permissão. *Fron Beginning Weight Training: The Safe and Effective Way* (p. 201) by V.P. Lombardi, 1989, Dubuque, IA: Brown. Copyright 1989 by Willian C. Brown.

42,29 arredondado para o valor mais próximo = 45 kg (carga de treinamento)

Tabela 11.6 Determinação das cargas de treinamento

				Percentuais de carga de treinamento					
	1 RM	50%	60%	70%	75%	80%	85%	90%	95%
1	13,50	6,75	8,10	9,45	10,13	10,80	11,48	12,15	12,83
2	18	9,00	10,80	17,30	13,50	14,40	15,30	16,20	17,10
3	22,50	11,25	13,50	15,75	16,88	18,00	19,13	20,25	21,38
4	27	11,25	13,50	15,75	16,88	18,00	19,13	20,25	21,38
5	31,75	15,88	19,05	22,22	23,81	25,40	26,99	28,58	30,16
6	36,25	18,13	21,75	25,38	27,19	29,00	30,81	32,63	34,44
7	40,75	20,38	24,45	28,53	30,56	32,60	34,64	36,68	38,71
8	45,25	22,63	27,15	31,67	33,94	36,20	38,46	40,73	42,99
9	49,75	24,88	29,85	34,82	37,31	39,80	42,29	44,78	47,26
10	54,25	27,13	32,55	37,97	40,69	43,40	46,11	48,83	51,54
11	58,75	29,38	35,25	41,13	44,06	47,00	49,94	52,88	55,81
12	63,50	31,75	38,10	44,45	47,63	50,80	53,98	57,15	60,32
13	68	34,00	40,80	47,60	51,00	54,40	57,80	61,20	64,60
14	72,50	36,25	43,50	50,75	54,38	58,00	61,63	65,25	68,88
15	77	38,50	46,20	53,90	57,75	61,60	65,45	69,30	73,15
16	81,50	40,75	48,90	57,05	61,13	65,20	69,27	73,35	77,43
17	86	43,00	51,60	60,20	64,50	68,80	73,10	77,40	81,70
18	90,50	45,25	54,30	63,35	67,88	72,40	76,93	81,45	85,98
19	95,25	47,63	57,15	66,68	71,44	76,20	80,96	85,73	90,49
20	99,75	49,88	59,85	69,82	74,81	79,80	84,79	89,78	94,76
21	104,25	52,13	62,55	72,97	78,19	83,40	88,61	93,83	99,04
22	108,75	54,38	65,25	76,13	81,56	87,00	92,44	97,88	103,31
23	113,25	56,63	67,95	79,27	84,94	90,60	96,26	101,93	107,59
24	117,75	58,88	70,65	82,43	88,31	94,20	100,09	105,98	111,86
25	122,25	61,13	73,35	85,57	91,69	97,80	103,91	110,03	116,14
26	127	63,50	76,20	88,90	95,25	101,60	107,95	114,30	120,65
27	131,50	65,75	78,90	92,05	98,63	105,20	111,77	118,35	124,93
28	136	68,00	81,60	95,20	102,00	108,80	115,60	122,40	129,20
29	140,50	70,25	84,30	98,35	105,38	112,40	119,43	126,45	133,48
30	145	72,50	87,00	101,50	108,75	116,00	123,25	130,50	137,75
31	149,50	74,75	89,70	104,65	112,13	119,60	127,08	134,55	142,03
32	154	77,00	92,40	107,80	115,50	123,20	130,90	138,60	146,30
33	158,75	79,38	95,25	111,13	119,06	127,00	134,94	142,88	150,81
34	163,25	81,63	97,95	114,27	122,44	130,60	138,76	146,93	155,09
35	167,75	83,88	100,65	117,43	125,81	134,20	142,59	150,98	159,36
36	172,25	86,13	103,35	120,57	129,19	137,80	146,41	155,03	163,64
37	176,75	88,38	106,05	123,73	132,56	141,40	150,24	159,08	167,91
38	181,25	90,63	108,75	126,87	135,94	145,00	154,06	163,13	172,19

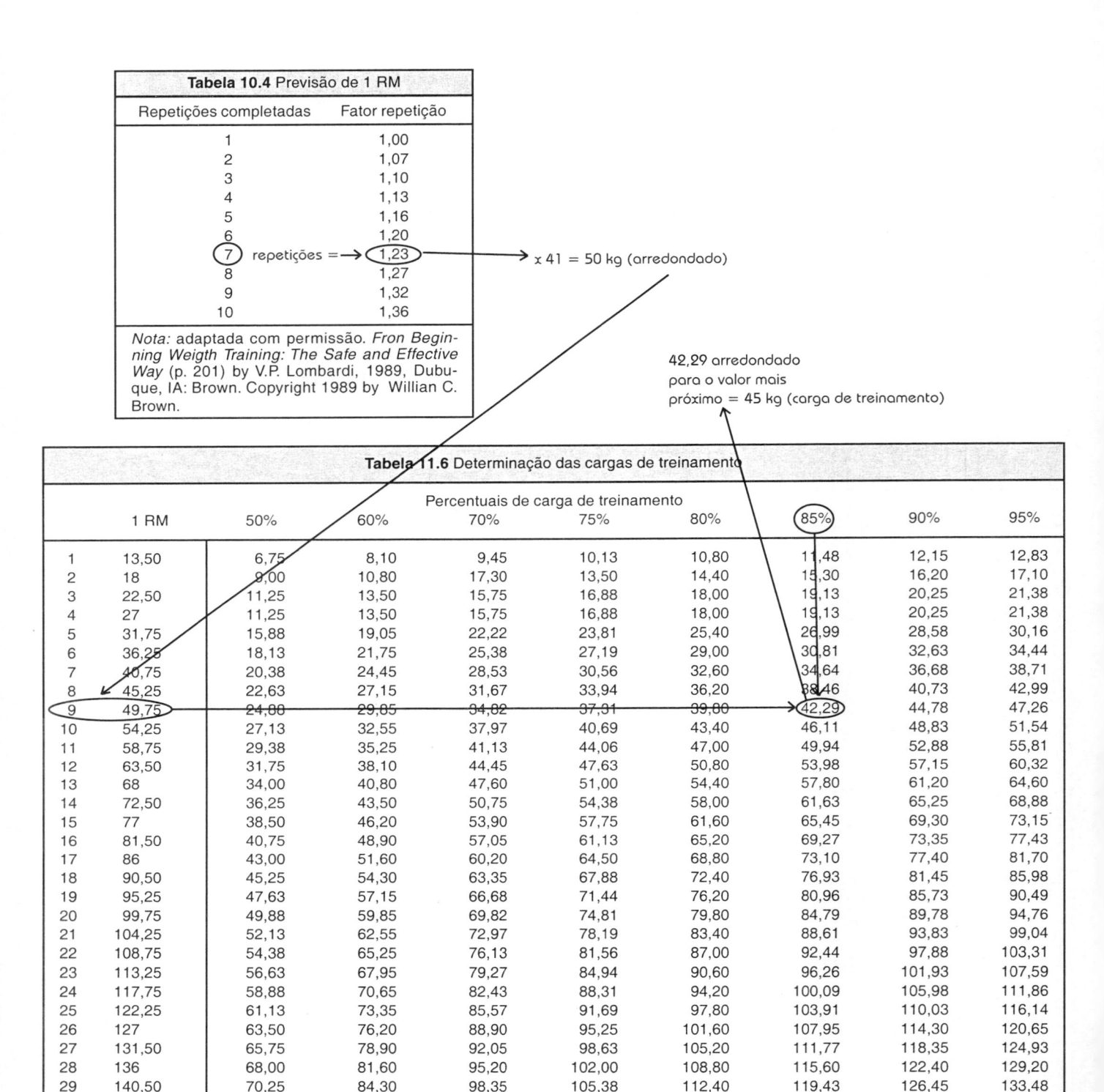

Figura 11.1 Atalho para determinar as cargas de treinamento.

coluna encabeçada por "1 RM", o peso de 49,750 kg encontra-se na linha 9. Onde a linha 9 e a coluna de 85% se encontram está a carga a ser usada. O número 42,29 é arredondado para o peso mais próximo disponível na coluna de pesos, que neste caso é 42,500 kg.

Qualquer que seja o método escolhido para criar variações na intensidade, você deve fazer tantas repetições quanto for possível no dia do treino pesado, nos exercícios essenciais, mas manter as repetições nos números determinados nos treinos de quarta e sexta-feiras. Isto significa que mesmo que você seja capaz de fazer mais repetições com as cargas leves de quarta e sexta-feira – não faça! Nos outros exercícios (acessórios), faça tantas repetições quanto conseguir em todos os treinos e use a regra 2/2 para aumentar as cargas.

Questionário de auto-avaliação para variação de programa

Responda às seguintes questões, assinalando a resposta certa:

1. As repetições executadas nos dias de treino leve ou intermediário permitem que você [__ aplique o princípio da sobrecarga __ recupere-se da sobrecarga]
2. Você deve fazer [__ o número determinado de repetições __ tantas repetições quanto for possível] nos dias de treinamento pesado.
3. As duas variáveis que foram manipuladas no programa de ciclo de 7 semanas na Tabela 11.5 são [__ repetições e séries __ cargas e séries]

Respostas da auto-avaliação:

1. recupere-se da sobrecarga
2. tantas repetições quanto for possível
3. cargas e séries

Maximizando os resultados do treinamento

Exercícios

1. Método do atalho

Este exercício é feito para lhe dar experiência no método de determinação das cargas de treinamento, usando a Tabela 11.6. Presuma que você fez 8 repetições com 68 kg e quer achar uma carga de treinamento que represente 75% de 1 RM. Qual é a carga correta? Lembre-se de usar primeiro a Tabela 10.4 de "Previsão de 1 RM" e depois use este valor de 1 RM e a coluna de 75% de 1 RM para localizar a carga correta de treinamento. Arredonde este valor para o peso mais próximo disponível.

Objetivo = a carga de treinamento determinada é de 65 kg __

Para ter sucesso
- Use as Tabelas 10.4 e 11.6 __
- Associe as repetições completadas com o fator de repetições __
- Multiplique o fator pela carga __
- Identifique o ponto de interseção na Tabela 11.6 __

Explicação para a resposta:

Carga de treinamento = 65 kg. O fator de repetições da Tabela 10.4 para 8 repetições = 1,27; 68 kg x 1,27 = 86,36 kg; 86 kg (1 RM) encontra-se na linha 17 da Tabela 11.6. Onde a linha 17 encontra-se com a coluna de 75% está o número 64,5. Arredondado, este número equivale à carga de treinamento de 65 kg.

2. Determinando as cargas de treinamento em um programa

Para lhe dar outra oportunidade de determinar as cargas de treinamento, usando a Tabela 11.6 e a Tabela de previsão de 1 RM, coloque as cargas de treinamento para o programa na Tabela 11.7a. Neste exercício, presuma que tenham sido executadas 5 repetições com uma carga de 45 kg.

Objetivo = 9 cargas corretamente calculadas na Tabela 11.7a ___

Para ter sucesso:
- Lembre-se de arredondar as cargas ___
- Veja o exercício anterior, se necessário ___

Tabela 11.7a Determinando cargas em um programa

Semana	Segunda-feira % 1 RM	Nº de séries	Quarta-feira % 1 RM	Nº de séries	Sexta-feira % 1 RM	Nº de séries
1	80 = ____	5	70 = ____	3	75 = ____	4
2	80 = ____	5	70 = ____	3	75 = ____	4
3	80 = ____	5	70 = ____	3	75 = ____	4

Respostas para a determinação de cargas de treinamento

Depois de completar este exercício, confira as respostas na Tabela 11.7b.

Tabela 11.7b Respostas para a determinação de cargas em um programa

Semana	Segunda-feira % 1 RM	Nº de séries	Quarta-feira % 1 RM	Nº de séries	Sexta-feira % 1 RM	Nº de séries
1	80 = _45_	5	70 = _38_	3	75 = _40_	4
2	80 = _45_	5	70 = _38_	3	75 = _40_	4
3	80 = _45_	5	70 = _38_	3	75 = _40_	4

Observe que a carga usada = 45 x fator de repetições de 1,16 (para 5 repetições) = 52,2.
52,2 arredondado = 54,25 para 1 RM prevista, que está na linha 10 da Tabela 11.6.
54,25 x 0,80 = 43,4 (arredondado para 45 kg), 54,25 x 0,70 = 37,975 (arredondado para 38 kg) e 54,25 x 0,75 = 40,6875 (arredondado para 40 kg).

Resumo:

Existem muitas maneiras de variar a intensidade do treinamento, sendo que a mais comum envolve a manipulação da quantidade de carga, do número de séries e de repetições e do número de dias de treinamento. O uso de programas cíclicos que incluem semanas de treinamento mais agressivo seguidas por uma semana (ou semanas) de treinamento menos agressivo proporcionam um estímulo adequado de sobrecarga e uma oportunidade para o corpo se recuperar e obter ganhos significativos. À medida que você se torna mais experiente, irá querer aprender mais sobre o conceito de ciclo. Excelentes discussões desta estratégia são apresentadas em Baechle (1994), Baechle e Groves (1994), Baechle e Earle (1995), Fleck e Kraemer (1997) e Lombardi (1989).

PASSO 12

SEU PROGRAMA PERSONALIZADO: AGRUPANDO TUDO

Agora você terá a oportunidade de usar tudo que aprendeu até agora e desenvolver seu próprio programa de treinamento de força. Você terá ajuda para usar o conhecimento adquirido relativo às variáveis de desenvolvimento de programa nos dois últimos passos e para aplicar os conceitos de sobrecarga e de especificidade e desenvolver um programa que responda às suas necessidades específicas. Siga a ordem das tarefas apresentadas. Após completar todas as tarefas propostas neste passo, você terá desenvolvido um programa de treinamento de força bem estruturado, que atende às suas necessidades específicas. Você também pode usar estas tarefas como uma auto-avaliação do conhecimento adquirido neste texto a respeito de planejar um programa de treinamento de força.

Ao estruturar seu programa, siga esta ordem:

1. Determine seus objetivos.
2. Selecione os exercícios.
3. Decida a freqüência do treinamento.
4. Ordene os exercícios no treino.
5. Decida as cargas a serem usadas.
6. Decida quantas repetições serão feitas.
7. Decida o número de séries de cada exercício.
8. Decida sobre a duração dos períodos de descanso.
9. Decida como variar o programa.

1. Determine seus objetivos

Decida e faça um sinal nos parênteses ao lado de um ou mais dos seguintes objetivos de treinamento que sejam aplicáveis. Leia então a seção seguinte, que explica resumidamente como atingir cada um dos objetivos. Meu(s) objetivo(s) de treinamento é(são):

( ) resistência muscular
( ) hipertrofia
( ) força muscular
( ) força muscular e hipertrofia
( ) tônus muscular geral
( ) composição corporal (alteração nas proporções)
( ) outro (escreva)

Se o seu objetivo é resistência muscular

Como você já aprendeu, seu programa atual é planejado para aumentar a resistência muscular. Se este é o resultado que você procura no treinamento, não precisará fazer grandes alterações no que está praticando. Simplesmente procure aumentar o número de repetições de 15 para 20 nos exercícios essenciais e aumentar o número de séries. Se os resultados desejados forem hipertrofia, força muscular, combinações de hipertrofia e força ou mudança nas proporções corporais, no entanto, são indicadas mais mudanças no programa.

Se seu objetivo é a hipertrofia

Para produzir hipertrofia, você precisa usar cargas ligeiramente mais pesadas do que as que resultaram em 12-15 repetições. As cargas agora devem permitir entre 8 e 12 repetições. Provavelmente também será necessário incluir um bom número de exercícios e de séries. Pode ser que você queira inicialmente concentrar-se no desenvolvimento do peito e dos braços. Evite a tendência comum, no entanto, de gastar muito tempo nestas partes do corpo, excluindo as pernas. Lembre-se de que à medida que aumenta o número de exercícios, séries (até 6) e dias de treino, a quantidade de tempo que você precisará comprometer aumentará substancialmente (de 1h-1h30min até 2h-2h30min, três a quatro vezes por semana).

Se o seu objetivo é força muscular

Se a força muscular é o seu objetivo, você precisará usar cargas um pouco mais pesadas do que as que está usando agora. Algo importante a ser lembrado (do Passo 10) é que para lidar de modo seguro e efetivo com as cargas mais pesadas associadas ao desenvolvimento de força, você deve fazer períodos longos de descanso (2 a 5 minutos) entre as séries. Um erro comum é apressar-se ao longo das séries. Isto atrasa a recuperação, o que por sua vez compromete a habilidade de desempenhar um esforço máximo nas séries sucessivas.

Se o seu objetivo é uma combinação de força muscular e hipertrofia

Se força e hipertrofia são os seus objetivos, desenvolva seu programa usando cargas mais pesadas que limitarão as repetições em 6 a 12 (aproximadamente 85 a 70% do 1 RM) para os exercícios essenciais e 8 a 12 para os outros exercícios. Faça 3 a 6 séries nos exercícios essenciais e 3 séries nos outros. Descanse aproximadamente 1 a 2 minutos entre as séries.

Se o seu objetivo é o tônus muscular geral

Siga as orientações para os programas de resistência muscular para obter uma tonicidade muscular geral.

Se o seu objetivo é a composição corporal (mudança nas proporções)

Se mudar as proporções do corpo é o seu objetivo, provavelmente você acha que está com muita gordura, pouco músculo ou ambos. Pense em fazer três coisas: (a) usar um programa de hipertrofia para aumentar a massa muscular; (b) escolher melhor sua alimentação; e (c) começar um programa aeróbico para aumentar o gasto calórico. Os textos de Corbin e Lindsey (1997) e Hoeger (1995) dão boas orientações sobre o planejamento de programas de treinamento aeróbico. Para o programa de hipertrofia, simplesmente siga as orientações apresentadas neste texto. Ao selecionar alimentos, assegure-se de consumir uma dieta balanceada, aumentar a ingestão de carboidratos complexos e diminuir o consumo de gorduras. Lembre-se também de que uma dieta normal fornecerá a quantidade de proteínas normalmente necessárias. Para mais informações sobre nutrição, veja o texto de Clark (1997).

Se você tem outros objetivos

Se você tem necessidades especiais, tais como aperfeiçoar o desempenho atlético, ou pretende competir nos eventos de levantamento de peso, veja os textos de Baechle (1994), Fleck e Kraemer (1997), Komi (1992), Baechle e Conroy (1990), Kraemer e Baechle (1989) e as publicações da National Strenght and Conditioning Association. Se o seu interesse é o fisioculturismo, veja o texto de Sprague (1996). O texto de Westcott e Baechle (1998) será útil para os interessados em programas específicos para os mais idosos, e o texto de Baechle e Earle (1995) é excelente se você está procurando exemplos de programas para modelar o corpo, tonificar os músculos ou desenvolver a força, ou programas mistos.

2. Selecione os exercícios

Os exercícios incluídos no seu programa atual são poucos em número, mas trabalham a maioria dos músculos importantes em todas as partes do corpo. É um programa básico que será aperfeiçoado com a adição de exercícios para a região lombar, antebraços e panturrilhas. Se o seu objetivo é aumentar a resistência muscular, o tamanho dos músculos ou a força de uma parte específica do corpo, uma boa idéia é adicionar outro exercício para trabalhar esta parte do corpo. Se você decidir adicionar exercícios, não escolha mais do que dois por área muscular de cada vez, e tente não incluir mais do que 12 exercícios se você está seguindo um programa de 3 dias por semana. Como você se lembra do Passo 10, o programa de 4 dias por semana dá mais oportunidade para adicionar mais exercícios. Assim, você pode escolher incluir três exercícios para uma parte específica do corpo se for seguir um programa de 4 dias por semana. Ao selecionar exercícios, tenha em mente a quantidade de tempo disponível para treinar e o número de dias por semana em que você pretende treinar.

Na Tabela 12.1, escolha quais as áreas musculares para as quais você quer exercícios ou que você quer enfatizar (se você já tem um exercício para esta área muscular e quer adicionar mais). Antes de terminar esta tarefa, você talvez queira voltar aos Passos 3 a 8 e ao Apêndice A para rever as explicações para os diversos exercícios com aparelhos e com pesos livres. Lembre-se de levar em conta as necessidades de equipamento e de auxiliares. Depois de considerar seus objetivos, anote o nome do(s) exercício(s) que você quer incluir à direita das áreas musculares adequadas na Tabela 12.1.

3. Decida sobre a freqüência do treinamento

Decida agora se você vai usar um programa de 3 dias por semana ou um programa dividido de 4 dias por semana. Se a sua escolha for um programa dividido, determine como irá dividir os exercícios pelos 4 dias. A sua decisão pode implicar em reconsiderar o número de exercícios selecionados. Lembre-se, você pode incluir mais exercícios nos programas divididos do que em um programa de 3 dias por semana. Decida e assinale o esquema de treinamento que você seguirá.

( ) 3 dias por semana – se você escolher esta opção, passe para a tarefa número 4 e assinale a abordagem que você vai usar
( ) 4 dias por semana (programa dividido)

Se você planeja seguir um programa dividido, decida e assinale qual dos dois irá usar:

( ) Peito, ombros e braços 2 dias; pernas e costas nos outros 2 dias
( ) Parte superior do corpo 2 dias; parte inferior 2 dias

Uma vez que você tenha feito estas escolhas, anote nos parênteses à esquerda de cada área muscular na coluna "Dias", na Tabela 12.1, quais os dias em que você pretende fazer os exercícios. Use as letras S, T, Q e S (como mostrado na Figura 12.1).

Tabela 12.1 Exercícios selecionados			
Dias	Área muscular	Exercícios	
( )	Todo o corpo		
( )	Peito		
( )	Costas (dorsal)		
( )	Costas (lombar)		
( )	Ombros		
( )	Braços (anterior)		
( )	Braços (posterior)		
( )	Antebraços (anterior)		
( )	Antebraços (posterior)		
( )	Pernas (coxas)		
( )	Panturrilhas		
( )	Abdômen		

4. Distribua os exercícios no treino

Decida a seguir sobre como distribuir estes exercícios dentro do treino. Como você se lembra do Passo 10, há várias opções. Assinale qual destes esquemas você planeja usar:

( ) Exercícios para os músculos maiores primeiro
( ) Exercícios alternados de empurrar e puxar

Agora olhe novamente (ver a Tabela 12.1) para os exercícios que você decidiu incluir no programa. Decida sobre a ordem em que irá executá-los. Liste a sua ordem na Tabela 12.2, usando a coluna da esquerda se você planeja seguir um programa de 3 dias por semana e a coluna da direita para um programa dividido de 4 dias.

Tabela 12.1 Exercícios selecionados			
Dias	Área muscular	Exercícios	
(Ter, Sex)	Todo o corpo	arranque	
(Seg, Qui)	Peito	supino	crucifixo frontal
(Ter, Sex)	Costas (dorsal)	remada curvada	
(Ter, Sex)	Costas (lombar)	extensão da coluna	
(Seg, Qui)	Ombros	remada alta	desenvolvimento sentado
(Seg, Qui)	Braços (anterior)	extensão de tríceps	
(Seg, Qui)	Braços (posterior)	rosca bíceps	rosca concentrada
(Seg, Qui)	Antebraços (anterior)	flexão do punho	
(Seg, Qui)	Antebraços (posterior)	extensão do punho	
(Ter, Sex)	Pernas (coxas)	agachamento	
(Ter, Sex)	Panturrilhas	flexão plantar	
(Todos)	Abdômen	abdominal curto com joelhos flexionados	

Figura 12.1 Este é o exemplo de um programa dividido no qual peito, ombros e braços são trabalhados às segundas e quintas-feiras, costas e pernas às terças e sextas-feiras, e abdômen todos os dias de treino.

Agora, copie os exercícios e a ordem deles da Tabela 12.2 para a Tabela 12.3, se você escolheu um programa de 3 dias por semana, ou para a Tabela 12.4 se você escolheu o programa de 4 dias por semana. A planilha de 4 dias por semana presume que você treinará segundas/quintas-feiras e terças/sextas-feiras.

5. Decida sobre as cargas a serem usadas

Considere os princípios da sobrecarga e o conceito de especificidade ao decidir sobre as cargas necessárias para atingir os objetivos do treinamento.

Selecione a sua abordagem

Decida e assinale qual a abordagem para a escolha de cargas.

( ) Pirâmide
( ) Mesma carga

Determine as cargas iniciais

Usando as orientações dadas no Passo 10 para os exercícios essenciais e acessórios, calcule as cargas para os exercícios selecionados. Para poupar tempo, lembre-se de que você pode usar o método do atalho de determinação das cargas de treinamento. Anote estas cargas nas Tabelas 12.3 (programa de 3 dias por semana) ou 12.4 (programa de 4 dias por semana). Faça isto agora.

6. Decida sobre o número de repetições

Decida e anote o número de repetições que você pretende fazer em cada série.

( ) 12 a 20
( ) 8 a 12
( ) 1 a 8 essenciais, 8 a 12 acessórios
( ) outro (descreva)

Tabela 12.2 Organização dos exercícios

	Programa de 3 dias/semana		Programa dividido de 4 dias/semana
Ordem	Exercício	Ordem	Exercício
1.	_____	1.	_____
2.	_____	2.	_____
3.	_____	3.	_____
4.	_____	4.	_____
5.	_____	5.	_____
6.	_____	6.	_____
7.	_____	7.	_____
8.	_____	8.	_____
9.	_____	9.	_____
10.	_____	10.	_____
11.	_____	11.	_____
12.	_____	12.	_____
		13.	_____
		14.	_____

Tabela 12.3 Planilha de treinamento de força (programa de 3 dias/semana)

Nome _____ Semana nº _____

Ordem	Área muscular	Exercício	Carga de treinamento	Série	Dia 1					Dia 2					Dia 3				
					1	2	3	4	5	1	2	3	4	5	1	2	3	4	5
1				Carga															
				Repetições															
2				Carga															
				Repetições															
3				Carga															
				Repetições															
4				Carga															
				Repetições															
5				Carga															
				Repetições															
6				Carga															
				Repetições															
7				Carga															
				Repetições															
8				Carga															
				Repetições															
9				Carga															
				Repetições															
10				Carga															
				Repetições															
11				Carga															
				Repetições															
12				Carga															
				Repetições															

Peso corporal _____

Data _____

Comentários _____

Tabela 12.4 Planilha de treinamento de força (programa de 4 dias/semana)

Nome _____

Ordem	Exercícios de segundas e quintas	Carga de treinamento	Série	Semana nº																			
				Dia 1 – segunda					Dia 2 – terça					Dia 3 – quinta					Dia 4 – sexta				
				1	2	3	4	5	1	2	3	4	5	1	2	3	4	5	1	2	3	4	5
1			Carga																				
			Repetições																				
2			Carga																				
			Repetições																				
3			Carga																				
			Repetições																				
4			Carga																				
			Repetições																				
5			Carga																				
			Repetições																				
6			Carga																				
			Repetições																				
7			Carga																				
			Repetições																				
	Exercícios de terças e sextas																						
8			Carga																				
			Repetições																				
9			Carga																				
			Repetições																				
10			Carga																				
			Repetições																				
11			Carga																				
			Repetições																				
12			Carga																				
			Repetições																				
Peso corporal																							
Data																							
Comentários																							

7. Decida quantas séries de cada exercício você vai fazer

Decida sobre o número de séries que você planeja fazer em cada um dos exercícios listados na sua planilha de treino. Sob o título "Exercício" e logo abaixo do nome de cada exercício, registre as séries e repetições (indicados anteriormente) que você planeja executar (ver a Figura 12.2). Faça isto agora.

Se o número de séries nos exercícios essenciais e nos outros exercícios vai aumentar, decida quando e em quais exercícios. Faça isto agora se é o que você planeja fazer, e lembre-se de aplicar os conceitos de periodização discutidos neste passo.

Exercícios essenciais

O número de séries aumentará para ___ após ___ semanas de treinamento nos seguintes exercícios essenciais:

Nome do exercício   Número de séries
_____   _____
_____   _____
_____   _____
_____   _____
_____   _____

Outros exercícios (acessórios)

O número de séries aumentará para ___ após ___ semanas de treinamento nos seguintes exercícios acessórios descritos como:

Nome do exercício   Número de séries
_____   _____
_____   _____
_____   _____
_____   _____
_____   _____

8. Decida sobre a duração dos períodos de repouso

Baseando-se nos seus objetivos de treinamento, decida e assinale que períodos de repouso você usará.

( ) 20 a 30 segundos
( ) 30 a 90 segundos
( ) 2 minutos ou mais

9. Decida como variar o programa

Decida e assinale o método de variar a intensidade das cargas que você usará.

( ) dentro da mesma semana (por exemplo, pesado, leve, intermediário)
( ) de uma semana para outra
( ) ambos

Decida e assinale qual método de marcar os aumentos de carga você usará.

( ) semanalmente
( ) a cada 2 semanas
( ) outro (descreva)

Determine e assinale a base para os aumentos de carga que você usará.

( ) Aumentar as cargas num percentual determinado. Qual? ___ %
( ) Basear as decisões em testes, como descrito no Passo 11.

Decida e assinale o número de semanas de treinamento que você deixará antes de uma semana de treinamento de baixa intensidade.

( ) 5 semanas
( ) 6 semanas
( ) 7 semanas
( ) 8 semanas

		Planilha de treinamento de força (programa de 3 dias por semana)										
Nome _Tom Brown_												
Ordem	Área muscular	Exercício	Carga de treinamento	Série	Semana nº ___							
					Dia 1			Dia 2			Dia 3	
					1	2	3	1	2	3	1	2	3
1	Peito	Crucifixo frontal 5 x 8 = 12		Carga									
				Repetições									
2	Costas	Remada curvada 3 x 12		Carga									
				Repetições									
3	Ombros	Desenvolvimento com barra 5 x 8-12		Carga									
				Repetições									
4	Braços (anterior)	Rosca bíceps 3 x 12		Carga									
				Repetições									
5	Braços (posterior)	Extensão de tríceps 3 x 12		Carga									
				Repetições									
6	Pernas	Agachamento 2 x 12		Carga									
				Repetições									
7	Abdômen	Abdominal sentado 3 x 20		Carga									
				Repetições									
8				Carga									
				Repetições									
9				Carga									
				Repetições									
10				Carga									
				Repetições									
11				Carga									
				Repetições									
12				Carga									
				Repetições									
	Peso corporal												
	Data												
	Comentários												

5 séries de 8 a 12 repetições → (indicado para o exercício 1: Crucifixo frontal 5 x 8 = 12)

Figura 12.2 Planilha de treino com os números de séries e de repetições.

Variação de programa

Exercícios

1. Estruturando um programa de 7 semanas

Dependendo do método de variação de programa que você planeja seguir, preencha os espaços para cargas, repetições e séries para todos os exercícios em um período de 7 semanas, em uma folha de papel. Volte ao Passo 11 se tiver necessidade.

Objetivo = Desenvolver um programa de 7 semanas __

✓ **Para ter sucesso:**
- O princípio de sobrecarga é aplicado __
- O conceito de especificidade é aplicado __
- O conceito de periodização é aplicado __

2. Modifique o seu programa

Algumas vezes, você precisará modificar seu programa devido a alguma lesão ou período de inatividade por doença. Este exercício irá solicitar que você pense a respeito de como modificar o programa para lidar com estas situações.

Cenário 1: modificação na seleção de exercícios

Depois que você sentiu dor durante a extensão do cotovelo, seu médico recomendou a interrupção de todos os exercícios de treinamento de força que envolvem a extensão do cotovelo (tais como o supino ou o desenvolvimento sentado em aparelho com cam).

Objetivo =

a. Listar 1 exercício para o desenvolvimento do peito que não envolve a extensão do cotovelo __
b. Listar 1 exercício para o desenvolvimento do ombro que não envolve a extensão do cotovelo __

Cenário 2: modificação na intensidade de exercício

Você esteve gripado nas últimas duas semanas e agora finalmente se sente bem o suficiente para voltar a treinar. Antes de adoecer, você estava fazendo 3 séries de 12-15 repetições em 7 exercícios.

Objetivo = Listar o número de séries e de repetições que você irá fazer no primeiro dia de treino:
a. Número de séries para cada exercício __
b. Número de repetições em cada série __

Recomendações para o Cenário 1

Os exercícios para o peito que não envolvem a extensão do cotovelo incluem o crucifixo frontal (peso livre mostrado na Figura A.1, à página 167) e voador direto (aparelho com cam mostrado na Figura 3.2, à página 66). Os exercícios para os ombros que não envolvem a extensão do cotovelo incluem elevação lateral (peso livre) (ver a Figura 12.3 a e b) e elevação lateral (máquina) (ver a Figura 12.4 a e b).

Recomendações para o Cenário 2

Faltar aos treinos por uma semana ou mais deve levá-lo a reduzir a intensidade do treinamento na primeira semana de retorno, pois o destreinamento que ocorre durante este período irá diminuir sua força muscular e resistência. Uma abordagem razoável é começar com uma série de cada exercício. Mantenha o número de repetições e permita-se pelo menos um minuto a mais de descanso entre as séries. Siga estas orientações na primeira semana e depois retorne ao programa original, a menos que você ainda se sinta cansado no início da segunda semana de retorno às atividades.

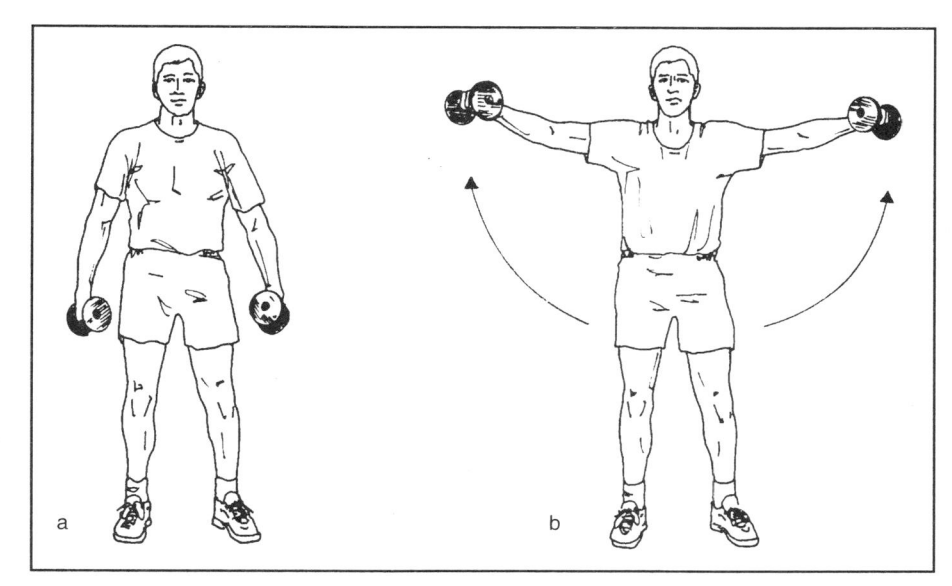

Figura 12.3 A elevação lateral de braços (exercício com pesos livres para desenvolvimento dos ombros) não envolve a extensão do cotovelo.

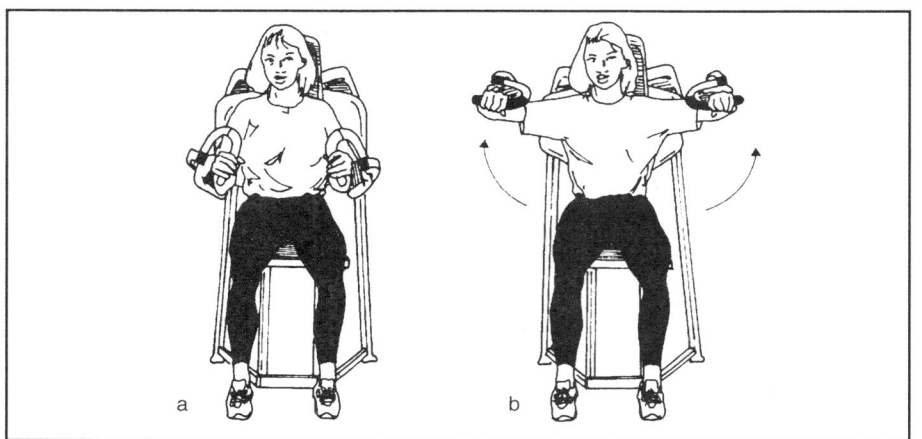

Figura 12.4 A elevação lateral (exercício em aparelho para o desenvolvimento dos ombros) não envolve a extensão do cotovelo.

Resumo para o sucesso de seu programa personalizado

As atividades incluídas neste passo requerem a aplicação de tudo o que você aprendeu em relação ao planejamento de um programa de treinamento de força. Você agora é capaz não apenas de planejar um programa que responda às suas necessidades atuais, mas pode também se adiantar e pensar em como modificar ou manipular as variáveis de desenvolvimento de programa durante o próximo ano. Os indivíduos que encaram seriamente o treinamento normalmente desenvolvem ciclos curtos de treino que são parte de ciclos maiores, que por sua vez são uma parte de ciclos anuais. Pode ser muito cedo para você se preocupar com um planejamento tão detalhado. No futuro, entretanto, você deverá rever os recursos citados nos Passos 10 e 11. Pense também a respeito de adicionar um exercício para o corpo todo tal como o arranque apresentado no Apêndice A.

No processo de aprender sobre equipamentos, técnicas de exercício e variáveis de desenvolvimento de programa, você provavelmente obteve uma compreensão melhor do conhecimento necessário para estruturar programas para atletas de vários esportes e programas para populações especiais (pré-adolescentes, idosos, cardíacos, artríticos, portadores de osteoporose, hipertensão e lesões diversas). Novamente é adequado enfatizar aqui que nenhum programa será bom a menos que seja encarado com uma atitude positiva. Se você treinar duro, de forma inteligente e se alimentar corretamente, seu sucesso estará virtualmente garantido, bem como a oportunidade de desfilar sua boa aparência orgulhosamente.

AVALIANDO O SEU PROGRESSO

Cada exercício que você completou neste livro tinha Objetivos e itens Para ter Sucesso associados, feitos para ajudá-lo a desenvolver as suas capacidades físicas e conhecimentos. A lista a seguir permite que você avalie o progresso feito como um todo. Leia cuidadosamente e responda depois de pensar.

5 = excelente; 4 = acima da média; 3 = média; 2 = abaixo da média; 1 = fraco

Técnica e habilidade

Avalie o seu nível de sucesso executando corretamente exercícios para os seguintes grupos musculares:

1. Peito __
2. Costas __
3. Ombros __
4. Braços __
5. Pernas __
6. Abdômen __

Conhecimento anatômico

Avalie o seu conhecimento dos nomes dos músculos específicos em cada um dos seguintes grupos musculares:

1. Peito __
2. Costas __
3. Ombros __
4. Braços __
5. Pernas __
6. Abdômen __

Conceitos de desenvolvimento de programa

Avalie o seu nível de conhecimento e compreensão das seguintes variáveis de desenvolvimento de programa:

1. Seleção de exercícios __
2. Freqüência de treinamento __
3. Distribuição de exercícios __
4. Seleção de cargas __
5. Número de repetições __
6. Número de séries __
7. Duração dos períodos de descanso __
8. Variação de intensidade __
9. Estruturação de um programa completo de treinamento de força

Resultados do treinamento

Avalie seu progresso nas seguintes áreas:

1. Força muscular __
2. Tamanho dos músculos __
3. Resistência muscular __
4. Flexibilidade __
5. Composição corporal __

Aparência, atitude e auto-imagem

Avalie o impacto do treinamento nas seguintes áreas:

1. Aparência __
2. Atitude __
3. Auto-imagem __

APÊNDICE A: EXERCÍCIOS ALTERNATIVOS

Esta seção inclui um ou mais exercícios para cada grupo muscular apresentado no programa básico, mais exercícios para os antebraços, panturrilhas e região lombar e dois exercícios para todo o corpo. Estes exercícios podem ser usados para complementar ou substituir os exercícios atualmente incluídos em seu programa. Quando se apresenta mais de um exercício para o mesmo grupo muscular, você pode imaginar qual é o melhor. Isto depende da preferência individual: o que é melhor para um não é necessariamente melhor para outro. Os exercícios apresentados nos Passos 3 a 8 são os que consideramos baseados em nosso conhecimento e experiência. Você deve experimentar, entretanto, uma variedade de exercícios e decidir por si mesmo quais são melhores para o seu programa.

Deve-se dar prioridade a adicionar exercícios para os antebraços, panturrilhas e região lombar e um exercício para todo o corpo, porque são necessários para compor um programa equilibrado. Cada um dos exercícios, exceto os exercícios para o corpo inteiro, estão identificados nesta seção como exercícios de "empurrar" ou "puxar" para ajudá-lo a ordená-los no treino. Observe também que nos Passos 3 a 8 houve referências aos desenhos anatômicos do Apêndice B junto com os itens Para ter Sucesso. Isto tornou fácil a associação dos exercícios com os músculos que eles trabalham. Tente também lembrar da localização dos músculos específicos mencionados em cada uma das descrições de exercícios a seguir.

Os exercícios estão agrupados e organizados na seguinte ordem:

1. Peito: crucifixo frontal.
2. Região dorsal: puxada pela frente.
3. Região lombar: extensão da coluna
4. Ombros: remada alta.
5. Braços: rosca bíceps concentrada e extensão supinada do tríceps.
6. Antebraços: flexão e extensão do punho.
7. Pernas (coxas): agachamento, extensão do joelho e flexão do joelho.
8. Pernas (panturrilhas): flexão plantar
9. Abdômen: abdominal curto com os joelhos flexionados
10. Todo o corpo: levantamento terra, puxada alta e arranque.

Determinação da carga para os novos exercícios

Agora que você já tem alguma experiência para determinar e usar cargas, siga estes procedimentos para estabelecer as cargas para os novos exercícios:

1. Comece a aprender os novos exercícios usando uma barra sem pesos ou com a menor anilha possível e faça 15 repetições.
2. Em seguida, tente imaginar uma carga que permita de 12 a 15 repetições, e faça apenas 6 com ela.

3. Depois de aproximadamente 2 minutos, aumente a carga em 5 kg e faça tantas repetições quanto for possível. Adicione 10 kg para os exercícios de corpo inteiro.
4. Veja o Passo 11 para o atalho a fim de determinar as cargas de treinamento.
5. Se depois de usar a carga de treinamento você achar que o número de repetições não está de acordo com os objetivos do treinamento, use um dos gráficos de ajuste de carga dos Passos 3 a 8 (ver procedimento prático 5).

Avalie outros exercícios

Os exercícios nesta seção e nas seções anteriores deste livro são apenas alguns poucos entre os muitos exercícios de treinamento de força que você pode escolher. Existem muitos outros mais que são ilustrados e/ou explicados no texto na seção de referência. Além dos exercícios padrão feitos com pesos livres ou equipamentos, há aqueles que envolvem o uso de tiras de elástico, tubos elásticos, bastões com pesos e pesos de mão. Freqüentemente são uma opção ideal para o treinamento de força, sendo econômicos e exigindo pouco espaço. Para idéias sobre a utilização deste tipo de equipamento, veja o texto de Westcott e Baechle (1998).

Concentre-se em usar a técnica correta

Durante as séries de aquecimento e de treinamento, concentre-se no uso correto da pegada, da posição do corpo, do padrão de movimento, da respiração e da amplitude do movimento, além da velocidade controlada e da execução suave. Peça a outra pessoa para verificar os itens dos Pontos Fundamentais para o Sucesso à medida que você os demonstra. Dedique um tempo a visualizar as técnicas de um novo exercício antes de executá-las.

Exercícios alternativos para desenvolver o tórax

O exercício do crucifixo frontal (ver a Figura A.1) é usado freqüentemente como exercício suplementar ou alternativo aos exercícios apresentados no Passo 3. A área principal envolvida é a mesma (peitoral maior). É um exercício de empurrar. Cuidado com os erros mais comuns:
    1. Tentar usar peso demais.
    2. Flexionar os cotovelos em excesso.

VOADOR FRONTAL

Fase de preparação

1. Agarre com a palma das mãos voltadas para dentro ____
2. Tronco repousando sobre o banco com a cabeça, os ombros e as nádegas em contato ____
3. Pernas flexionadas 90º ____
4. Pés rentes ao chão ____

Braços levemente flexionados na altura dos ombros ____

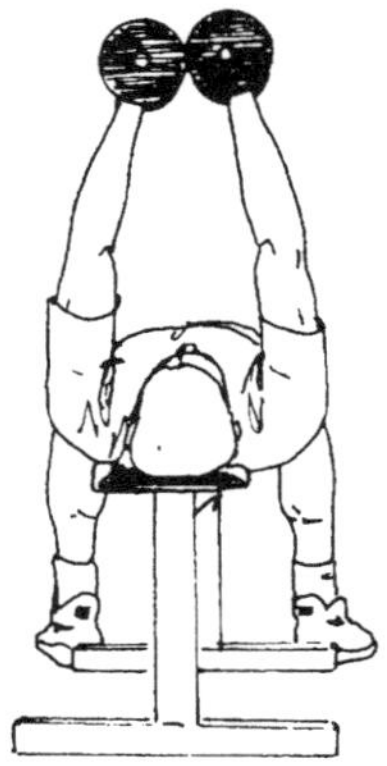

a

Fase descendente da execução

1. Abaixe lentamente os halteres, mantendo os ombros perpendiculares ao tronco ____
2. Abaixe os halteres até a altura do peito ____
3. Mantenha os cotovelos levemente flexionados ____
4. Não incline ou arqueie o corpo ____

Inspire enquanto abaixa ____

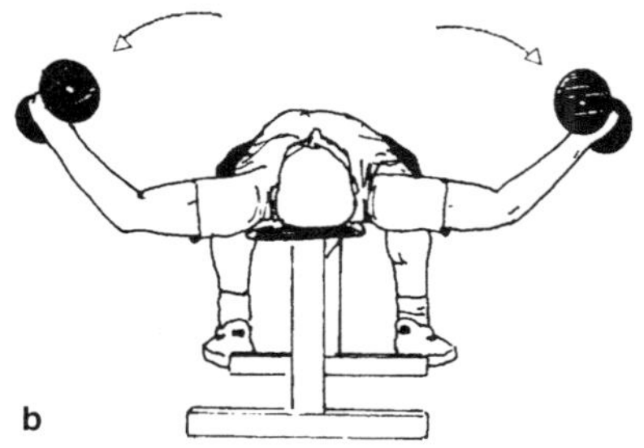

b

Fase ascendente da execução

1. Retorne lentamente os halteres para a posição inicial ____
2. Mantenha os pés rentes ao chão ____
3. Mantenha a cabeça, os ombros e as nádegas sobre o banco ____
4. Expire durante o retorno ____

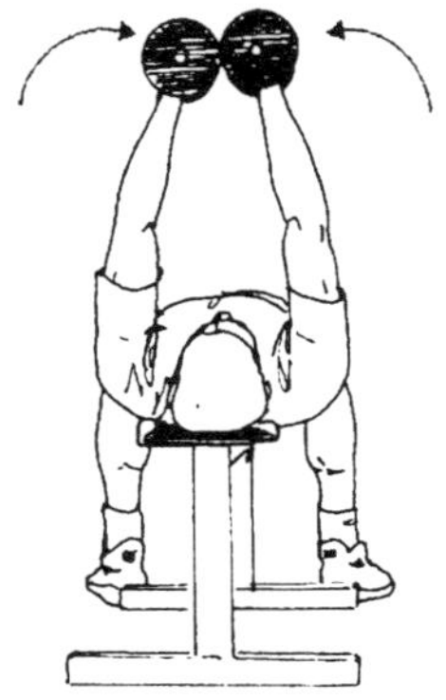

c

Figura A.2 Passos fundamentais para o sucesso.

Exercício alternativo para desenvolver a região dorsal

A puxada do grande dorsal (ver a Figura A.2) desenvolve a parte superior das costas (grande dorsal, rombóides, trapézio) e envolve alguns músculos do tórax (peitoral) e anteriores do braço (bíceps). Esse exercício é considerado um tipo alternativo para os exercícios para as costas apresentados no Passo 4 e é um exercício de puxada. Cuide para evitar os seguintes erros comuns:

1. Utilizar o tronco para completar o movimento;
2. Permitir que a pilha de pesos caia rapidamente de volta à posição inicial.

PUXADA PELA FRENTE

a

Fase de preparação

1. Pegada pronada, distância um pouco maior do que a largura dos ombros __
2. Posição sentada ou ajoelhada __
3. Tronco ligeiramente para trás __
4. Braços estendidos __

b

Fase descendente da execução

1. Puxe para baixo, à frente de seu rosto __
2. Puxe lentamente, mantendo os cotovelos para fora e longe do corpo __
3. Puxe a barra até abaixo do queixo, até encostar na parte superior do peito __
4. Expire quando a barra encostar no peito __

c

Fase ascendente da execução

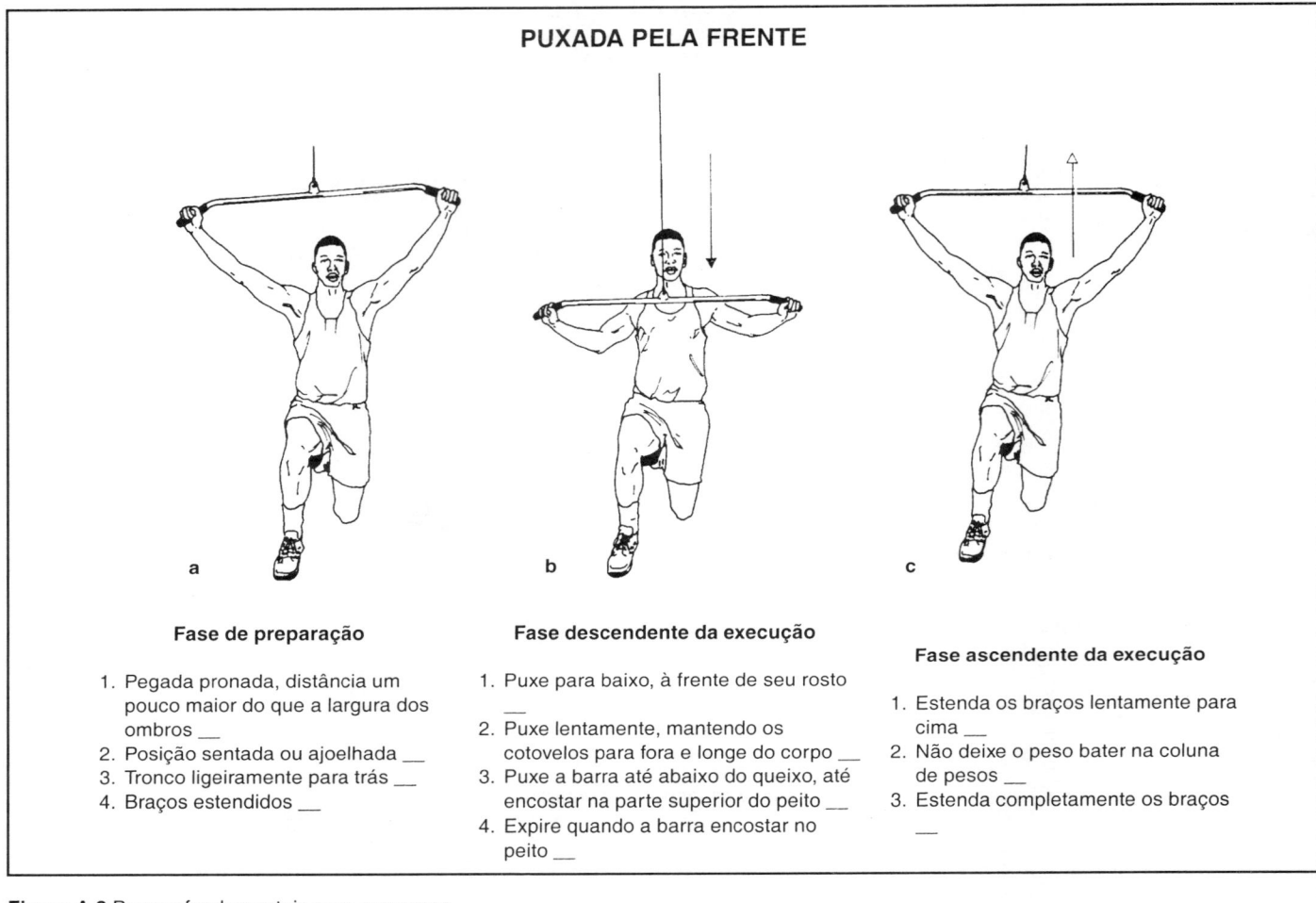

1. Estenda os braços lentamente para cima __
2. Não deixe o peso bater na coluna de pesos __
3. Estenda completamente os braços __

Figura A.2 Passos fundamentais para o sucesso.

Exercícios alternativos para desenvolver a região lombar

O exercício de extensão da coluna é usado para fortalecer os músculos da região lombar (eretor da espinha e quadrado lombar). Este exercício (ver a Figura A.3) é feito na estação de extensão da coluna de um aparelho de uma ou de múltiplas unidades. Cuidado com os erros mais comuns:

1. Hiperextensão na posição alta
2. Permitir que o tronco caia rapidamente de volta à posição de cabeça para baixo

---

EXTENSÃO DA COLUNA

Fase de preparação

1. Quadris na almofada da frente, calcanhares abaixo da almofada de trás __
2. Tronco rígido, horizontal, corpo voltado para baixo __
3. Mãos cruzadas atrás da cabeça __

a

Fase descendente da execução

1. Abaixe o tronco lentamente até a posição de cabeça para baixo __
2. Inspire enquanto desce __

b

Fase ascendente da execução

1. Eleve o tronco lentamente até a posição horizontal __
2. Não faça uma hiperextensão __
3. Não atire os braços __
4. Expire quando estiver quase na posição horizontal __

c

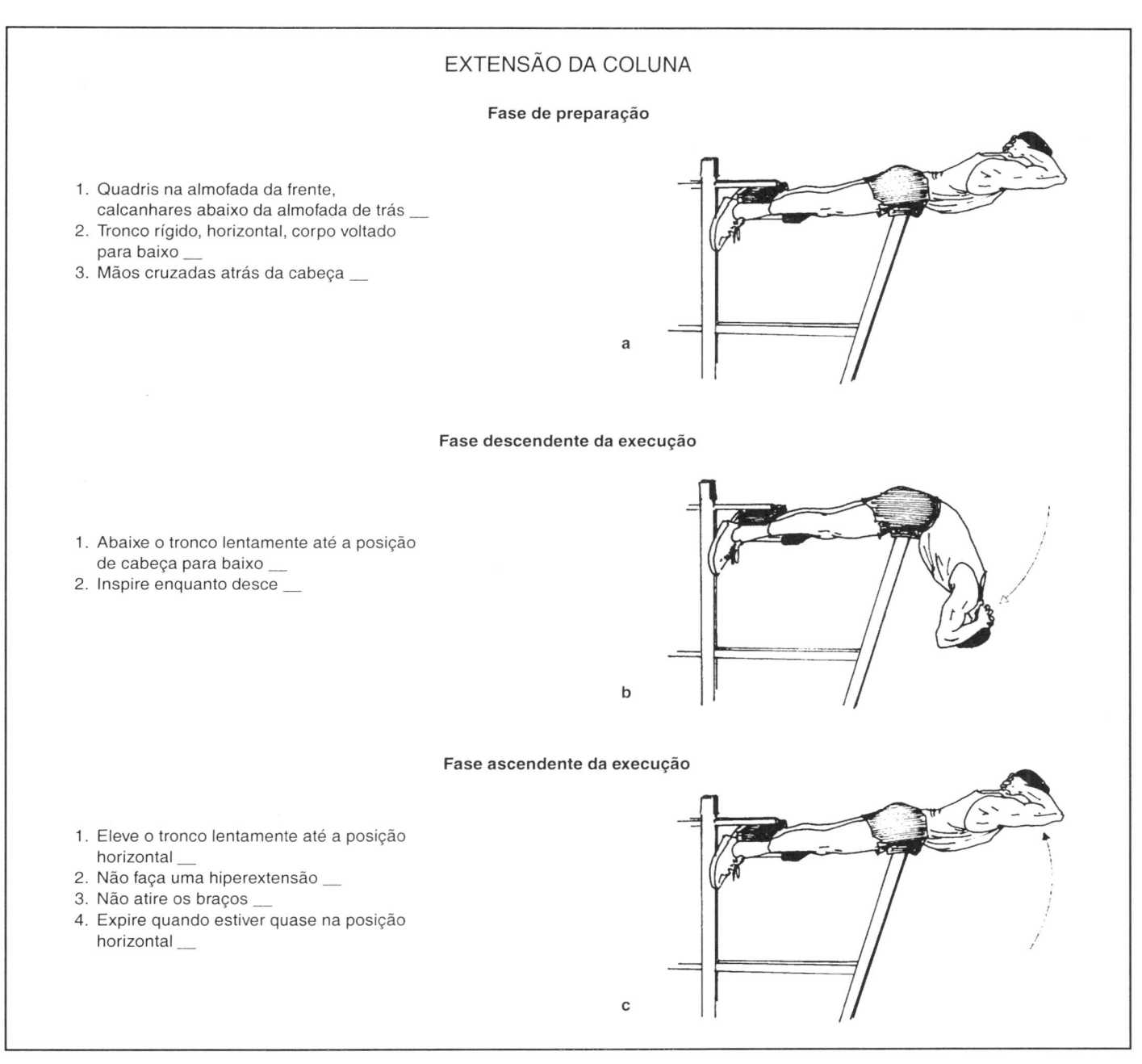

Figura A.3 Passos fundamentais para o sucesso.

Exercícios alternativos para desenvolver os ombros

A remada alta (ver a Figura A.4) desenvolve os ombros (deltóides) e é considerada um exercício alternativo aos exercícios de desenvolvimento acima da cabeça apresentados no Passo 5. Este exercício pode ser feito com barra, halteres ou a estação de roldana baixa num aparelho de uma ou múltiplas unidades. É um exercício de puxar. Cuidado com os erros mais comuns:

1. Deixar os cotovelos caírem abaixo dos punhos.
2. Deixar a barra cair rapidamente de volta à posição baixa.

REMADA ALTA

Fase de preparação

1. Pegada pronada, mãos afastadas de 5 a 10 centímetros __
2. Tronco reto __
3. Pés afastados na largura dos ombros __
4. Braços retos __
5. Barra apoiada nas coxas __

a

Fase ascendente da execução

1. Puxe a barra para cima, ao longo do abdômen e peito __
2. Cotovelos apontando para fora __
3. Cotovelos mais altos do que os punhos __
4. Puxe até que os cotovelos cheguem à altura dos ombros __
5. Expire quando a barra estiver perto dos ombros __
6. Faça uma breve pausa na posição alta __

b

Fase descendente da execução

1. Inspire quando a barra começar a descer __
2. Abaixe a barra lenta e suavemente __
3. Faça uma pausa na posição mais baixa __

c

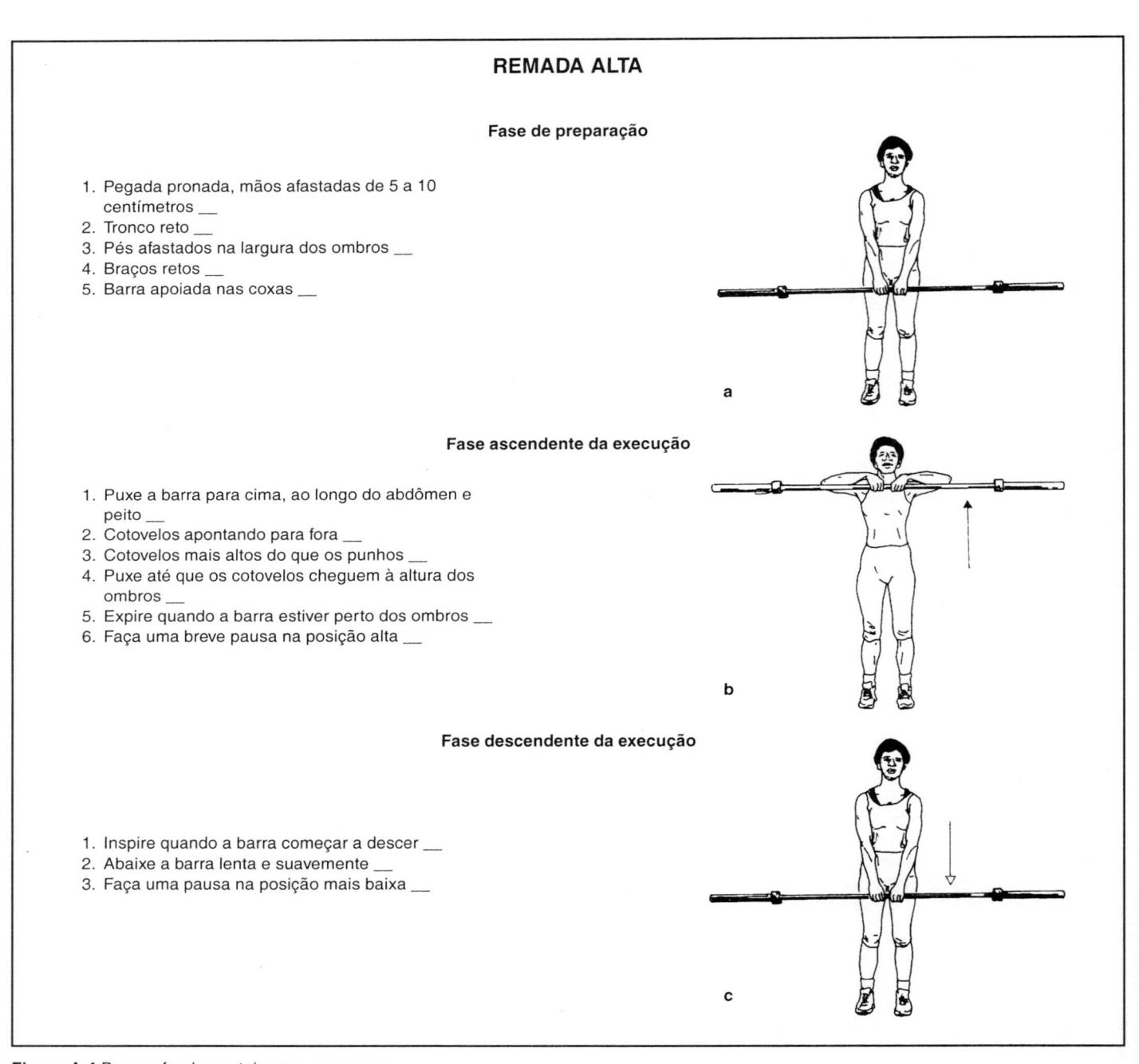

Figura A.4 Passos fundamentais para o sucesso.

Exercício alternativo para desenvolver a parte anterior do braço

A rosca bíceps concentrada (ver a Figura A.5) é freqüentemente usada como suplemento aos outros exercícios para o bíceps apresentados no Passo 6, em geral para dar mais definição ou aumentar o bíceps. Este exercício de puxar é feito com um halteres. Cuidado com os erros mais comuns:

1. Inclinar-se para trás quando o peso é trazido em direção ao queixo.
2. Deixar o peso cair muito rápido à posição inicial.

Rosca bíceps concentrada

Fase de preparação

1. Sentado em um banco, parte superior do tronco inclinada para a frente __
2. Pés bem apoiados no chão e mais afastados do que a largura dos ombros __
3. Pegada supinada __
4. Braço estendido, encostado na perna __

a

Fase ascendente da execução

1. Traga o peso lentamente em direção ao queixo __
2. Mantenha a posição inclinada para a frente __
3. Faça uma pausa quando a flexão estiver completa __
4. Expire quando o peso se aproximar do queixo __

b

Fase descendente da execução

1. Leve o peso lentamente para a posição inicial __
2. Mantenha a posição inclinada para a frente __
3. Inspire enquanto abaixa o peso __

c

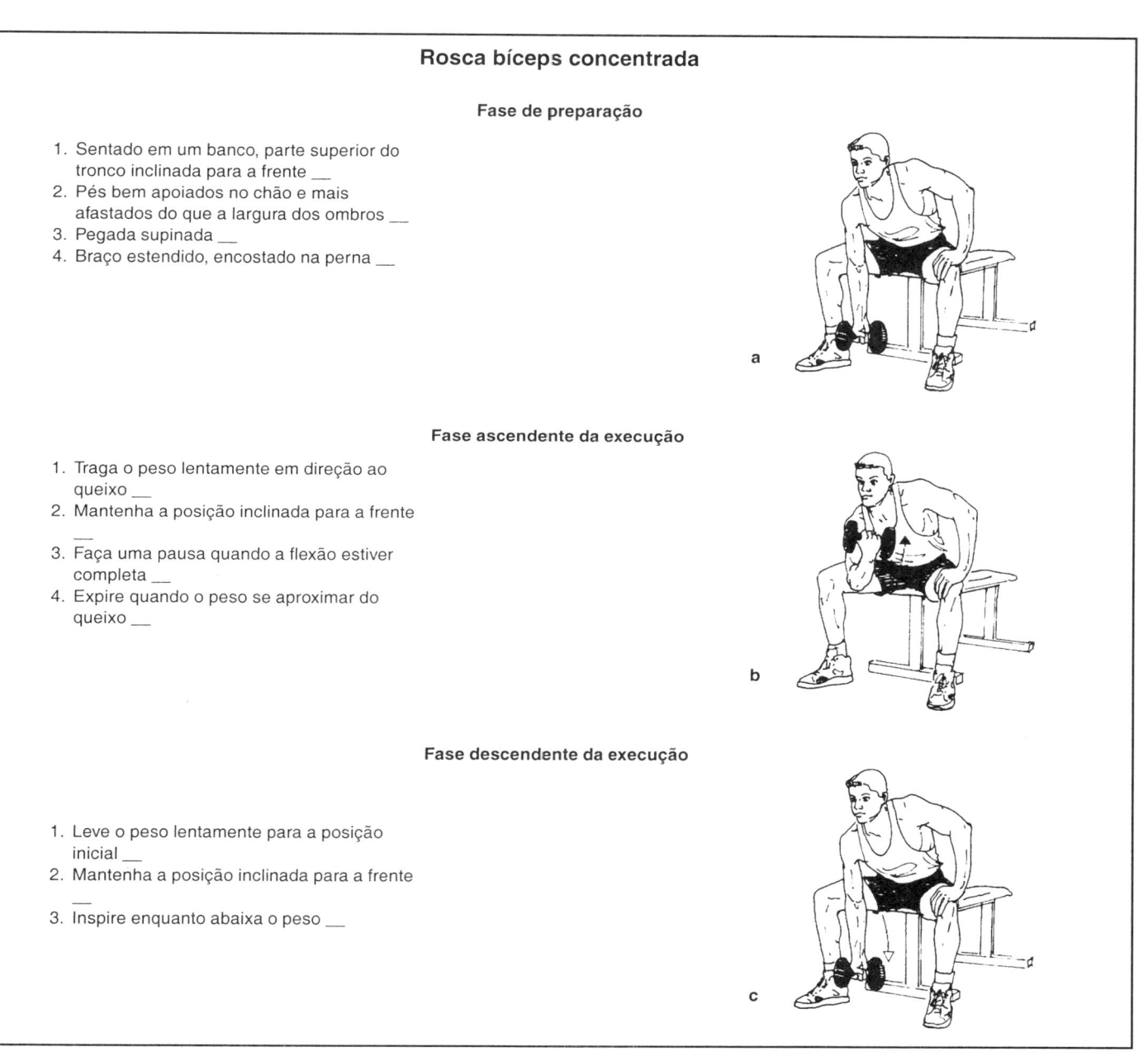

Figura A.5 Passos fundamentais para o sucesso.

Exercício alternativo para desenvolver a parte posterior dos braços

A extensão supinada do tríceps (ver a Figura A.6) pode ser usada como uma alternativa aos exercícios para o tríceps (parte posterior do braço) apresentados no Passo 6. Este exercício de empurrar é feito em um banco e usando uma barra ou halteres. Cuidado com os erros mais comuns:

1. Movimentar os braços para fora e para a frente.
2. Cotovelos não-perpendiculares no início de cada repetição.

EXTENSÃO SUPINADA DO TRÍCEPS

Fase de preparação

Para o auxiliar

1. Fique próximo à cabeça do seu parceiro __
2. Passe a barra para ele __

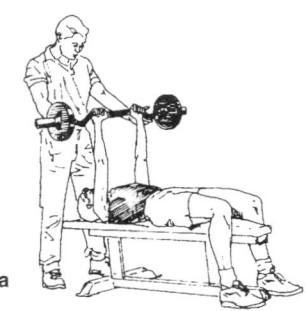

Passos fundamentais do exercício

1. Pegada pronada, mãos afastadas 20 centímetros __
2. Posição estável e bem apoiada no banco __
3. Pernas flexionadas num ângulo de 90 graus __
4. Pés bem apoiados no chão __
5. Cotovelos apontando para cima __

a

Fase descendente da execução

Para o auxiliar

1. Mantenha as mãos abaixo da barra para proteger a cabeça do parceiro __
2. Ajude a controlar a velocidade da barra para baixo __

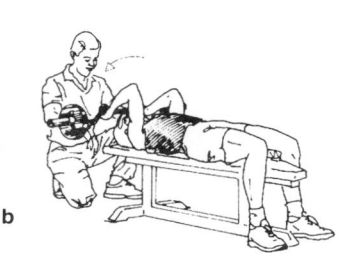

Passos fundamentais do exercício

1. Mantenha os braços parados __
2. Mantenha os cotovelos apontando para cima __
3. Não deixe os cotovelos se mexer __
4. Abaixe a barra lentamente __
5. Inspire enquanto abaixa a barra __

b

Fase ascendente da execução

Para o auxiliar

1. Ajude o parceiro, se necessário, no ponto de maior dificuldade do movimento __
2. Segure o peso depois da última repetição e coloque no chão __

Passos fundamentais do exercício

1. Empurre para cima para estender os cotovelos __
2. Mantenha os cotovelos apontando para cima __
3. Não deixe os cotovelos se mexer __
4. Expire próximo à posição alta __

c

Figura A.6 Passos fundamentais para o sucesso.

Exercício alternativo para desenvolver o antebraço

Os exercícios de flexão (palmas das mãos para cima) e extensão (palmas das mãos para baixo) dos punhos feitos num banco são exercícios comuns para desenvolver o antebraço. Estes exercícios podem ser feitos com uma barra (ver a Figura A.7), halteres de mão ou na estação de roldana baixa num aparelho de uma ou múltiplas unidades. Cuidado com os erros mais comuns:
1. Usar a flexão do cotovelo para iniciar ou completar o movimento.
2. Levantar as nádegas do banco.

FLEXÃO E EXTENSÃO DOS PUNHOS

Fase de preparação

1. Pegada supinada (flexão) ou pronada (extensão), mãos bem próximas __
2. Antebraços apoiados no banco, punhos sobre a borda __
3. Corpo sentado no banco, tronco inclinado para a frente __

a

Fase descendente da execução

1. Abaixe lentamente a barra sobre a borda do banco __
2. Mantenha as nádegas no banco __
3. Mantenha os cotovelos no banco __
4. Inspire enquanto abaixa a barra __

b

Fase ascendente da execução

1. Volte os punhos lentamente para a posição inicial __
2. Não flexione os cotovelos __
3. Mantenha o corpo firme __
4. Expire durante o movimento para cima __

c

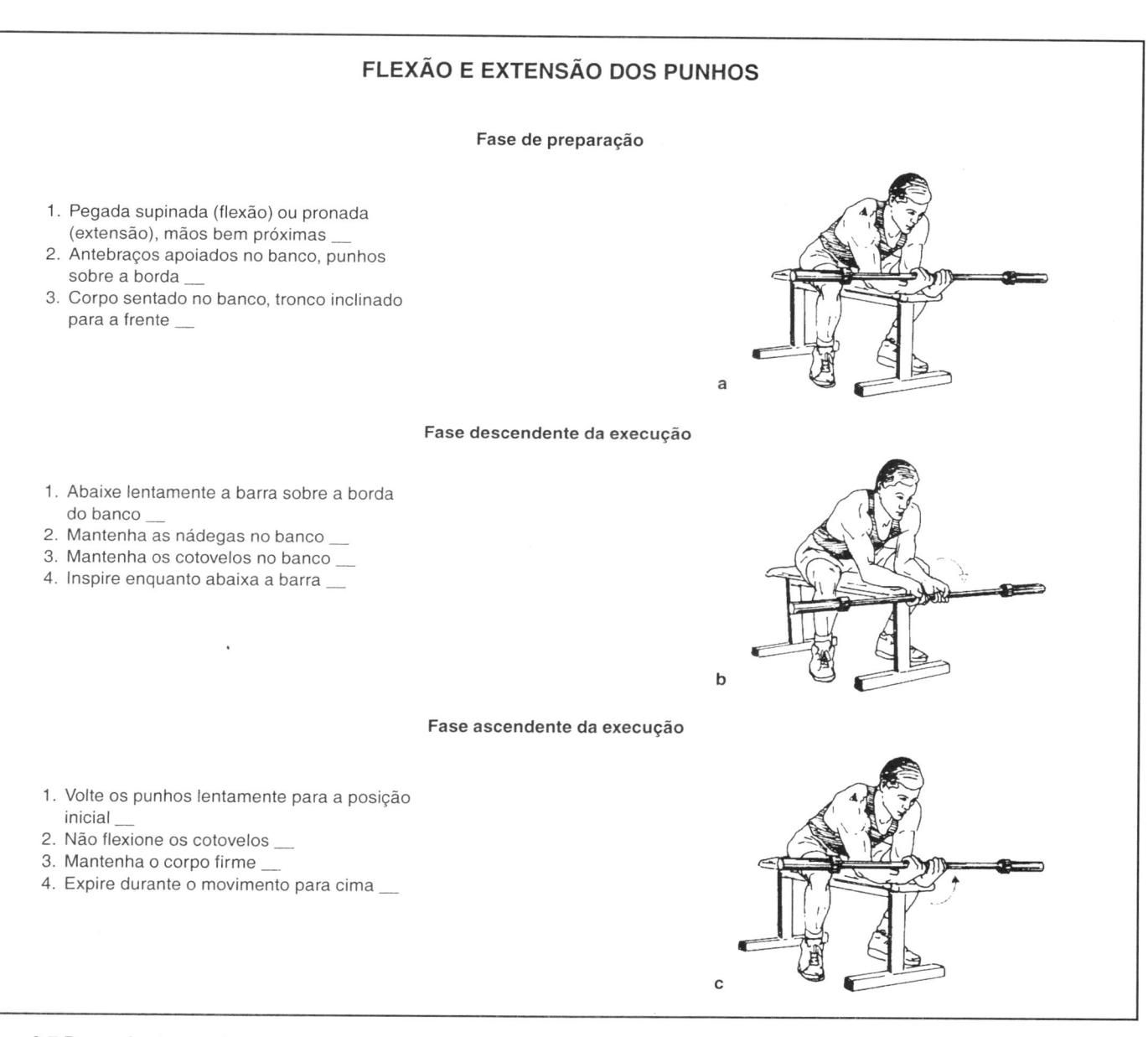

Figura A.7 Passos fundamentais para o sucesso.

Exercícios alternativos para desenvolver a parte superior das pernas

O agachamento (ver a Figura A.8), muito apreciado entre os atletas e fisiculturistas, é excelente exercício funcional para o corpo inteiro que também ensina a fazer o agachamento de forma adequada, sem forçar demais os joelhos e a região lombar. Desenvolve a região lombar (eretor da espinha), os quadris (glúteos) e a parte anterior (quadríceps) e posterior (isquiopoplíteos) da coxa. Cuidado com os erros mais comuns:

1. Barra posicionada muito alta na nuca.
2. Pés muito juntos.
3. Cabeça abaixada para olhar para o chão.
4. Joelhos se mexendo para a frente, adiante dos pés.
5. Inclinação para trás para colocar a barra no apoio.

AGACHAMENTO

Fase de preparação

Para o auxiliar

1. Fique diretamente atrás e próximo ao seu parceiro __
2. Coloque suas mãos perto da barra __
3. Mantenha as costas retas e os quadris ligeiramente flexionados __
4. Ajude apenas se for necessário __

Passos fundamentais do exercício

1. Pegada pronada, ligeiramente mais aberta do que a largura dos ombros __
2. Barra posicionada nos ombros, na base da nuca __
3. Tronco – quadris diretamente abaixo da barra, peito para fora, ombros para trás, cabeça levantada __
4. Pés apoiados no chão, em uma distância um pouco maior do que a largura dos ombros __

a

Fase descendente da execução

Para o auxiliar

1. Agache junto com o parceiro __
2. Acompanhe a barra com as mãos __

Passos fundamentais do exercício

1. Agache lentamente __
2. Evite inclinar-se demais para a frente __
3. Pés bem apoiados no chão, joelhos na mesma linha dos pés __
4. Continue a agachar até que a parte de trás das coxas esteja paralela ao chão __
5. Inspire na descida __

b

Figura A.8 Passos fundamentais para o sucesso.

Fase ascendente da execução

Para o auxiliar

1. Suba junto com o parceiro __
2. Mantenha as mãos próximas à barra __
3. Ajude somente quando necessário __

Passos fundamentais do exercício

1. Faça o movimento primeiro com as pernas __
2. Mantenha a cabeça para cima e o peito para fora __
3. Endireite os quadris e joelhos __
4. Expire durante o ponto de maior dificuldade __

c

Colocando a barra no suporte

Para o auxiliar

1. Caminhe com o parceiro até que a barra esteja no lugar __
2. Avise quando a barra estiver segura __

Passos fundamentais do exercício

1. Caminhe para a frente até que a barra encoste no suporte __
2. Agache até que a barra esteja no lugar __
3. Nunca se incline para a frente para guardar a barra __

d

Figura A.8 (*Continuação*).

Dois exercícios adicionais, a extensão de joelho (ver a Figura A.9) e a flexão de joelho (ver a Figura A.10) desenvolvem respectivamente o quadríceps e os isquiopoplíteos. Estes exercícios podem ser usados como alternativas para o agachamento à frente e a pressão de pernas apresentados no Passo 7. Cuidados com os erros mais comuns no exercício de extensão de joelho:

1. Levantar as nádegas do banco.
2. Deixar o peso cair rápido demais de volta à posição original.

EXTENSÃO DE JOELHO

Fase de preparação

1. Fique na posição sentada __
2. Segure a borda da mesa, da cadeira ou as empunhaduras __
3. Tronco ereto, região lombar reta __
4. Cabeça levantada, olhando para a frente __
5. Tornozelos atrás das almofadas __

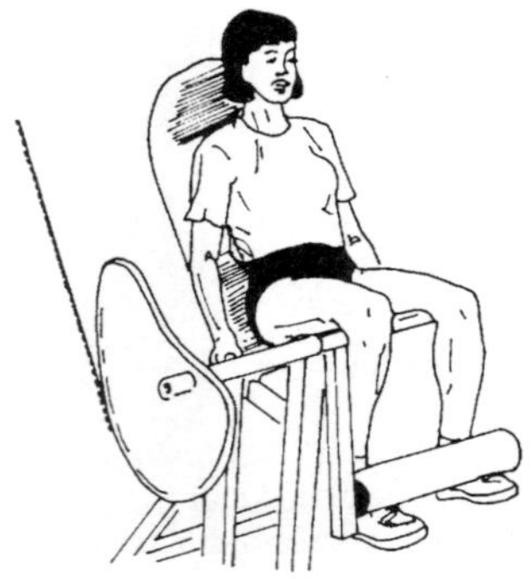

a

Fase ascendente da execução

1. Estenda lentamente a parte inferior das pernas em toda a amplitude de movimento __
2. Expire enquanto estende a perna __
3. Faça uma breve pausa na posição estendida __

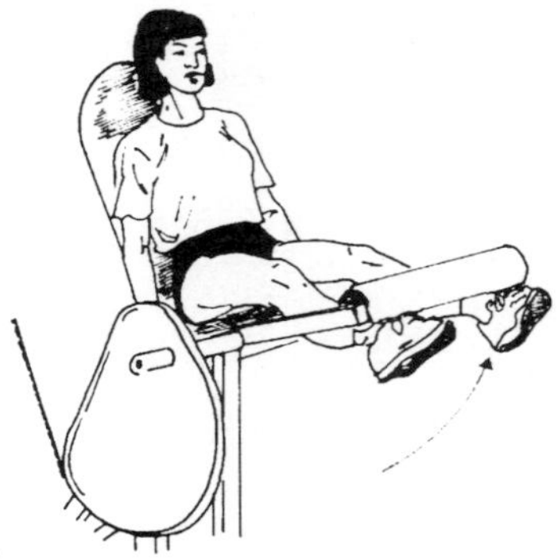

b

Fase descendente da execução

1. Abaixe o peso lentamente __
2. Mantenha as nádegas em contato com o assento __
3. Faça uma pausa na posição inferior __
4. Não deixe o peso bater na coluna de pesos __
5. Inspire enquanto abaixa o peso __

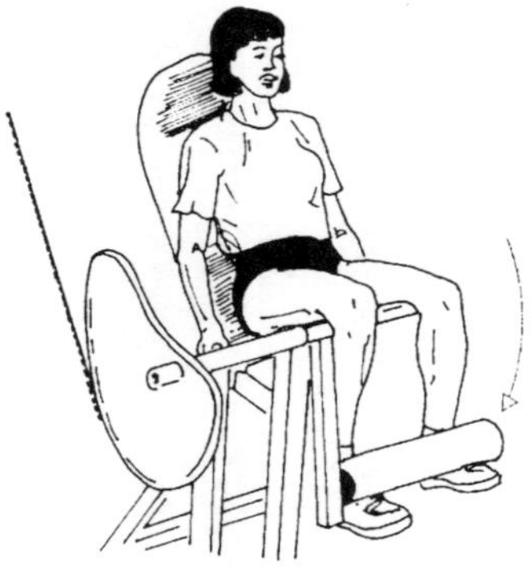

c

Figura A.9 Passos fundamentais para o sucesso.

O exercício de flexão de joelho para os isquiopoplíteos é freqüentemente negligenciado em benefício da extensão de joelho para o quadríceps, um músculo mais visível e fácil de desenvolver. Você deve incluir, entretanto, o mesmo número de séries para os dois exercícios. Cuidado com os erros mais comuns:

1. Deixar os quadris ou o peito se levantarem do banco.
2. Deixar o peso cair rápido demais de volta à posição inicial.

FLEXÃO DE JOELHO

Fase de preparação

1. Assuma a posição inclinada __
2. Segure as empunhaduras ou a borda do banco __
3. Apóie os quadris e peito no banco __
4. Posicione a rótula para baixo da borda do banco e os tornozelos embaixo das almofadas __

a

Fase ascendente da execução

1. Flexione os joelhos em direção às nádegas, tanto quanto for possível __
2. Expire durante o movimento ascendente __
3. Faça uma pausa breve na posição de flexão máxima __

b

Fase descendente da execução

1. Abaixe o peso lentamente __
2. Não deixe os quadris se levantarem do banco __
3. Mantenha o peito no banco __
4. Inspire durante o movimento descendente __

c

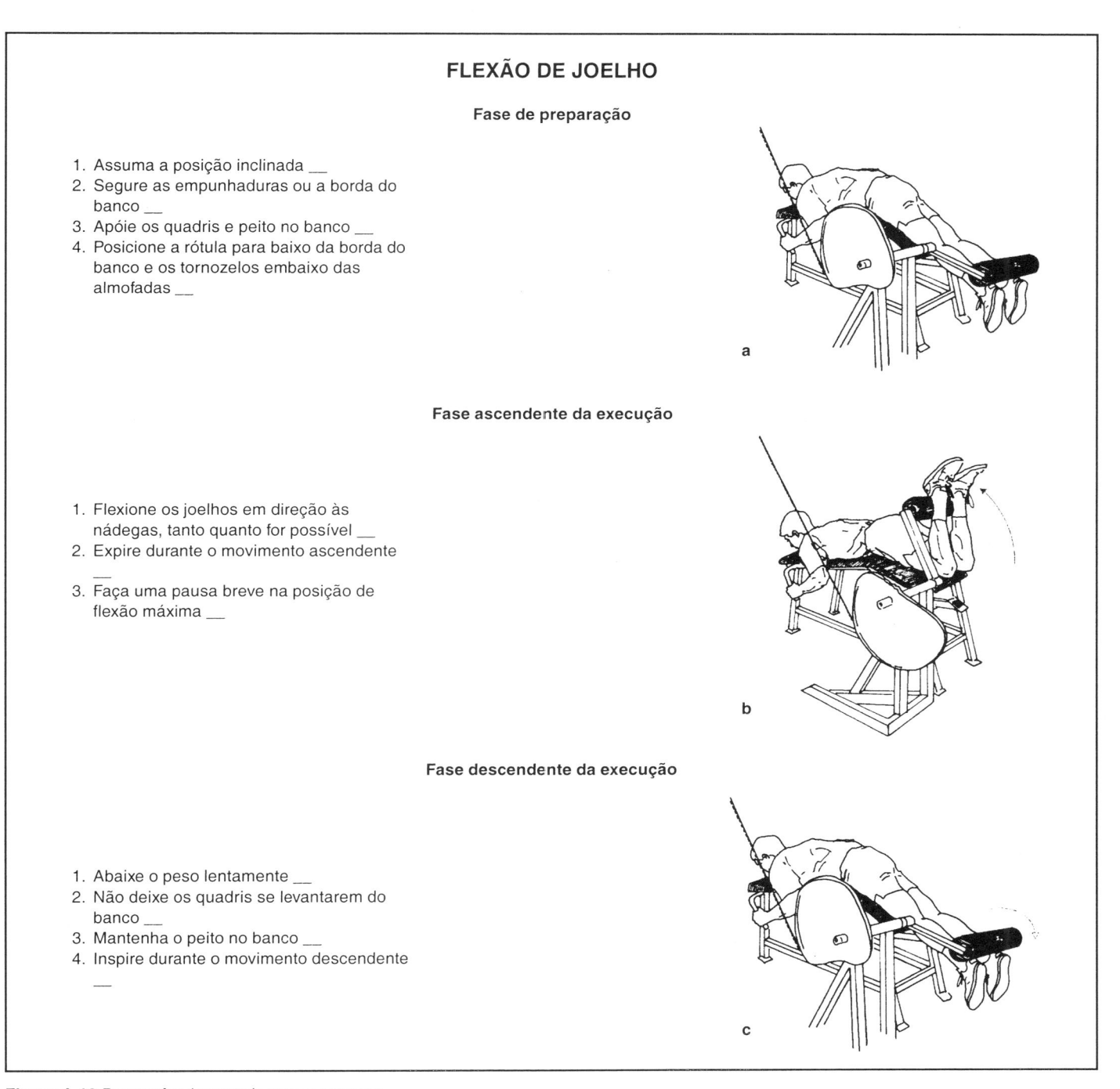

Figura A.10 Passos fundamentais para o sucesso.

Exercício alternativo para o desenvolvimento das panturrilhas

A elevação de calcanhares ou flexão plantar na articulação do tornozelo exercita os músculos da panturrilha (solear e gastrocnêmio). Este exercício pode ser feito usando-se uma barra apoiada nos ombros ou segurando-se pesos de mão (ver a Figura A.11), ou na estação de desenvolvimento num aparelho de uma ou múltiplas unidades. Assegure-se de que o apoio utilizado seja estável. Cuidado com os erros mais comuns:

1. Deixar os joelhos flexionarem-se ou estenderem-se durante o movimento.
2. Não abaixar os calcanhares até o alongamento completo.

FLEXÃO PLANTAR

Fase de preparação

1. Coloque a barra nos ombros ou segure os halteres de mão __
2. Use uma superfície estável, com uma altura de aproximadamente 15 centímetros de altura __
3. Afaste os pés aproximadamente na mesma largura dos quadris __
4. Coloque a ponta dos pés perto da borda __
5. Varie a posição dos pés desde retos até apontando ligeiramente para dentro ou para fora __
6. Mantenha o tronco ereto e os joelhos retos __

a

Fase ascendente da execução

1. Eleve os calcanhares lentamente, até o ponto mais alto possível __
2. Faça uma pequena pausa antes de baixar __
3. Deixe apenas as panturrilhas fazerem o esforço __
4. Expire enquanto sobe __

b

Fase descendente da execução

1. Baixe lentamente os calcanhares até o alongamento completo, sem dor __
2. Não mova o tronco nem flexione os joelhos __
3. Inspire no movimento descendente __

c

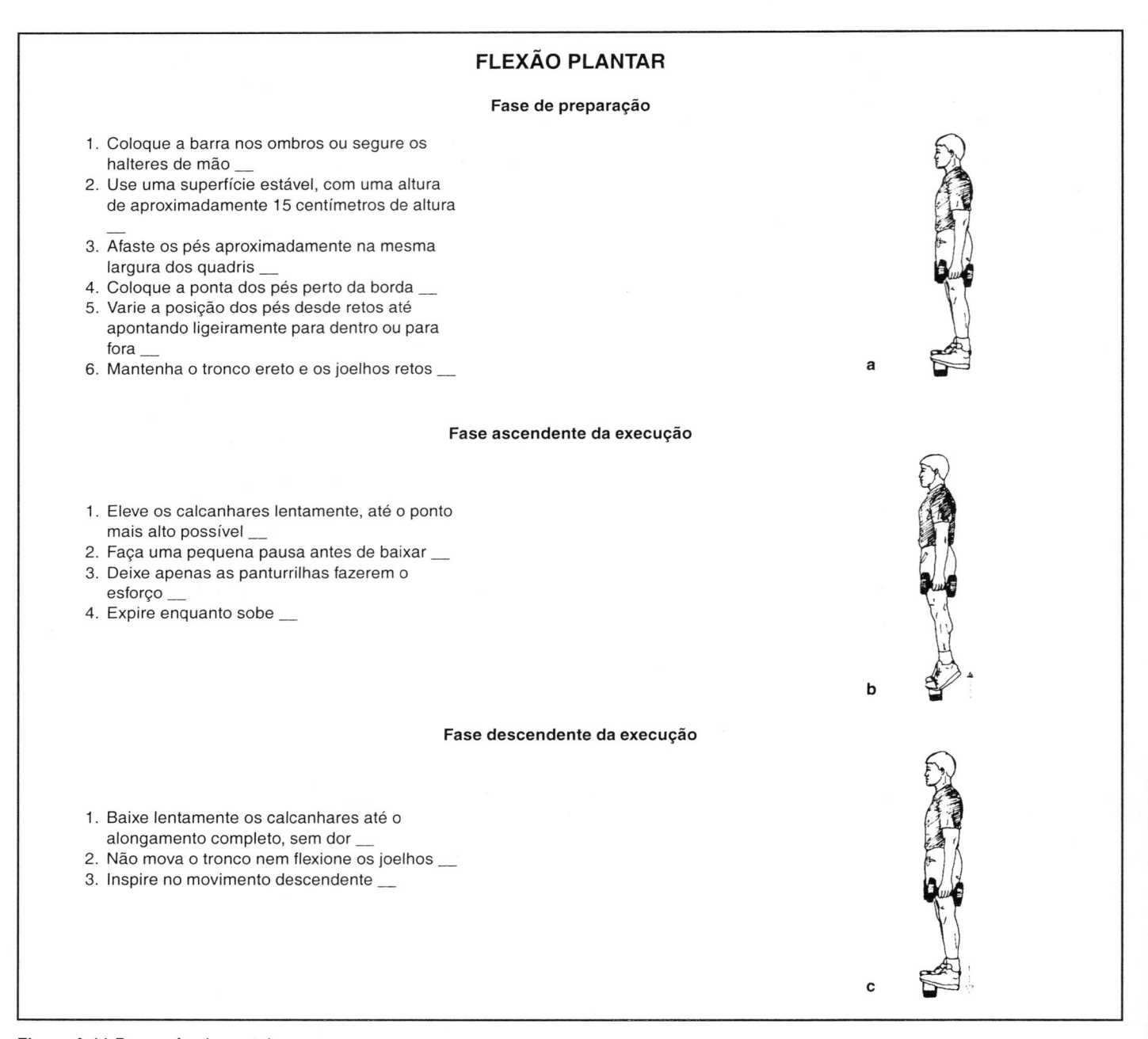

Figura A.11 Passos fundamentais para o sucesso.

Exercício alternativo para desenvolver os abdominais

O abdominal curto com os joelhos flexionados (ver a Figura A.12) pode ser feito tanto numa superfície plana como numa prancha inclinada. Comece fazendo o exercício em uma superfície plana. O abdominal curto com os joelhos flexionados é completado quando os ombros são elevados 30 graus e então retornam à posição inicial. Este exercício é um suplemento ou uma alternativa ao abdominal oblíquo e ao aparelho de abdominal mostrados no Passo 8. Cuidado com os erros mais comuns:

1. Elevar o tronco mais do que 30 graus.
2. Balançar na parte baixa do movimento.

ABDOMINAL CURTO COM JOELHOS FLEXIONADOS

Fase de preparação

1. Costas apoiadas no chão __
2. Joelhos flexionados em 110 graus __
3. Pés apoiados no chão __
4. Braços cruzados na frente do peito __

a

Fase ascendente da execução

1. Leve primeiro o queixo sobre o peito __
2. Levante os ombros e a região dorsal em 30 graus __
3. Faça uma pausa nesta posição __
4. Expire durante a fase ascendente __

b

Fase descendente da execução

1. Retorne lentamente à posição inicial __
2. Mantenha o queixo no peito até os ombros tocarem o chão __
3. Abaixe a cabeça até o colchonete __
4. Faça uma pausa, sem balançar, no chão __
5. Inspire durante a fase descendente __

c

Figura A.12 Passos fundamentais para o sucesso.

Opções de exercício para todo o corpo

O levantamento terra, puxada alta e arranque são exercícios especialmente apreciados entre os atletas de esportes cujas atividades requerem força muscular/potência de todo o corpo e movimentos explosivos. São ideais também para os que querem desenvolver massa muscular nos grandes músculos das pernas, dos quadris, da região lombar e da região dorsal. Todos os três são exercícios com pesos livres e requerem uma área específica. A área para estes exercícios deve ser separada do resto da área de treinamento por razões de segurança e deve ter algum tipo de proteção no chão para o caso de a barra cair com velocidade. Não é necessário um ajudante nestes exercícios porque, se algo sair errado durante o movimento, você pode deixar a barra cair sem risco de lesão. Além disso, um ajudante tentando segurar a barra durante um destes exercícios pode facilmente se machucar ou provocar lesão em você.

Levantamento terra

O levantamento terra (ver a Figura A.13), um dos levantamentos básicos, é um exercício funcional para todo o corpo, que não só desenvolve força em quase todos os principais músculos e grupos musculares, mas também ensina a levantar qualquer objeto do chão, desde um halteres até uma criança. Os fisiculturistas também usam este exercício e uma forma modificada (levantamento terra com as pernas estendidas) para desenvolver a musculatura das costas (dorsal e lombar), dos quadris e das coxas. O levantamento terra com as pernas estendidas não é recomendável porque causa tensão excessiva na região lombar, e os mesmos resultados podem ser obtidos com o levantamento terra normal.

Aproxime-se da barra até tocá-la com as canelas, com os pés afastados numa distância menor do que a largura dos ombros e apontando ligeiramente para fora. Use as marcas na barra para se assegurar de que os pés estejam eqüidistantes das anilhas. Use uma pegada alternada com as mãos igualmente espaçadas, colocadas do lado de fora das pernas, próximas a elas. Agache com as canelas ainda encostadas na barra; mantenha os braços retos, os ombros para trás, a cabeça levantada e os olhos dirigidos para a frente. Comece o movimento fazendo força com as pernas; mantenha a barra perto das pernas, durante todo o movimento. Os quadris devem ficar baixos e começam a empurrar para a frente quando a barra passa pelos joelhos. As costas devem ficar retas durante todo o exercício. Continue levantando até que os joelhos e os quadris estejam estendidos e os ombros para cima e para trás. Para levar a barra de volta ao chão, comece flexionando os quadris até que a barra passe pelos joelhos e então use as pernas para baixar o peso à posição inicial. Inspire no início do levantamento e expire após o ponto de maior dificuldade do movimento.

LEVANTAMENTO TERRA

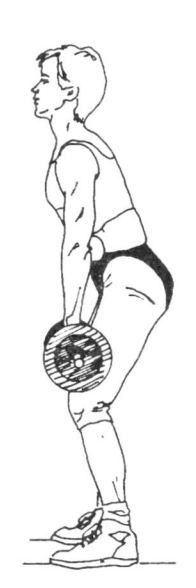

Fase de preparação

1. Coloque as canelas contra a barra, afastadas em uma distância menor do que a largura dos ombros __
2. Posicione os pés apontando ligeiramente para fora __
3. Realize a pegada alternada um pouco mais afastada do que a largura dos ombros __
4. Mantenha os quadris baixos, ombros altos e para trás, braços estendidos __
5. Posicione a cabeça para cima, olhos dirigidos para a frente ou para cima

Fase ascendente da execução

1. Inspire antes de puxar __
2. Comece a estender os joelhos, mantendo os quadris baixos __
3. Permaneça com as costas retas e estendidas __
4. Fique com os braços retos __
5. Mantenha a barra próxima às canelas e joelhos __
6. Toque levemente a barra com os joelhos e desliza pelas coxas __
7. Mantenha os ombros altos e para trás __

Fase de finalização (encaixe)

1. Endireite os joelhos e os quadris ao mesmo tempo __
2. Puxe os ombros para cima e para trás até que formem uma linha reta com os quadris e os pés __

Fase descendente da execução

1. Comece a flexionar quadris e joelhos __
2. Mantenha as costas retas e os ombros para trás __
3. Use as pernas para completar o movimento até o chão, depois que a barra passar pelos joelhos __
4. Mantenha a barra próxima às coxas, aos joelhos e às canelas __
5. Mantenha a barra sob controle enquanto abaixa __

Figura A.13 Passos fundamentais para o sucesso.

Puxada alta

A puxada alta é iniciada com a barra à altura da metade das coxas (ver a Figura A.14a). As técnicas usadas para chegar a esta posição são exatamente as mesmas das fases de preparação e execução para cima descritas nos Fundamentos do Levantamento (rever o Passo 1, Figuras 1.4 e 1.5). Partindo desta posição, você deve saltar de forma explosiva, usando a extensão de joelhos e quadris e a flexão plantar e um levantamento violento dos ombros (ver a Figura A.14b). Até este momento, os braços funcionaram como cordas, ligando a barra aos ombros. Ao final deste salto para cima, entretanto, os braços começam a puxar a barra à medida que os cotovelos se flexionam e se movem para cima e para os lados. Puxe a barra tão alto quanto for possível até o peito (Figura A.14c), depois retorne o peso à posição inicial. Você deve baixar a barra até as coxas, enquanto flexiona os quadris e os joelhos. As costas devem permanecer retas, com os ombros para trás. Mantenha a barra próxima ao peito e à área abdominal, enquanto a leva para baixo. Cuidado com os erros mais comuns:

1. Não estender completamente os joelhos e os quadris.
2. Recorrer aos braços para acelerar a barra para cima, no início do movimento.

PUXADA ALTA

Fase de preparação

1. Leve a barra do chão até as coxas da forma correta __
2. Mantenha os braços retos __
3. Equilibre-se na parte da frente dos pés __
4. Mantenha o tronco rígido, a cabeça levantada e o peito alto __

Fase ascendente da execução

1. Salte para cima, usando extensão de joelhos e quadris __
2. Eleve-se o mais alto possível na ponta dos pés, usando flexão plantar __
3. Encolha os ombros tão alto quanto puder __
4. Puxe para cima com os braços, flexionando os cotovelos __
5. Os cotovelos devem se mover para cima e para os lados __
6. Mantenha a barra perto do peito e puxe o mais alto possível __

Fase descendente da execução

1. Mantenha a barra perto do peito e da área abdominal __
2. Ao descer a barra, flexione os quadris e os joelhos __
3. Mantenha as costas retas ou em ligeira hiperextensão __
4. Mantenha os ombros para trás __
5. Mantenha a barra sob controle ao abaixá-la __

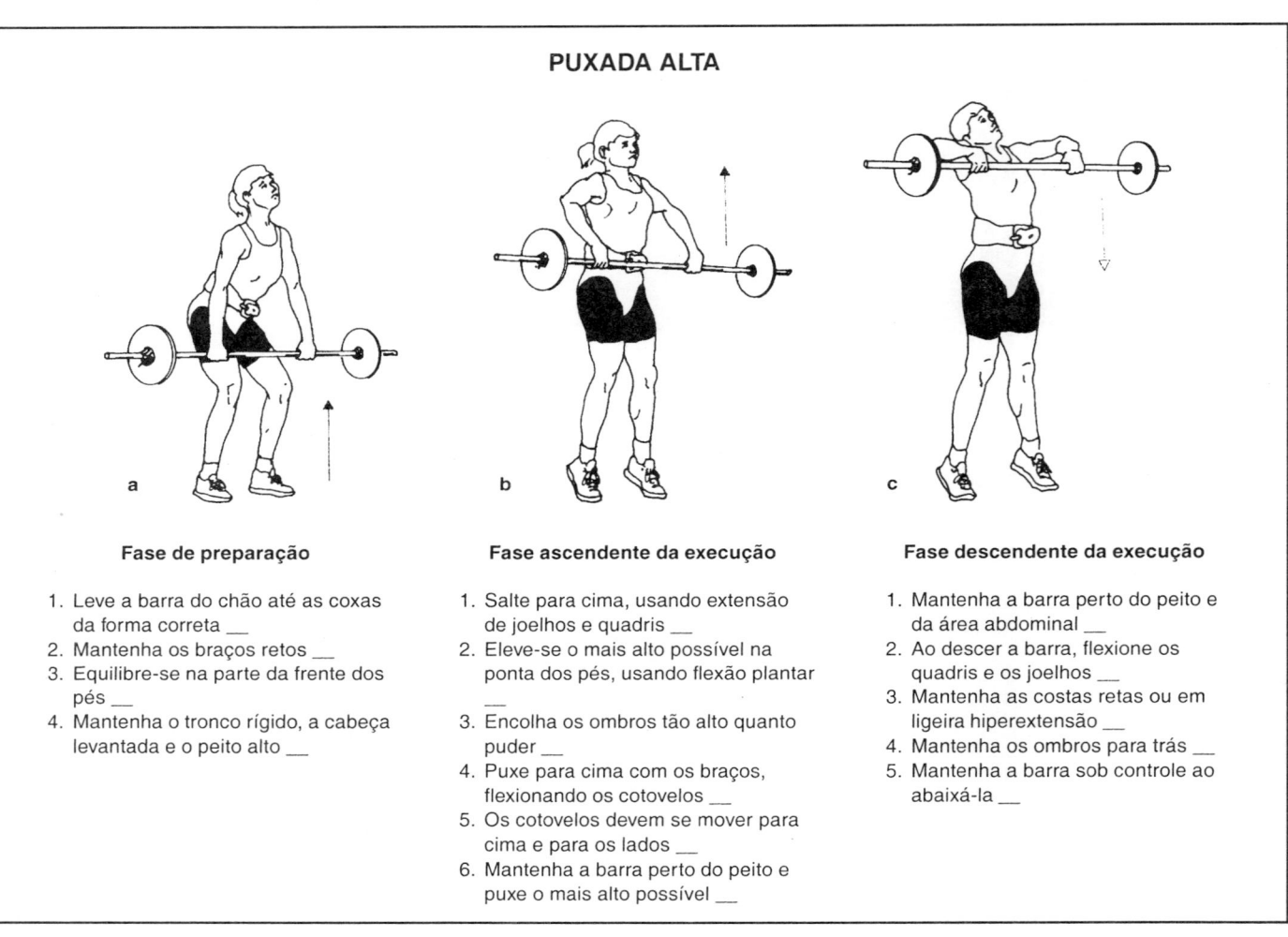

Figura A.14 Passos fundamentais para o sucesso.

Arranque

O arranque é executado exatamente como a puxada alta, exceto que a barra é apoiada nos ombros, depois de chegar ao ponto mais alto.

No ponto mais alto da puxada alta (ver a Figura A15a), você deve colocar o corpo rapidamente sob a barra para segurar o peso (ver a Figura A.15b), ao mesmo tempo fazendo um movimento de rotação com os cotovelos por baixo e para a frente da barra, enquanto ela encosta no peito e clavículas (ver a Figura A.15c). Enquanto os cotovelos passam por baixo da barra, você deve flexionar os joelhos para que a barra encoste em seus ombros. Ao mesmo tempo, os joelhos devem absorver o choque para diminuir o impacto para baixo. O peso nunca deve ser recebido com os joelhos em extensão completa, forçando as vértebras a absorver o choque; isto pode causar lesão na coluna. Assegure-se de colocar o peso nos ombros e nas clavículas. Cuidado com os erros mais comuns:

1. Não estender completamente os joelhos e os quadris.

ARRANQUE

Fase de preparação

1. Comece da posição à meia altura das coxas __
2. Levante a barra das coxas aos ombros __
3. Salte explosivamente e encolha os ombros __
4. Puxe a barra tão alto quanto conseguir __

Colocando-se sob a barra

1. Passe os cotovelos rapidamente por baixo e para a frente da barra __
2. Flexione os joelhos até ¼ de agachamento __
3. Expire __

Apoiando a barra

1. Coloque a barra nos ombros e nas clavículas __
2. Gradualmente endireite os joelhos, assumindo uma postura ereta __
3. Mantenha o peito alto com os cotovelos apontando para a frente __
4. Inspire __

Abaixando a barra

1. Flexione os joelhos e os quadris __
2. Mantenha os ombros para trás e as costas retas __
3. Mantenha a barra próxima ao peito e à área abdominal __
4. Abaixe a barra controladamente até as coxas __

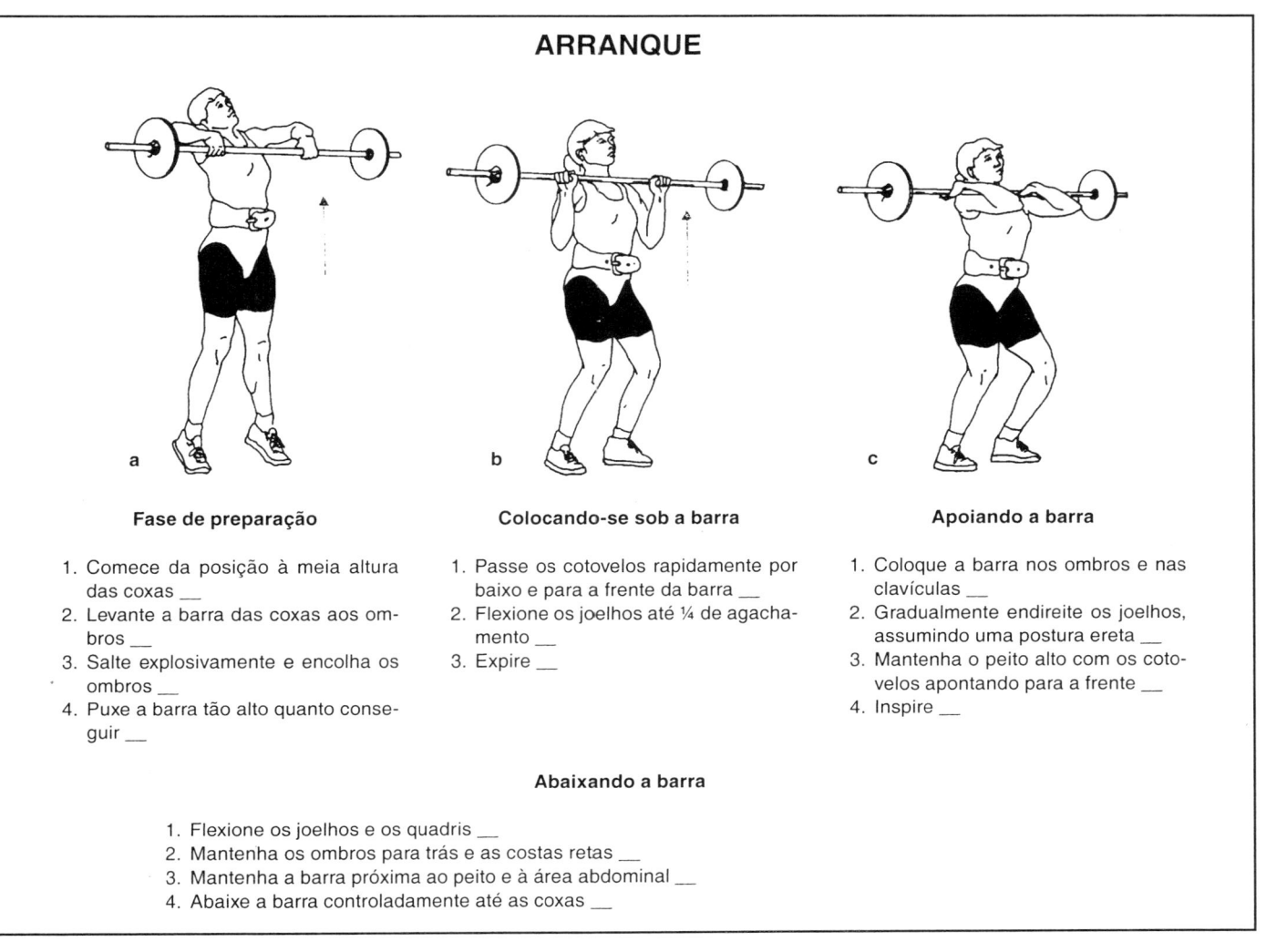

Figura A.15 Passos fundamentais para o sucesso.

APÊNDICE B: MÚSCULOS DO CORPO

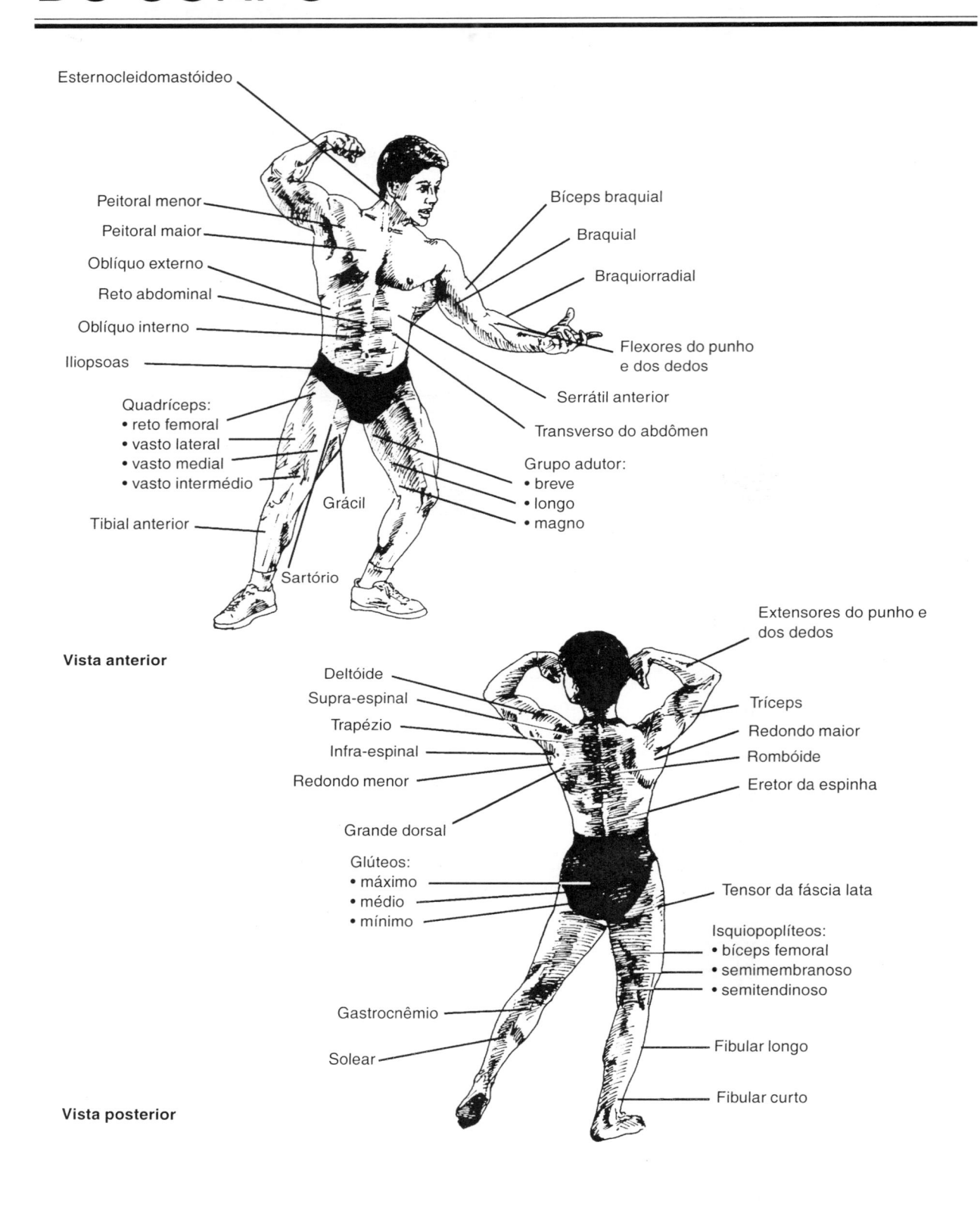

Vista anterior

- Esternocleidomastóideo
- Peitoral menor
- Peitoral maior
- Oblíquo externo
- Reto abdominal
- Oblíquo interno
- Iliopsoas
- Quadríceps:
  • reto femoral
  • vasto lateral
  • vasto medial
  • vasto intermédio
- Grácil
- Tibial anterior
- Sartório
- Bíceps braquial
- Braquial
- Braquiorradial
- Flexores do punho e dos dedos
- Serrátil anterior
- Transverso do abdômen
- Grupo adutor:
  • breve
  • longo
  • magno

Vista posterior

- Deltóide
- Supra-espinal
- Trapézio
- Infra-espinal
- Redondo menor
- Grande dorsal
- Glúteos:
  • máximo
  • médio
  • mínimo
- Gastrocnêmio
- Solear
- Extensores do punho e dos dedos
- Tríceps
- Redondo maior
- Rombóide
- Eretor da espinha
- Tensor da fáscia lata
- Isquiopoplíteos:
  • bíceps femoral
  • semimembranoso
  • semitendinoso
- Fibular longo
- Fibular curto

APÊNDICE C: PLANILHA DE TREINAMENTO

A melhor maneira de estabelecer um programa de treinamento regular é registrar seu progresso nos treinos. Faça três cópias da seguinte planilha de treinamento de 3 dias por semana. Coloque o número da semana e seu nome.

Selecione os exercícios adequados nos Passos 3 até 8 e repita este programa básico pelo menos durante 6 semanas antes de adicionar exercícios. Seja persistente e não fique mais de 72 horas sem treinar para evitar qualquer diminuição no seu estado de treinamento.

Planilha de treinamento de força (programa de 3 dias por semana)

Nome _____

Ordem	Área muscular	Exercício	Carga de treinamento	Série	Semana nº ___									Semana nº ___								
					Dia 1			Dia 2			Dia 3			Dia 1			Dia 2			Dia 3		
					1	2	3	1	2	3	1	2	3	1	2	3	1	2	3	1	2	3
1	Peito			Carga																		
				Repetições																		
2	Costas			Carga																		
				Repetições																		
3	Ombros			Carga																		
				Repetições																		
4	Braços (anterior)			Carga																		
				Repetições																		
5	Braços (posterior)			Carga																		
				Repetições																		
6	Pernas			Carga																		
				Repetições																		
7	Abdômen			Carga																		
				Repetições																		
8				Carga																		
				Repetições																		
9				Carga																		
				Repetições																		
10				Carga																		
				Repetições																		
11				Carga																		
				Repetições																		
12				Carga																		
				Repetições																		
	Peso corporal																					
	Data																					
	Comentários																					

APÊNDICE D: TABELA DE CONVERSÃO DE QUILOGRAMAS/LIBRAS

Para converter libras em quilogramas, multiplique as libras por 0,453597. Para um valor aproximado, use 0,4536. Nesta tabela, os números estão arredondados para o valor mais próximo de ¼. Por exemplo: 185 libras multiplicado por 0,453597 é igual a 83,9154. Os quilogramas são dados aqui como 83,750, e não como 84. Para converter quilogramas em libras, multiplique os quilogramas por 2,2046. Para uma estimativa rápida, use 2,2.

Quilogramas	Libras	Quilogramas	Libras	Quilogramas	Libras	Quilogramas	Libras
1,00	2,5	92,75	205	2,5	5,5	95	209,25
2,25	5	95,25	210		5,0	11,0	97,5 214,75
4,50	10	97,50	215	7,5	16,5	100	220,25
6,75	15	99,75	220	10,0	22,0	102,5	225,75
9,00	20	102,00	225	12,5	27,5	105	231,25
11,25	25	104,25	230	15,0	33,0	107,5	236,75
13,50	30	106,50	235	17,5	38,5	110	242,5
15,75	35	108,75	240	20,0	44,0	112,5	248
18,00	40	111,00	245	22,5	49,5	115	253,5
20,25	45	113,25	250	25	55	117,5	259
20,50	50	115,50	255	27,5	60,5	120	264,5
24,75	55	117,75	260	30	66	122,5	270
27,00	60	120,00	265	32,5	71,5	125	275,5
29,25	65	122,25	270	35	77	127,5	281
31,75	70	124,50	275	37,5	82,5	130	286,5
34,00	75	127,00	280	40	88	132,5	292
36,25	80	129,25	285	42,5	93,5	135	297,5
38,50	85	131,50	290	45	99	137,5	303
40,75	90	133,75	295	47,5	104,5	140	308,5
43,00	95	136,00	300	50	110	142,5	314
45,25	100	138,25	305	52,5	115,5	145	319,5
47,50	105	140,50	310	55	121,25	147,5	325
49,75	110	142,75	315	57,5	126,75	150	330,5
52,00	115	145,00	320	60	135,25	152,5	336
54,25	120	147,25	325	62,5	137,75	155	341,5
56,50	125	149,50	330	65	143,25	157,5	347
57,75	130	151,75	335	67,5	148,75	160	352,5
61,00	135	154,00	340	70	154,25	162,5	358
63,50	140	156,25	345	75,5	159,75	165	363,75
65,75	145	158,75	350	75	165,25	167,5	369,25
68,00	150	161,00	355	77,5	170,75	170	374,75
70,25	155	163,25	360	80	176,25	172,5	380,25
72,50	160	165,50	365	82,5	181,75	175	385,75
74,75	165	167,75	370	85	187,25	177,5	391,25
77,00	170	170,00	375	87,5	192,75	180	396,75
79,25	175	172,25	380	90	198,25	182,5	402,25
81,50	180	174,50	385	92,5	203,75		
83,75	185	176,75	390				
86,00	190	179,00	395				
88,25	195	181,25	400				
90,50	200						

Glossário

ação muscular concêntrica – um tipo de ação muscular caracterizada pelo desenvolvimento de tensão seguida pelo encurtamento do músculo (por exemplo, fase ascendente da rosca bíceps).

ação muscular dinâmica – envolve movimento e consiste em atividade muscular concêntrica, excêntrica ou de ambos os tipos.

ação muscular excêntrica – ação muscular na qual há uma tensão no músculo. O músculo se alonga, no entanto, ao invés de se encurtar. Um exemplo pode ser visto na fase descendente da rosca bíceps, onde o músculo bíceps está se alongando, a despeito da tensão. As ações musculares excêntricas estão associadas à dor muscular que normalmente ocorre no treinamento de força.

aeróbico – na presença de oxigênio.

ajuda ergogênica – substância usada para melhorar o desempenho.

alongamento estático – envolve manter uma posição estática, passivamente colocando os músculos e tecidos conjuntivos em alongamento.

aminoácidos – compostos contendo nitrogênio que formam os blocos constituintes das proteínas.

amplitude de movimento (AM) – movimento que uma parte do corpo pode fazer em torno de uma articulação.

anabólico – processo metabólico que leva à formação de tecido.

anaeróbico – na ausência de oxigênio.

andrógeno – qualquer substância que tenha propriedades masculinizantes.

aparelho de resistência variável – aparelho de peso no qual a localização da coluna de pesos varia para criar uma carga mais homogênea durante os exercícios.

aquecimento – período no qual um indivíduo faz exercícios leves ou moderados imediatamente antes de um treino. O objetivo primário do aquecimento é preparar o corpo para os exercícios mais intensos.

atrofia – uma diminuição no tamanho da área de seção transversa de uma fibra muscular devido à falta de uso, à doença ou à desnutrição.

auxílio – ajuda do auxiliar para mover a barra do suporte para o levantador.

barra – equipamento de peso livre usado em exercícios com os dois braços. É uma barra longa na qual podem ser colocadas anilhas nas duas extremidades.

barra olímpica – tem aproximadamente 2,13 m de comprimento e grampos que rotam nas pontas para segurar as anilhas. O diâmetro da barra é de cerca de 2,5 cm no meio e 5 cm nas pontas. Seu peso é de 20 kg; com os grampos, normalmente pesa cerca de 25 kg.

barra padrão – barra usada para o treinamento com pesos com 2,5 cm de diâmetro e normalmente pesando cerca de 7 kg por metro.

caloria – a medida da quantidade de energia liberada da alimentação ou gasta no metabolismo (exercício). A unidade padrão é chamada de quilocaloria (kcal) ou 1.000 calorias, mas muitas pessoas se referem a ela de forma incorreta, simplesmente como "caloria".

capacidade aeróbica – medida da capacidade física baseada no consumo máximo de oxigênio.

carboidrato (CHO) – grupo de compostos químicos contendo carbono, hidrogênio e oxigênio. Os exemplos incluem os açúcares, os amidos e a celulose. É um alimento básico que contém aproximadamente 4 kcal por grama.

carga – quantidade total de peso levantado.

ciclos – período específico de tempo (semanas, meses ou anos) durante o qual a freqüência, o volume e a intensidade do treinamento são sistematicamente variados para evitar o excesso de treino e promover um progresso contínuo.

composição corporal – a quantificação dos vários componentes do corpo, especialmente gordura e músculo. Existem vários métodos para sua determinação: plicômetro ("compasso de dobra"), medida de circunferência, impedância e pesagem na água (hidrostática).

condicionamento – processo de melhorar a capacidade do corpo de produzir energia e trabalho.

condicionamento cardiorrespiratório – esta categoria de condicionamento físico (cárdio – coração, respiratório – pulmões) refere-se à eficiência do coração e dos pulmões para levar oxigênio aos músculos que trabalham.

condicionamento físico – produto de um alto nível de resistência cardiorrespiratória, força muscular, resistência muscular e flexibilidade e uma baixa relação de gordura corporal em relação ao peso magro.

consumo de oxigênio – capacidade do coração e dos pulmões consumir e utilizar oxigênio. Normalmente expresso em mililitros de oxigênio por quilograma de peso corporal por minuto (ml/kg.min).

contração isométrica (ou estática) – tipo de atividade muscular na qual há tensão no músculo, mas ele não se contrai. As inserções no osso são fixas ou as forças atuantes no sentido de alongar o músculo são contrabalançadas por forças iguais ou maiores do que as que agem no sentido de encurtá-lo.

dinâmico – exercício envolvendo movimento; seu oposto é o estático.

equipamento com vários módulos – aparelho de treinamento que tem várias estações de exercício.

equipamento de resistência fixa – equipamento de treinamento de força no qual a localização da coluna de pesos não se altera, resultando em variações na carga durante o exercício.

especificidade do treinamento – a idéia de que se deve treinar de modo específico para um resultado específico.

esteróide anabolizante – testosterona, ou substância semelhante à testosterona, que estimula o crescimento do corpo anabolicamente e androgenicamente.

exercício "negativo" – forma de exercício mais corretamente chamada de exercício excêntrico, no qual o músculo se alonga ao invés de se encurtar.

exercício aeróbico – quando uma pessoa está se exercitando aerobicamente, as células musculares estão recebendo oxigênio suficiente para continuar num estado de equilíbrio. Caminhar, andar de bicicleta, correr, nadar e praticar esqui *cross-country* são exemplos desta forma de exercício.

exercício anaeróbico – exercício durante o qual a energia necessária é fornecida sem a utilização do oxigênio inspirado. Os exemplos incluem levantamento de peso e corrida de 100 metros rasos.

exercício de levantamento rápido – exercício de treinamento de força caracterizado por movimentos explosivos; exemplos incluem o arranque e o arremesso.

exercício suplementar – exercícios usados como acréscimo aos exercícios essenciais para intensificar o treinamento de algum músculo ou grupo muscular. Algumas vezes, chamados de exercícios de assistência ou acessórios.

exercícios de assistência – exercícios usados como suplementação aos exercícios principais ou essenciais. Por exemplo, as extensões de joelho podem ser usadas como suplemento ao agachamento, o exercício principal.

exercícios essenciais – os exercícios primários de treinamento de força que tensionam os grandes grupos musculares do corpo.

extensão – movimento numa articulação que aumenta o ângulo articular. O movimento para baixo da rosca tríceps é um exemplo de extensão do cotovelo.

fibra de contração lenta – tipo de fibra musculo esquelética que tem a capacidade de trabalhar repetidamente sem fadiga indevida. Este tipo de fibra muscular é altamente recrutada para a corrida de fundo, natação e ciclismo.

fibra de contração rápida – tipo de fibra muscular esquelética que é altamente recrutada durante atividades musculares explosivas (por exemplo: corridas curtas, arremesso de peso e competições de levantamento de peso).

fisiculturismo – esporte que envolve treinamento com pesos para desenvolver hipertrofia muscular. Os fisiculturistas são avaliados por seu tamanho muscular, definição, simetria e técnica de pose.

flexão – movimento ocorrendo numa articulação que diminui o ângulo articular. O movimento para cima da rosca bíceps é um exemplo de flexão do cotovelo.

flexibilidade – capacidade de uma articulação de se mover na extensão de movimento disponível.

força absoluta – expressão comparativa de força baseada na carga real levantada.

força muscular – capacidade do músculo de fazer um esforço máximo. É uma característica muscular localizada, às vezes expressa como 1 RM.

força relativa – medida comparativa da força baseada em algumas variáveis, tais como peso total do corpo ou peso magro.

freqüência – número de treinos num dado período de tempo; por exemplo, três vezes por semana.

gordura – tecido essencialmente não ativo metabolicamente que contém aproximadamente 9 quilocalorias por grama e deve constituir 25 a 30% da dieta.

gordura essencial – gordura armazenada na medula (tutano) dos ossos bem como no coração, nos pulmões, no fígado, no baço, nos rins, nos músculos e nos tecidos ricos em lipídios no sistema nervoso central. Um valor mínimo de 3% nos homens e de 12% nas mulheres é necessário para um funcionamento fisiológico normal.

haltere – equipamento de treino de força, normalmente usado em exercícios com um braço, consistindo em uma barra curta com anilhas em cada ponta.

hiperplasia – aumento no tamanho muscular devido à divisão das fibras musculares e a formação de fibras separadas. Os especialistas concordam que a hiperplasia ocorre em animais, mas não há consenso de que ocorra em seres humanos.

hipertensão – pressão arterial elevada. Pressão sistólica maior do que 140 mmHg ou diastólica maior do que 90 mmHg.

hipertrofia – termo usado para descrever um aumento na área de seção transversal do músculo. Colocando mais simplesmente, aumento no tamanho do músculo.

hiperventilação – ventilação excessiva dos pulmões devido a um aumento na profundidade e na freqüência da respiração, normalmente resultando na eliminação de dióxido de carbono. Os sintomas que a acompanham incluem queda da pressão arterial, tontura e respiração rápida.

hormônio – substância química secretada por uma glândula endócrina que tem um efeito específico nas atividades das células, dos tecidos e dos órgãos.

intensidade – nível relativo de tensão que o estímulo do exercício aplica no sistema adequado.

intervalo de descanso – tempo de pausa entre séries ou exercícios.

isocinética – tipo de atividade muscular na qual as contrações ocorrem a uma velocidade constante, o que se observa com um ergômetro. O termo pode descrever apenas uma ação muscular concêntrica.

isotônico – implica num evento dinâmico no qual o músculo gera a mesma quantidade de força ao longo de todo o movimento. Tal condição ocorre com pouca freqüência, se é que ocorre, no desempenho humano. Desta forma, propõe-se que o termo não seja usado para descrever o desempenho humano no exercício. Sem muito rigor, é usado para descrever os exercícios dinâmicos com pesos livres e em alguns aparelhos.

isquemia – condição na qual é reduzido o suprimento de oxigênio para os tecidos que estão trabalhando.

lei do tudo-ou-nada – uma célula muscular que é estimulada pelo cérebro deve se contrair de forma máxima ou não se contrair; um estímulo de intensidade insuficiente não dá início a uma contração.

levantamentos básicos – esporte competitivo que envolve os exercícios de agachamento, supino e levantamento terra.

levantamentos olímpicos – forma de levantamento de peso competitivo que envolve os níveis máximos de força no arranque e no arremesso.

ligamento – tecido conjuntivo denso que liga as superfícies articulares dos ossos.

limitadores – componentes da barra ou dos halteres que impedem as anilhas de deslizar em direção às mãos.

metabolismo – soma total das alterações ou reações químicas que ocorrem no corpo.

músculo cardíaco – um tipo de músculo estriado (involuntário) localizado apenas no coração.

músculo esquelético – tipo de tecido muscular ligado aos ossos por tensões e que responde ao estímulo voluntário do cérebro.

músculo estriado – músculo esquelético possuindo faixas alternadas claras e escuras, ou estriações. Exceto pelo músculo cardíaco, todos os músculos estriados são voluntários.

músculo liso – tipo de tecido muscular involuntário localizado nos olhos e nas paredes do estômago, do intestino, da bexiga, do útero e dos vasos sangüíneos.

Nautilus – marca de um equipamento de treinamento de resistência dinâmica.

neuromuscular – envolvendo os sistemas nervoso e muscular.

nutrição – estudo dos alimentos e de como o corpo os utiliza. A soma total dos processos envolvidos na ingestão de alimentos e os efeitos metabólicos subseqüentes.

padrão de movimento – linha de deslocamento do corpo e da barra ou equipamento durante uma repetição.

pegada aberta – posição das mãos, algumas vezes chamada de pegada falsa, na qual os polegares não estão envolvendo a barra.

pegada alternada – uma pegada na qual uma das mãos está supinada e a outra pronada. Também chamada de pegada mista. É a pegada usada no levantamento terra (Apêndice A) e para o auxílio no supino (Passo 3). Os polegares apontam na mesma direção.

pegada comum – uma pegada na qual as mãos são colocadas aproximadamente na mesma largura dos ombros e eqüidistantes das anilhas.

pegada fechada – uma pegada na qual os dedos e os polegares estão envolvendo a barra.

pegada pronada – as mãos seguram a barra com as palmas pronadas (para baixo) e/ou para fora.

Pegada pronada – pegar a barra com as palmas das mãos viradas para baixo ou para fora.

pegada supinada – pegar a barra com as palmas das mãos para cima ou para fora, com os polegares em direções opostas.

percentual de gordura corporal – percentual do peso do corpo formado por gordura. Proporção de gordura/peso sem gordura. Valores recomendados são de 14 a 18% para os homens e de 22 a 26% para as mulheres.

periodização – alterar sistematicamente a freqüência, o volume e a intensidade do treinamento.

pesagem dentro da água – técnica utilizada para determinar a densidade corporal. Sabendo-se a densidade do corpo, o percentual de gordura corporal pode ser calculado. Também chamado de pesagem hidrostática.

pesagem hidrostática – método de determinação da composição corporal utilizando a pesagem dentro da água e o cálculo do volume e da densidade do corpo. Geralmente aceito como um dos métodos mais acurados para a determinação da composição corporal.

peso corporal magro – peso do corpo menos a gordura; peso sem gordura.

pesos livres – objeto como uma barra ou halteres usado para condicionamento físico e levantamentos competitivos.

platô de força – parada temporária no progresso em um programa de treinamento de força.

ponto de maior dificuldade – ponto na extensão do movimento de um exercício em que é mais difícil mover o peso ou a resistência.

prescrição de exercícios – programa de exercícios baseado nos níveis atuais de condicionamento físico e objetivos ou resultados desejados.

presilha – nas barras, localizam-se do lado de fora dos limitadores e servem para prender as anilhas.

princípio da sobrecarga – aumentar progressivamente a intensidade ou o volume dos treinos ao longo de um programa de treinamento, à medida que a tolerância ao exercício melhora.

pronado – com a frente para baixo; oposto de supinado.

proteína – substância alimentar contendo aproximadamente 4 kcal por grama, proporciona os aminoácidos essenciais para o crescimento e a recuperação tecidual.

quilocaloria (kcal) – unidade de trabalho ou energia igual à quantidade de calor necessária para elevar a temperatura de 1 kg de água em 1°C. Quantidade de energia igual a 1.000 calorias.

recrutamento – ativação da unidade motora pelo sistema neuromuscular durante a atividade muscular.

repetição – execução de um exercício uma vez.

repetição máxima (RM) – carga máxima que um grupo muscular pode levantar em um número dado de repetições antes da fadiga. Por exemplo, uma carga de 10 RM é a carga máxima que pode ser levantada em 10 repetições.

resistência muscular – capacidade de um músculo se contrair repetidamente num período de tempo sem fadiga indevida. É uma característica muscular localizada.

resistência progressiva – aumentar gradualmente a carga (intensidade) ao longo do tempo para provocar o desenvolvimento desejado.

série – no treinamento de força, o número de repetições executadas consecutivamente num exercício sem descanso.

série composta – fazer dois exercícios que trabalham o mesmo grupo muscular consecutivamente, sem descanso entre eles. Por exemplo, uma série composta para o peito seria uma série de supinos seguida imediatamente por uma série de crucifixos. Este método de treinamento é freqüentemente chamada (erroneamente) de "supersérie".

séries múltiplas – fazer mais de uma série de um exercício (após um período de descanso) antes de começar outro exercício.

sistema aeróbico de energia – caminho metabólico que requer oxigênio para a produção de trifosfato de adenosina (ATP).

sistema dividido (rotina dividida) – programa de treinamento de força caracterizado por certos exercícios (parte superior do corpo e parte inferior, por exemplo) serem feitos em dias alternados.

sobrecarga progressiva – introduzir sobrecargas de maneira sistemática.

supersérie – fazer consecutivamente dois exercícios que treinam grupos musculares que se opõem sem descanso entre eles.

supinado – deitado sobre as costas, olhando para cima; oposto de pronado.

suporte de agachamento – suportes usados para segurar uma barra à altura dos ombros; normalmente usado para colocar a barra no exercício de agachamento.

taxa de metabolismo basal (TMB) – quantidade de energia, expressa em quilocalorias, que o corpo requer para manter seu funcionamento normal em repouso.

tecido adiposo – tecido gorduroso.

tendão – tecido conjuntivo denso que liga um músculo a um osso.

testosterona – hormônio responsável pelas características do sexo masculino.

"travado pelos músculos" – termo usado para associar os indivíduos que fazem treinamento de força com flexibilidade articular prejudicada. Esta flexibilidade reduzida pode-se dever a uma falta de atividade muscular ou ao uso crônico de métodos errados de levantamento e alongamento. O termo é inadequado para aqueles que praticam técnicas adequadas de treinamento de força e exercícios de alongamento.

treinamento com pesos – exercícios feitos usando-se pesos livres, equipamentos ou outras formas de resistência com o objetivo de aumentar a força muscular, a resistência muscular e/ou o tamanho dos músculos.

treinamento de força – uso de métodos de resistência para aumentar a capacidade de fazer ou resistir à força com o objetivo de melhorar o desempenho. O treinamento pode utilizar pesos livres, o próprio corpo, aparelhos ou outros instrumentos para atingir o objetivo.

treinamento de resistência de força – qualquer método ou forma de exercício que envolva fazer força contra uma resistência.

treinamento em circuito – uma variação do treinamento intervalado que usa pesos e períodos determinados de trabalho e repouso. Este tipo de programa de treinamento de força é normalmente planejado para aumentar a resistência muscular.

treinamento em pirâmide – método de treinamento de múltiplas séries no qual as cargas ficam progressivamente mais pesadas ou mais leves.

uma repetição máxima (1 RM) – resistência (carga) com a qual o indivíduo pode fazer apenas uma repetição usando um esforço máximo.

unidade motora – nervo motor individual e todas as fibras musculares que ele inerva (estimula).

Universal – marca de equipamento de resistência dinâmica.

variação – manipulação da freqüência, intensidade, duração e/ou modo de um programa de exercícios para promover o máximo de aperfeiçoamento com o mínimo de chance de excesso de treinamento (tanto mental como físico).

vitamina – material orgânico que age como catalizador para reações químicas (metabólicas) vitais.

volta à calma – período no qual um indivíduo faz exercícios leves ou moderados imediatamente após completar uma sessão de treinamento. O objetivo primário da volta à calma é facilitar o movimento do sangue para o coração e permitir que o corpo volte gradualmente à situação de repouso.

volume – carga total de trabalho por exercício, por treino, por semana, etc. No treinamento de força, o volume é proporcional ao número total de repetições vezes a quantidade total de peso. Algumas vezes, o volume é definido como séries vezes número de repetições.

REFERÊNCIAS BIBLIOGRÁFICAS

Baechle, T.r. (Ed.). (1994). *Essentials of strength and conditioning.* National Strength and Conditioning Association. Champaign, IL: Human Kinetics.

Baechle, T.R., & Conroy, B.P. (1990). Preseason Strength Training. In M. Mellion, M. Walsh, & G. Shelton (Eds.), *Team physician's handbook* (pp. 34-40) (21nd ed.). New York: Hanley and Belfur.

Baechle, T.R., & Earle, R.W. (1995). *Weight training steps to success video.* Champaign, IL: Human Kinetics.

Clark, N. (1997). *Nancy Clark' sports nutrition guidebook.* (2nd ed.) Champaign, IL: Human Kinetics.

Corbin, C., & Lindsey, R. (1997). *Concepts of physical fitness with laboratories* (9th ed.). Dubuque, IA: Brown.

Fleck, S.J., & Kraemer, W.J. (1997) *Designing resistance training programs.* (2nd ed.) Champaign, IL: Human Kinetics.

Garhammer, J. (1986) *Sports Illustrated strength training.* New York: Harper & Row.

Hoeger, W.K. (1995). *Lifetime fitness, physical fitness, and wellness* (4th ed.). Englewood, CO: Morton.

Komi, P.V. (1992). *Strength and power in sport.* Champaign, IL: Human Kinetics.

Kramer, W.J., & Baechle, T.R. (1989) Development of a strength training program. In J. Ryan & F.L. Allman, Jr. (Eds.), *Sports medicine* (pp. 113-127) (2nd ed.). San Diego, CA: Academic Press.

Lombardi, V.P. (1989). *Beginning weight training: The safe and effective way.* Dubuque, IA: Brown.

Sprague, K. (1996). *More muscle.* Champaigh, IL: Human Kinetics.

Stone M.H. (1993). *Position statement on anabolic-androgenic steroid use by athletes.* Colorado Springs, CO: National Strength and Conditioning Association.

Westcott, W.L. (1996). *Building strength and stamina.* Champaign, IL: Human Kinetics.

Westcott, W.L., & Baechle, T.R. (1998). *Strength training past 50.* Champaign, IL: Human Kinetics.

Impressão e acabamento:
E-mail: **edelbra@edelbra.com.br**
Fone/Fax: 0xx54 321-1744